「メッセンジャー」第Ⅲ集

メッセンジャー 永遠の炎

キリアコス・C・マルキデス ══ 著
鈴木真佐子
ギレスピー・峯子 ══ 訳

太陽出版

メッセンジャー　永遠の炎

FIRE IN THE HEART
by Kyriacos C. Markides

Japanese translation published
by arrangement with Kyriacos C. Markides c/o
Marlene Gabriel Agency
throught The English Agency (Japan) Ltd.

はじめに

本書は既刊の『メッセンジャー』第Ⅰ集（一九九九年四月、太陽出版）と同第Ⅱ集『太陽の秘儀』に続く三部作の最後の一冊であり、これ自体、独立した研究でもある。したがって、前の二冊に馴染みがない読者でも、本書を読み進めることができる。もし既にダスカロスの本を読まれた方であるなら、本書がまだ紹介や研究のされていない彼の世界の新たな側面の探究だということに気づくはずである。本書の第一章は最初の二冊のまとめやおさらいとして読んで頂けると思う。仮に初めてこのシリーズに接する読者が第一章の長さや新しい用語に圧倒されたとしても、これらの思想や概念は第二章以降の会話や逸話や物語、経験談等で説明され明確にされていくのでご精読をお願いしたい。初めての読者は、内容をより良く理解するために巻頭の用語解説を活用されることをお勧めする。

本書においても、一貫性を保つために男性のギリシャ名についての扱いは前二冊と同様にしてある。したがって、誰かのことを三人称で話す場合は「ダスカロス」「コスタス」「イアンニス」「アントニス」そして「ステファノス」などと呼ぶ。たとえば、「私が到着した時、ダスカロスは家にいなかった」となる。しかし、直接話しかけている場合は「ダスカレ」「コスタ」「イアニ」「アントニ」そして「ステファネ」となる。たとえば、「ダスカレ、どうしたら自分の意志で体外離脱ができるのですか？」（ギリシャ女性の名前に関してこういった特別な扱いはしない）という風に。

本書に登場する人物の名前は、歴史的なものと私自身の家族のものを除いて、すべて架空のものである。ダスカロスという名前はペンネームではなく、ギリシャ語の世界では学校の先生や司祭たちの敬称である。

本書の出版のためにお世話になった方々について、あまりにも多く、その一々の名前をここに掲載することは割愛させて頂くが、とくにお世話になった方々の名をここに印して謝意を表したい。様々な意味でこの本の一部になってくれたキプロスの友人たちや親戚たち、すばらしい教えをより多くの人びとに伝える機会と栄誉を与えて下さったギリシャ系キプロス人の師たち、そしてダスカロスとコスタスにはその信頼と友情に心から感謝を表したい。

私のライフワークの一つともなった本書のキプロスでの仕事を可能にするため有給休暇と夏の補助金を与えてくれたメイン大学、また、いつも私の研究活動のサポートをしてくれたメイン大学の社会学および社会福祉学科の同僚にもお礼の言葉を述べたい。とくに、同僚の学者であり親友でもあるスティーブ・コン、スティーブン・マークス、キャサリン・グルゼルカウスキーに対しては、本書の研究に当たって示しくれた個人的なサポートと気軽なアドバイスや批判を与えてくれたことに感謝の気持ちを伝えたい。

そして最後になったが、私の妻エミリーにも触れさせて頂くことを許して欲しいと思う。彼女は最初から私の仕事と関わってくれた。私たちはダスカロスとコスタスの神秘的な宇宙論を理解するという驚異的な挑戦の中で、霊的、そして実存的な苦闘と成長をともにしてきた。キプロスの生まれであり、ドイツ文学、フランス文学によって鍛えられた視野で、彼女は私たちの集まりにおいても最もすばらしい対話を引き出すきっかけを与えてくれた。エミリーは「女神を再び蘇らせる」必然性を私に教え、それが人類に霊的ルネッサンスをもたらす条件だということに気づかせてくれた。それにもまして彼女は、私の人生航路の中でバランスを保つための不可欠な翼である。彼女の存在がなかったならば、ギリシャ、キプロスの師たちの神秘的な世界を長期にわたって冒険するエネルギーと平常心を保ち続けられたかどうか疑問である。

用語解説　――本文中の注意すべき用語について――

原文（原書＝Fire in the Heart）において注記されている語句を以下に示す。これについては本書各章の初出に（↓用語）を付した。また、原文において大文字で表記されている語句は本書では太字で表記した。ただし、用語解説にあるもので、原文中、大文字表記のみの場合は、この項目と各章の初出のみを太字とした。さらに例外として、神（God）に関しては太字にせず、小文字で書かれた場合のみ、神（gods）と表記した。

アカシック・レコード（Akashik Records）
「**宇宙の記憶**」の項を参照。

アストラルの旅（Astral travel）
「体外離脱」の項を参照。

アナポドス（Anapodos）
逆さまの五芒星。悪魔のシンボル。

アナムネーシス（Anamnesis）
「記憶」という意味のギリシャ語。体験したことを潜在意識に貯え、自由に呼び起こせる記憶。

アンティレプシス（Antilepsis）
「知覚」「気づき」という意味のギリシャ語。

一体状態（At-onement）
一体となる。主体と対象が一つになること。

イデアの世界（World of ideas）
「ノエティックの高次元」の項を参照。

因果の法則（Law of cause and effect）
「カルマ」の項を参照。

インナー・サークル（Inner circle）
ダスカロスを取り巻く人びとの中でも秘伝を伝授された者の小グループ。高い境地に達した**真理の探究者**たち。
白いローブを与えられたエレヴナのメンバー。理想的には三体に精通した師で、透明なヘルパーとして意識が目覚めたまま体外離脱が可能となり、ヒーリングや奉仕ができる。「体外離脱」「透明なヘルパー」「白いローブ」の項も参照。

宇宙の記憶（Universal Memory）
すべての次元に存在しているものを構成している（素）粒子は、それ自身の中に宇宙構造についての完全な知識をおさめている。思いであれ、感情であれ、また行動であれ、すべてこの中に記録されている。**アカシック・レコード**とも呼ばれている。

永遠の人格（Permanent personality）
輪廻転生した経験が記録されていて、来世に伝えられる私たちの一部分。内在する自己。

エーテル・ダブル（Etheric double）
人間の三つの体（肉体・サイキック体・ノエティック体）の生命を維持し、三体の繋がりを保つエネルギー・フィールド。人間の体のすべての（素）粒子に対応するエーテル・ダブルがある。ヒーリングを可能とするのはエーテル・ダブルのバイタリティー（生命力）である。
宇宙はエーテル・エネルギーで満ちている。それは一人の人間から他の人間に移動でき、チャクラを通して吸収される。

エーテルの運動性（Kinetic property of ether）
動き、波動を可能にするエーテル・バイタリティー（生命力）の属性。「エーテル・ダブル」の項も参照。

エーテルの感覚性（Sensate property of ether）
感覚、知覚を可能にするエーテル・バイタリティー（生命力）の属性。「エーテル・ダブル」の項も参照。

エーテルの記録性（Imprinting property of ether）
想念とノエティックなイメージの形成を可能にするエーテル・バイタリティー（生命力）の属性。「エーテル・ダブル」の項も参照。

エーテルの創造性（Creative property of ether）
生命そのもの、そして物質化と非物質化を可能にするエーテル・バイタリティー（生命力）の属性。エーテルの創造性は**聖霊**の領域であり、その支配下にある。「エーテル・ダブル」の項も参照。

エドガー・ケイシー（Cayce, Edgar）
アメリカの有名な霊能者。眠りの予言者、バージニア・ビーチの予言者として知られていた。一八七七年生まれ。トランスに入って病の診断をする超能力の持ち主。ケイシー財団はバージニア・ビーチに現在もある。

エレヴナ（The Erevna）
師ヨハナンによって与えられた教義体系と自己探索の方法。**真理の探究**、自己発見のための意識的な努力。

『エレヴナ』（EREVNA）
エレヴナの目的に奉仕するため、キプロスのリマソールに設置された非営利的な協会。

エレメンタル（Elementals）
思考・想念が形をとったもの。どんな感情でも、人間がつくり出したものはエレメンタルである。それはつくり出した人間から独立して、自分の姿と生命を持つ。

オントピーシス（Ontopeisis）
プニューマすなわち**スピリット・エゴ**が輪廻転生を繰り返し、個性を得る状態。「**プニューマ**」「カルマ」「魂」の項も参照。

カマロカ（Kamaloka）
カトリックの煉国に相当するヒンズー教の概念。死後、その前の人生で得た教訓を学び取ったり、人格の回復を図るためのサイコノエティックの場。

神との一体化（Theosis）
自己が輪廻転生を繰り返し物質界の経験を全うした後、最後の進化過程で経験する状態。

神の自足状態（Divine Autarchy）
すべての物質化現象が現われる以前の、**絶対**の内における静止状態で、自給自足の状態。**絶対**は自らの内にすべてを持ち、何も欠くことはない。「**絶対の存在性**」の項も参照。

カルマ＝因果（Karma）
カルマの法則。人間のすべての行動、想念と感情を合わせたもので、その人の存在の状態を決めるもの。人間は自分のカルマを築いていくことに対して、つまり運命に対して絶対的な責任がある。**神との一体化**を会得した者はカルマを超越したことを意味する。

キリスト意識（Christ-consciousness）
現在の人格が自らの内にある**キリスト・ロゴス**と波動が合い調和した状態。ハート・チャクラの覚醒。**神との一体化**の戸口に立った状態。

グリーン・ライン（Green Line）
キプロス島駐留の国連軍によって引かれた境界線。一九七四年にトルコがキプロス島に侵入し、四〇パーセントの島の領土を占領した後、ギリシャ系キプロス人とトルコ系キプロス人の間の平和を維持するために、この境界線が引かれた。

クンダリニー（Kundalini）
ヒンズー教の概念。背骨の一番下にヘビのような形をした霊能力である「神聖な火」が潜んでいるという。クンダリニーが覚醒すると、エネルギーが背骨の中を勢いよく貫いて上昇し、霊能力が生じる。時期尚早な導師なきクンダリニーの覚醒は、精神異常をきたすこともあるといわれる。大天使ミカエルの炎の剣は、ギリシャ正教会の伝統ではクンダリニーを象徴している。

原型（Archetypes）
理想的原型。**マインド**の一番高いレベルの波動。このような原型の一つに、**人間のイデア**がある。「**人間のイデア**」「**マインド**」「ノエティックの高次元」の項も参照。

現在の人格（Present personality）
普通、個人の人格として知られているもの。ノエティック体、サイキック体、肉体で構成される。現在の人格は私たちの一番低いレベルでの表現であり、絶えず進化過程にあり、永遠の人格と一つになろうとする傾向を持つ。

五次元の世界（Fifth dimension）
「ノエティック界」の項を参照。

サイキック界（Psychic world）
四次元。サイキック界では、空間は超越される。サイキック界にいる人格は一瞬のうちに長い距離を移動することが可能である。

サイキック体（Psychic body）
現在の自己意識を持つ人格を構成する三つの体の一つ。これは感情と感性の体で、その中心的なチャクラはハート・チャクラである。サイキック体は四次元であるサイキック界に生きる。そのイメージはあとの二体、肉体とノエティック体と同じである。

サイコ・ノエティック体（Psycho-noetic body）　サイコノエティック体（Psychonoetic body）
最初の輪廻転生の時、ハート・チャクラの周りに現われる無定形なエネルギーの塊。輪廻転生を続けるにつれ、想念と感情で形成されているそのエネルギーの塊は次第に肉体の形をとるようになる。このように進化する過程で輝きが増していく。これがすべての人間がつくり、形づける必要があるサイコ・ノエティック体である。どれほど形成されているかによって、その人間の進化の度合いが分かる。形成されつつあるサイコ・ノエティック体は、もうすでにその人間に備わって光り輝いている、完全なサイコノエティック体とはまったく違う存在である。

後者は**聖霊**の領域のものであり、この二つの存在（サイコ・ノエティック体とサイコノエティック体）が一つとなるまで、形成されていくサイコ・ノエティック体の見本として機能するようになっている。

サイ・ババ（Sai Baba）
インドの導師（グル）。非凡な奇跡的能力で有名。彼の信者の多くは、彼をアヴァター（生ける神）と見なしている。一九二六年に生まれ、アシュラムはインドのプッタパルティにある。

シナンティレプシス（Synantilepsis）
同知覚、共意識。人が他人とまったく同じように知覚・認識すること。

白いローブ（White Robe）
インナー・サークルの会合の時、イニシエート（秘伝を授けられた者）たちが着る白い長服。目的と心が純粋であることを象徴している。秘伝を授けられて、インナー・サークルへと入会を許された時に、この白衣が与えられる。

神聖なる自己（Divine Self）
「プニューマ」の項を参照。

ストア（Stoa）
真理の探究についての教えやミーティングが行われる部屋や建物。この目的のために使用されているダスカロスの裏庭にある部屋。

スピリット・エゴ（Spirit-ego）
霊我。「**プニューマ**」の項も参照。

聖なるモナド（Holy Monads）
絶対の構成部分。各々の**聖なるモナド**が無数の光を放ち、それが様々な原型を通って現象的な存在の形をとっていく。そのような光の一つであるプ**ニューマ**が**人間のイデア**を通る時、魂が形成される。同じ**聖なるモナド**に属する人間たちは、互いに引かれ合う。「**プニューマ**」「**人間のイデア**」「魂」の項も参照。

生命の樹（Tree of Life）
師ヨハナンによって与えられた、大宇宙から小宇宙に至る天地創造の構造に関しての図（デザイン）。カバラのテキストの図と似たところもあるが、大きく異なっているところもある。様々なシンボルを使って**プニューマ**が二極性の世界へ下降し、**神の頭**（ゴッド・ヘッド）に向かって上昇して戻ってゆく段階をあらわしている。身体のチャクラの位置も示している。

聖霊（Holy Spirit）
絶対の存在の力を表現する非個人的な超意識であり、宇宙の創造を可能とする。**絶対**のダイナミックな部分。「大天使」「天使」の項も参照。

聖霊性（Holyspiritual）
聖霊に関連するもの。動物は聖霊的な状態に生きているが、**絶対**のロゴス的表現を持たず、自己意識がない。人間はロゴス的であり、そして聖霊的である。

絶対の存在性（Absolute Beingness）　**絶対**（Absolute）
絶対的に存在しているもの。神と同じ意味を持つが、ダスカロスの教えではこちらが使われる。絶対なる存在、**ロゴス**と**聖霊**が三位一体を構成している。

ソーシャル・インストラクター（Social instructor）
エレヴナのメンバーで、師ではないが霊的な発達と秘儀の知識において一定のレベルに到達し、**真理の探究**のサークルを指導することができる。「エレヴナ」の項も参照。

体外離脱（Exomatosis）
意識的に自分の体から抜け出て、サイコノエティックの次元に意識を持って存在し、再び体に戻る能力。この状態の間に経験したことは記憶に残る。

大天使（Archangels）

創造されたものたちのために働く永遠の聖霊的存在。主な聖霊的な大天使たちは、光と火のエレメントを司る大天使ミカエル、水のエレメンタルを司るガブリエル、エーテル・エネルギーを司るラファエル、そしてその三者のまとめ役のウリエルである。そして聖ヨハネのように霊的な階層では上のレベルに位置するロゴス的大天使たちもいる。人間もそのような神的状態に目覚める過程にいるロゴス的大天使である。「天使」「**聖霊**」の項も参照。

魂（Soul）

地上の経験に染まらない私たちの純粋な部分。**プニューマ**、すなわち**スピリット・エゴ**が**人間**のイデアを通過することにより、魂となる。魂とは、アダムとイヴが時空の世界へと下降する前の状態で、人は皆、アダムでありイヴである。人間は魂を持っているのではなく、三体を持った魂である。「**プニューマ**」「**人間のイデア**」の項も参照。

チャクラ（Chakras）

個人のエーテル・ダブルについているサイコノエティックのセンターである。人間はチャクラを通して、自分の存在を維持するのに必要なエーテル・バイタリティー（生命力）を吸収している。神秘家は適切な修行と瞑想のエクササイズを通してチャクラを開き、サイコノエティックな能力（霊能力）を会得する努力をする。霊視能力者にはチャクラは回転するディスクのように見える。最も重要なチャクラは三つある。その一つは太陽神経叢《そう》のチャクラであり、肉体と関連している。次はハート・チャクラで、サイキック体の中心であり、人間の意識を司る。三番目は頭にあり、ノエティック体の中心である。この三つのセンターはバランスがとれた人格の形成と維持のためにともに成長する必要がある。

超自己意識（Superconscious, self-awareness）
神との一体化の戸口まで来た時の神秘家の霊的発展状態を示す。意識が目覚めたままで、真正の体外離脱が可能となる。「**神との一体化**」「体外離脱」の項も参照。

天使（Angels）
大天使たちの投影であり、エレメンタルである。天地の仕事に奉仕するために創造された。大天使たちのように永遠の存在ではなく、良性のエレメンタルである。人間もそのような良性の天使的エレメンタルを投影することが可能である。「大天使」の項も参照。

透明なヘルパー（Invisible helpers）
サイキックとノエティックな次元に生きる、私たちの肉眼では見えない師たち。コスタスの守護霊の一人、ドミニコ神父がその例である。ダスカロスやコスタスのようにこの物質界に住み、体外離脱をしてこの次元や他の次元において人間の手助けをする師たちも含まれる。

尖り先のない剣（Unpointed Sword）
秘伝伝授の儀式の時に使用される剣。この剣の起源はベツレヘムに生まれたばかりのイエスを三人の博士が訪れた時、そのうちの一人が行ったと言われている行動に由来する。彼は剣を二つに折って、イエスの前にそれを置いて言った、「おお、主よ、汝の清らかな御足の御元に全権威が留まり給う」。

七つの約束（Seven Promises）
真理の探究のサークルの入門儀式で、イニシエート（秘伝を授けられた者）たちが立てる誓い。その中には、自らに対して行われた他人の行為がどんなものであれ、その人を愛し、その人の助けになること、という約束が含まれている。

肉体（Gross material body）
現在の自己意識のある人格を構成する三つの体の一つ。人間の物質レベルの体。人格の一部であり、三次元の物質界に生きている。自己の一番低い表現。肉体の中心は太陽神経叢のチャクラである。

人間として生まれてくる＝転生説（Incarnation）
エレヴナの教えによると、人間は低い次元である二極性の世界で経験を積むために、現在の人格として多くの人生を過ごす。生まれ変わるたびに、霊的進化の過程を一歩進むことになる。

人間のイデア（Human Idea）

絶対の中の永遠の原型。**プニューマ**、すなわち**スピリット・エゴ**が**人間のイデア**を通った瞬間に人間の存在が始まる。「原型」「**聖なるモナド**」「**プニューマ**」の項も参照。

ノエティック界（Noetic world）

五次元。ノエティック界では時間も空間も超越される。ノエティック界にいる人格は、一瞬のうちに長い距離を移動すること、そして時間を超えて移動することも可能である。「ノエティック体」の項も参照。

ノエティックの高次元（Higher noetic world）

イデアの世界。物事の原型の世界。原因と法則の世界であり、現象の世界の基礎をつくる。「原型」の項も参照。

ノエティック体（Noetic body）

現在の自己意識のある人格を構成する三つの体の一つ。想念の体。ノエティック体は五次元のノエティック界に存在する。そのイメージは残りの二体と同じである。ノエティック体の中心は頭のチャクラである。「ノエティック界」の項も参照。

プニューマ（Pneuma）

私は私である（I AM I）で表現されるような永続的な**スピリット・エゴ**。真なる自己。真なる存在。私たち一人ひとりの存在の中心。生まれることもなく、死ぬこともない本質。二極性の世界に、いずれ**オントピーシス**を体験する目的を持って降りてきた存在。「**オントピーシス**」の項も参照。

ヘルメス・トリメギストス（Hermes Trismegistus）

超自己意識の覚醒状態に到達した者。三体（肉体、サイキック体、ノエティック体）を完全に支配し、それを自由に駆使できる者すべてを指す。

マインド（Mind）

まだ顕現していない**絶対**が自分を表現する方法。**マインド**はすべての宇宙やすべての次元の存在をつくる超実体。

マヤ（Maya）

ヒンズー教の概念で、幻想の世界。存在の世界は永遠に変遷流転し、究極的には実在しないものである。ブラフマン（宇宙の根本原理）、または神の現実界は、マヤの世界を超越したところにある。

道（The Path, The Way）
自己発見と究極の**神との一体化**に向けての魂である自我の道。

メタノイア（Metanoia）
「悔恨」を意味するギリシャ語。罪悪感の重荷から現在の人格を浄めること。

最も慈悲深きお方（The Most Merciful One）
父なる神を指すギリシャ正教での表現。

四次元の世界（Fourth dimension）
「サイキック界」の項を参照。

ヨハナン（Yohannan）
福音を書き記したヨハネのヘブライ名。聖ヨハネ。ダスカロスとコスタスはヨハナンのチャネルであるとのこと。ヨハナンは地球上で人間の進化を司る大天使的存在である。エレヴナはイエスの最愛の弟子であった師ヨハナンの教えに基づいている。

ルドルフ・シュタイナー（Steiner, Rudolf）

二〇世紀初期に存在したドイツ人学者であり、キリスト教神秘家。神智学の支流である、人智学協会を設立した。高く評価されている霊能力者、神秘学の師、そして予言者であったシュタイナーは、霊的な科学、高次元の科学の発展を強く促した。この並外れた師の教えに基づいた教育を実践しているシュタイナー・スクールは欧米の主な都市にある。

ロゴス（Logos）

絶対の一部で、自己意識と自由意志を可能にする部分。永遠の存在として人間はロゴス的でもあり、かつ聖霊的でもある。動物には聖霊的な性質しかない。イエスは**キリスト・ロゴス**として、**絶対**の持つロゴス的な性格の最も完璧な表現である。人間の霊性の次元が高まるほど、ロゴス的な部分が強くなる。「**聖霊**」の項も参照。

メッセンジャー　**永遠の炎◉目次**

第1章 エレヴナ

一九八七年五月、私がニコシアに着くとすぐ、ステファノスが電話をしてきた。

「ダスカロス[*1-1]について見せたいものがあるんだ。今すぐ、会いたいんだ」と言うその声は興奮しており、緊急を要するという感じであった。私はメイン州からの長距離飛行で、その前の晩は寝ていなかったが、彼にすぐ訪ねて来るようにと言った。疲れてはいたが、親友で、何でも話し合う仲のステファノスに会えて、私はとても嬉しかった。

ステファノスは深く溜息をついたあとで微笑みながら、ダスカロスについての二ページにわたる新聞記事を私に手渡しながら言った。

「もう、隠しようがない状態だね」

私はびっくりして首を横に振った。ダスカロスのプライバシーを守ると私が約束したにもかかわらず、彼が誰

*1-1　ギリシャ語で「先生」「師」を意味する敬称。

であるのかを隠しておくことは、もはや不可能なようであった。彼について私は、すでに二冊の本を書いていたうえ、キプロスはあまりにも小さな島なので、どんな人にとっても匿名で通すのは難しいことであった。とくにダスカロスのような人となっては、それは無理である。驚き入っている記者を前にして、ダスカロスがいわゆる奇跡のヒーリングを行った時、そのことがすぐ新聞に載ってしまったのは避けられぬことであった。その時、ステファノスはその場に居合わせていたので、状況を詳しく説明できたのだ。

　私たちがアイスティーのグラスを持って落ち着くと、ステファノスは話しはじめた。

「その時、私はダスカロスと話をしていたんだ。すると、カメラとテープレコーダーを持った記者が家に入って来て、ダスカロスとの会見を申し込んだんだよ。この人たちはダスカロスの噂を聞いて、それで彼に質問したいというわけだ。ダスカロスは彼らを招き入れ、およそ一時間あまり話をしたんだ」

「それはまた、大変な心境の変化だね」と私は驚いて言った。この事件が起こるまで、ダスカロスは一切、記者にインタビューを許したことがないのを私は知っていた。

「ちょうど彼らが立ち去ろうとする時、イギリスの女性が三歳の息子を腕に抱えて来たんだ。その後どうなったかについては、ほぼ、この新聞記事が報告している通りなんだ」とステファノスが言った。

　私は目の前にある新聞の週報に再び目をやり、大きなギリシャ文字を読んだ。

　――立ち合いの数人の目の前で、スピロス・サティ（ダスカロス）はポリオに苦しむ三歳の英国少年を治した。

　奇跡なのか？　それとも暗示でなのか？　何と言うべきなのか本当のところ、私には分からない。ただ私に分かることといえば、この自分の目で何を見たかということだけである。つまり、ほんの少し前は自分の脚で立てなかった小さな子供が、いまや部屋を駆け回ることができたという事実だ。

記者は続けて、ダスカロスがどのようにしてこのヒーリングを行ったのかについて、次のように描写している。

——私は好奇心からイギリス女性が抱えているその子供を見据えていた。彼女がスピロス・サティの腕の中にその子を手渡した時、私は初めて子供の左脚が重いプラスチック製の添え木で保護されているのに気づいた。その脚は萎縮退化していて、明らかにもう一方の脚より短かった。……スピロス・サティは自らの腕にその子を抱えながら椅子に座ると、甘く優しい口調でその子に語りかけ、その病んでいる脚を優しくさすっていた。私の同僚の一人がその女性に囁いた。「息子さんはどうなさったんですか?」。「ポリオなんです。自分の脚で立てないんですよ。一人で立たせようとしますと、倒れてしまうんです」と彼女は言った。その間、スピロス・サティは、子供の萎縮した脚をさすり続けていた。

それから、まさに脚を伸ばそうとするかのように、二、三度引っ張った。……おそらく十分か二十分はたっていたに違いないが……このことについては思い出せない。私はこの間、子供かスピロス・サティのどちらかをじっと見つめ続けていた。と突然、その子は痛そうに顔を歪めた。その時点で彼はその子供を立たせ、お尻を軽く叩きながら、「さあ坊や、走りなさい」と言った。すると子供は、なんと部屋を駆け回りはじめたのだ! これは奇跡なのか? 暗示によるものなのか? その答えは、読者の皆さんの自由に委ねたい。私としては、ただ、自分が見たことだけをここに報告するのみである。

「無名の時代は終わってしまったね」と、私はステファノスに言った。ステファノスは約十年間、私とともにダスカロスと時を過ごしてきたのである。

　私は一九七八年の夏に初めて、元公務員のスピロス・サティに出会った。彼はどのキプロス人と比べても、見かけはごく普通で、どこといって特異なところのない、背の高い人だった。

　しかし、スピロス・サティは普通の人ではなかった。彼はヒーラーであり超自然の知識に精通し、想像もつかないほどの超能力を自由に駆使できる人なのだ。彼は身体から自由自在に飛び出て、透明なヘルパー(↓用語)と一緒に遙か遠くや異次元に旅して、困っている人の助けになるのだという。しかも、完全にこの現実に目覚めた状態で、そのようなことを行ってみせるのである。これはシャーマンがしばしばやっていることによって世に知られているが、彼は自分の体外離脱(↓用語)体験について、弟子たちにその体験報告をするのである。

　あらゆる類いの病に冒された様々な階級の人びとに既成の薬品を投与しても、それらに効き目がないと分かると、他の人には気づかれないようにこっそりと彼を捜し出し、悪魔払いをしてもらったり、あらゆる肉体的精神的異常を癒してもらうのだ。

　この島では、ダスカロスの名前は魔術と同じ意味を持つ。敬虔で信心深い人びとは、メフィストフェレスに匹敵する者として彼を避けた。「我が家であの男の名前を口にするんじゃないよ」と、信心深いお人好しの叔母が一度、私に命じたことがある。以前、聖職者たちが彼を破門しようとしたが、当時の大主教マカリオスの猛烈な反対によってそれは失敗に終わった。大主教自身がダスカロスの弟子のようなもので、サティからこっそりとテープで教えや講義を提供されている、と噂されていた。もちろん、ダスカロスがキリスト教を脅かす者でも人を脅かす魔術師などでもないということは、大主教にははっきりと分かっていた。

私が、スピロス・サティの世界を研究するために長期の有給休暇を使うつもりだと宣言した時、学識の深い社会学者の私のいとこは、心配そうに首を振りながら、「本当にこの男と一緒に過ごして、時間を無駄にしたいのか？」と尋ねたものだ。

スピロス・サティは、信心深い者や不信仰の者にも深い疑惑の目で見られ、社会から除け者扱いにされて人生の大半を過ごしてきた。もちろん、彼に助けを求めに来る者や、少しずつ増えている弟子たちは、まったく別である。弟子たちは、自分の評判が落ちるのを覚悟の上で、**ストア**(↓用語)でのスピロス・サティの講義に参加した。ストアとは、彼の家の裏庭にある一室を聖堂にしたもので、人びとはそこに集い、神秘的な教えを実践する。秘伝の術には、サイキック、ノエティック、霊的な成長のための瞑想の訓練も含まれていた。グループの人びとにとっては、スピロス・サティは**ストロヴォロスの賢者**であるばかりか、秘教の叡知を会得した大師かつ教師なのであった。

私は、一晩ゆっくり休んで、次の朝ダスカロスに会いに行くとステファノスに言っておいた。翌日、私が彼の家に着いた時には、数人の訪問者が何がしかの理由で彼に助けを求めに来ていた。ダスカロスは終始、楽しげなムードで、一九八六年八月に私たちが別れてから八カ月ぶりの再会を喜んでくれた。

ダスカロスは、自分の仕事が大々的に報道されたことに悩んではいなかった。それどころか、かえって喜んでおり、記者が驚いているのをすっかり楽しんでいた。「あの時起こったことは、奇跡でも、驚くようなことでも、何でもないんだ。私は**聖霊**(↓用語)のために媒体、つまり霊媒になっただけだ」と、くすくす笑いながら言っていた。これは私が今までに何度も聞いてきた言葉である。つまり、奇跡を奇跡としているのはわれわれの無知で、もしわれわれが自然はどのように働いているのかを理解していたら、このような現象を奇跡とは呼ばないであろう。

「唯一存在する奇跡は、命そのものだよ。ほかには何もないんだ」とダスカロスは強調した。

新聞記事のエピソードについて、彼はいたずらっぽい独特の冗談を飛ばしながら、数人の聞き手を陽気に笑わせていた。彼には来客や仕事もあったので、私はほんの少しお邪魔して、その週の後半に再び彼と会う約束をした。その間、私は近ごろ急激に開けた港町リマソールで数日を過ごし、ダスカロスの一番弟子で、後継者に指名されたコスタスと再び連絡を取った。

新聞記事によって、島全体が揺れていた。ヒーリングとか超能力といったものを普段は無視する人びとの間にさえも、騒ぎは広がっていた。記事で紹介された出来事に関して私は一種の専門家と見なされていたので、友人やら知人が私の詳しい意見を求めて接触してきた。その中に、カナダ大学に勤務するキプロス育ちの社会学者、ソフィアがいた。夏の里帰りをしていた彼女は、私が島にいるのを知って連絡してきたのだ。

エレフシレ・カルパシアというレストランで、土曜の午後遅く、彼女と会うことにした。このレストランは、ギリシャ系キプロス人とトルコ系キプロス人との平和維持のためにキプロスにいる国連軍（UNFICYP）によって引かれた国境線、**グリーン・ライン**（→用語）の傍らにあった。

私たちはテーブルを選んでそこに落ち着くと、ソフィアが笑みを浮かべながら話しはじめた。

「正直な話、ここ数年あなたのやっていることが私にはどうしても分からないわ。はっきり言わせて頂くわね。あなたが扱っているこういった事柄は、私を不快にさせるの。こういうのは、私の受けた教育とか価値観とまったく矛盾しているのよ」

「君にはまったく同感だよ」と言って私は笑った。そして、彼女の意見に少しも気分を害していないと言い、彼女を安心させた。彼女は政治社会学者としての私のことはよく知っていたが、私の研究についてはほんのわずかしか知らなかった。彼女とはキプロス問題解決のためのセミナーに、何回か一緒に参加したことがあった。私が物書きの分野でかくも急激な転換を遂げ、今やわけの分からない無名なヒーラーで神秘家の人生と仕事になぜ夢中になっているのか、それが彼女にはまったく解せぬことであったのだろう。私は社会学の科学的な実証主義の伝統の中で訓練されてきた人間である。いかなるタイプの宗教であれ、それは社会か精神異常者のどちらかによって客体化されたものでしかないという教育を受けてきた。だから、ダスカロスやコスタス、またそのサークルの弟子たちに私が同情するのをソフィアが問題にしたくなるのは、当然のことであった。「善意だってことは分かるんだけど、一体、キリアコはどうしてしまったのかしら？　まったく気の毒に」と、彼女が頭の中で考えていることは、私には十分察しがついた。

「私がダスカロスのことを研究しはじめて、もう、かれこれ十年になるけど、当時は私も君と同じように懐疑的だったんだ。でも今では、これにはそう簡単に見過ごせない、何かまがい物ではない真性なものがあるかもしれないと、そう認めるようになってきたんだ」

「でも、あなたの客観性はどうなってるのかしら？」と、ソフィアは親しげに皮肉っぽく尋ねた。

「私のアプローチが科学の目的に反してないってことは、請け合うよ。この件では、ずっと現象的なアプローチをとっているだけだよ」

私の目的はダスカロスによって体験されている世界を弁護することでもなく、彼らの世界の弁護することでもない、と彼女に説明した。

「アメリカの大学教師の私などが、ダスカロスの現実にあらかじめ固定観念を持って入って行くよりも、むしろ彼自身にその世界について語ってもらうというやり方を選んだんだ。研究対象となっている者の現実が、自分自身とあまりにも異なっているというような状況では、自分の観点がいかに科学的に見えようとも、それを押し付けるのは賢明ではないと思うよ。それよりもまず、最初は研究対象者が彼ら自身の言葉を使って、彼らの世界観に沿って体験が語られるような機会を与えるようにするんだ。自分が持っている偏見とか限界を押し付けてしまうことにならないように私は十分気をつけなければならないんだ」

「ねえ、キリアコ、これからもずっとその方法をとるみたいだけど、それってちょっと欠陥があると思わない？つまり、その方法は記述的で、批判精神に基づいていないところが、ちょっとまずいんじゃないかしら？」と、感慨深げにソフィアが言った。

「その反対で、私はダスカロスやコスタスと出会い、常に**疑い深いトーマス**[*1-2]の役割を果たしてきたんだ。私は一貫して批判的で、時には周囲が必要とする以上に批判的だったんだ。言い換えれば、彼らが語る現実の特質について、それが本当なのか確かめなければという気持ちがあったんだ。実は、私が懐疑的な人間として受け入れられているからこそ、彼らとの関係がスムーズなんだよ」

「でも一方で、あなたのアプローチだと彼らが主張している現実に疑問を投げかけ、実際に検討しているという観点がないでしょう？　異なった観点で彼らに対決していないと思うわ」と、彼女は執拗に質問しつづけた。

「もし私が対決の姿勢をとり続けたら、ここまで来ていないよ。この神秘家たちがそこに生き、仕事に取り組ん

＊1-2　証拠なしでは信じない人。キリストの弟子トーマスが実際に証拠を見るまでキリストの復活を信じなかった。ヨハネ伝20：24～29。

でいるあの驚くべき世界について、何冊にもなる資料を十年もの時間をかけて集めるなんてことはできなかったと思う。もう私なんかどうしようもないドグマに固まったコチコチの人間だと見なされて、彼らに相手にされていなかっただろうね」

「でも、さらに言わせて頂くと、こういう人びととあなたが同一視される危険があるんじゃないかしら？　社会学で〈未開の地の風習を真似る〉とか言うけど、批判的な社会学者としてのあなたの役割を忘れていることになるのではないかしら？」とソフィアはなおも、強く主張しつづけた。

「でも、それは危険なのか、それとも偏見なのか。その人たちと同一視される危険性のことを言い出すのでは、研究者としての君は、研究対象を本当に理解しようとしてそこへ入って行くのをすでに拒んでしまっていると思うよ。そうではなくて、その相手を科学的な研究の対象として隔離し、距離を置いて分析する態度を持ち続けるんだ。この種の事例では、彼らと同一視されるのを恐れたアプローチでは何も実は結ばないだろうし、真の理解にはならないと思う。逆に研究対象に切り込んで行く洞察力に欠けるだろうし、その対象を偏見の目で見ることになると思うよ」と私は反論した。

「キリアコ、このダスカロスという人には超能力がある、とあなたは言っているの？」とソフィアが尋ねた。

「彼自身に言わせると、この世には超自然のものなんか一切ないんだ。事実、このことは本物の神秘家なら誰でも言ってることだ。ある種の現象とか能力を超能力として区別するのは、われわれの認識の限界から来ているということなんだよ。だから、われわれが異った意識を持っていたなら、医療に頼らないヒーリングとか霊能力といったものは、まったく普通で自然なものと見なされるようになるだろうということなんだ。

事実、私自身はっきり分かってきたことは、自然界とは何なのかというわれわれの認識に甚だしい限界があるということなんだ。この限られた認識を超えたところにあるものは何でも超自然的なものと見なし、科学や理性の範囲を超えたものと定義しているわけだ。いったん頭の中でこういう定義づけをしてしまうと、意識的にせよ無意識的にせよ、そういうものと決め込んで拒絶する。こういうのは非現実的だとか、たとえ好意的に解釈したとしても人智には及ばないものと見なしてしまう。その根底には〈どうでもいい〉という気持ちがある。言い換えれば、われわれは、通常の視覚、聴覚、触覚、味覚、そして臭覚が受け入れるものだけが自然で実在しているものと見なしているんだ。でも、われわれが本当に超感覚を授かったとしたら、どうなると思う？　神秘家をはじめとして、今日では何人かの科学者ですら、この超感覚の実在を主張しているんだ。この超感覚を発達させマスターし、それを使ってこの世界をもっと深く理解できたら、どうなると思う？」

ソフィアは、今や明らかに興味津々と聞き入っていた。

「われわれは、人類の意識の進化とはまず無意識から始まり、迷信から原始的な魔術へと進んできた、と当然のように思っている。そしてこのあと理性へと進み、これは十九世紀から二十世紀における科学的思考による数々の功績でクライマックスに達する。そして、今日の機械論的科学では意識の成長は行き着くところまで行ったものと仮定しているが、そんな仮定が成り立つ論理的根拠はどこにもないんだ。歴史を通じて偉大な神秘家たちがわれわれに語り続けているように、おそらく人類がいまだ到達していない、理性とか科学を超えた段階があるに違いないんだ。実際、これと同じことをトランス・パーソナル（超個人）心理学者たちが主張しているんだよ」

ソフィアは感慨深げに紅茶を一口飲み、しばらくしてやっと口を開いた。

「じゃあ、あなたのお友達のダスカロスやコスタスのような人たちは、五感を超えた非凡な能力を持っているとあなたは言っているのね？」

微笑みながら私は彼女に言った。

「私としては、過去十年間、この人たちといた時に経験したことを君に語っているだけだよ。それに対して、君は君なりの結論を出せばいい。今の時点での結論は、こういった能力は可能だとか実在するとかノーマルだというだけではなく、実は、人間という種が系統発生的に代々受け継いで持っているものなのかもしれない、ということなんだ。もちろん、平均的な人間にはこの能力は隠れたままで現われてはいないが、ダスカロスとかコスタスのようなすぐれた人間には現われているというわけだ。こういった人びとが、霊能者、霊視能力者、シャーマン、神秘家などという名の烙印を押されてきたのだ。私の目の前で次々と、ただならぬヒーリングや不思議にも一致する事柄がやたらと起こりはじめてからは、以前持っていた私の懐疑主義も時とともにかなり崩れてしまったことは確かだ。ほら、この間、新聞記者の目前で起こったことなんか、私にとっては驚くべきことではないんだ。ああいった出来事を何度も見てきたから、もうそれが私には当たり前になってしまったんだ」

「何か具体的な事例を出して頂けるかしら?」とソフィアは頼んできた。

「ある英国のヒーラーについてこんな話があるんだ。去年の夏、彼女は自分の専門分野を題材としたセミナーを開くためにこの島にやって来たんだ。私がちょうど、メイン州へ帰る準備をしている最中だった。彼女は私の本を読んでダスカロスを訪問したんだ。会話のあとで、ダスカロスとコスタスは彼女が長年患っていた脊椎を治してしまったんだ。彼女は自分に何が起こったのかが分かって、しばらくストアで咽び泣いていたよ。その晩遅く、妻のエミリーに電話をしてきて、彼女が言うには、ベッドに就いた時、両脚が同じ長さになっているのに気づいた、ってことなんだ。今まで悩まされていた歩行の問題はもうなくなったと言って、電話でまた泣いていたんだ。〈私がヒーリングのセミナーを行うためにキプロスへ来ていながら、反対に自分がヒーリングされてしまったのよね〉と言っていたよ」

それから、私は数々の事例をソフィアに説明した。その一つにカティーナ夫人についてのすばらしい事例があった。夫人は身体が麻痺し、何カ月も寝たきりであったうえ、脊椎も患っていた。ダスカロスは、われわれの目の前で彼女を治したのである。その後、彼女には病の再発もなく普通の生活ができるようになった。この事例でとくに重要なことは、彼女がこのように急激に回復した後、医師を訪れて脊椎のレントゲンを撮ってもらったことである。その一週間前に撮られたレントゲン写真には病に冒された脊椎が写っていたが、新たな写真には正常な脊椎が写っていたのである。

「それから、私がダスカロスとドライブしていた時のことだけど、彼は突然、メインにある私の家の中の様子を説明しはじめ、電話を二階に取り付けるべきだと冗談まじりに言ったんだ。〈キリアコ、慌てて電話を取ろうとして階段を降りる時、首の骨を折るかもしれないよ〉ってね。今まで、誰にもメインの私たちの家の中の様子なんて話したこともないし、ましてや電話の場所なんかは、まず話してないからね」

「たぶん、そういったことすべては、ただの偶然の一致といって説明できるかもしれないでしょう?」と、ためらいがちながらも、ソフィアは反論してきた。

「それは、私にはちょっと難しいな。たびたびこういうことが起こると、どうしてもそれに注目しはじめるよね。そして、これが偶然の一致でしかないという考え方は薄れてしまうわけだ」

私はさらに事例を挙げた。

「私の生徒だけど、ここ二十年ばかり体調不良で苦しんでいたんだ。医者では原因が分からなかったので、私はダスカロスのところへ彼女の写真を持って行ったんだ。ダスカロスは二、三秒その写真を手に持って、問題は脳にある、という診断を下した。そして脳波を調べてはどうかと提案した。お金はかかるが、彼のアドバイス通りに脳検査をしたら、本当に脳に問題があったんだ。彼女は医者に、脳検査が必要だという見解の出所がどこなのか、話をするのを避けていたそうだ。

ソフィアは困惑した様子で言った。

「もし、あなたの言ってることが真実だとして、偶然の一致を認めないのであれば、こういった並外れた現象をどのように説明するのかしら？」

「有史以来、常に偉大な哲学者、神秘家、それに科学者たちの中には、実は偶然の一致など一切ないと主張する人びともいる。その中の一人はカール・ユングだろう。彼は偶然の一致というものは一切ないという、あの有名な共時論を展開し、大変な論争を巻き起こした。ダスカロスやコスタスも、高度に進んだレベルの知識体系から物事に取り組んでいて、この彼らの体系を使うと、偶然の一致とは何なのか、その性質の説明ができるんだ」

ちょうどその時、私は旧友が入り口にいるのを見つけて、手を振った。何年ぶりかの再会である。互いに挨拶した後、彼は待っていた友人たちのテーブルへと着いた。ソフィアと私は腰を落ち着け、夕食をたっぷり食べた。しばらく、食べながらあれこれ個人的な近況を報告し合ったあとで、ソフィアは「あなたのお友達の世界観について、もっと聞きたいわ」と言った。

「われわれの考えとフィーリングは、自分たちの周りの環境に向けて発しているエネルギーなんだ」と私は切り出し、ソフィアに基本的な教えの原理を紹介することにした。

「これはすべての人間が絶えずつくり出しているエレメンタル(↓用語)なんだよ」

「エレメンタル？　それ、どういう意味？」

「エレメンタルとは、思考や想念が形をとったもので、様々な形や色を帯びているんだ。それで、高い境地に達した神秘家や霊視能力者には、人の潜在意識から生まれるこのような形が見えるんだ。エレメンタルはそれ自体、パワーやエネルギーや生命を持っているんだ。そのエネルギーは、肯定的な陽でも、否定的な陰でもあり得る。たとえば、他人に対する良い思いやフィーリングは陽エネルギーに満ちたエレメンタルで、否定的なフィーリングや思いは陰のエレメンタルというわけだ」

「このエレメンタルはどこへ行くの?」とソフィアは尋ねた。

「ダスカロスやコスタスの名付ける、サイコノエティックの存在次元の中に住むというのがエレメンタルの性質なんだ。そこからこのエレメンタルと同じ周波数で、無意識に波動している人びとに影響を与える。遅かれ早かれ、エレメンタルはそれを出した人のところへ戻るんだ。つまりエレメンタルは、良きも悪しきもすべて、自らが自分の周囲に発したものが、最終的に七倍の強さを持って自分に戻って来るんだ。そのように、カルマ(↓用語)が作用している、というわけだ」

「カルマ?」

「そう、因果の法則(↓用語)だよ。彼らの主張によれば、人生には偶然は何一つなく、すべての存在はカルマ、つまり因果の法則によって支配されている。〈自分の蒔いた種は自分で刈る〉ことになる。このような教訓はカルマの法に基づいている、と彼らは主張している。良いことであれ悪いことであれ、それが何であってもすべて自分自身に対して行っているのだ」

何度も人間として生まれてくること(↓用語)、つまり輪廻転生を背景にカルマの法は働いている、と私は説明した。

「われわれが外に出すエレメンタルは、今生か来世で自分のところに戻って来るんだ。こうやって自らの運命を織りなしているということだ」

「ということは、私たちは自らの運命に完全に責任がある、と彼らは言ってるのね？」とソフィアは尋ねた。

「それについては、彼らが言っている通りに説明するね。われわれの思考、願望、そして感情といったものはわれわれの潜在意識を形づくっているエレメンタルなんだ。事実、こういったエレメンタルがわれわれの潜在意識を組み立てている。そして一つの人生から次の人生へと、自分の潜在意識を全部まとめて連れて行くんだ」

「ところで、私はこの輪廻転生という概念を簡単に鵜呑みにはできないわ」と、ソフィアは神経質そうに笑いながら言った。

「ダスカロスによれば、こういった概念は人の信仰とか嗜好の問題ではなく、それが人生の現実だということなんだ。だから、実存の本質を真剣に探究していけばそれが分かる、ということなんだよ」

「もっと続けて。一つの人生から次の人生へと行く時、どうなるの？　あなたのお友達は何と言ってるの？」

「死後どうなるかを理解するには、われわれは一つの身体だけではなく、実は三つの身体を持っていることに気づかなくてはならないんだ」

「三つ？」。信じられない、というソフィアの表情に、私はくすくす笑った。

「そうだよ、三つ」と、私は確認のために言った。

「肉体《(↓用語)》のほかに、サイキック体《(↓用語)》とノエティック体《(↓用語)》を持っているんだ。サイキック体は感情、気持ち、欲望の身体で、その中心はハートにある。ノエティック体は思考の身体で、その基部は脳の中心にある。この三つの身体は、肉体が三次元、サイキック体《(↓用語)》が四次元、そしてノエティック体《(↓用語)》が五次元と、それぞれ異なる次元の世界に存在し、それらが揃ってわれわれの現在の人格《(↓用語)》をつくり上げているというわけだ。

この三体は、それぞれに対応したエーテル・ダブル(↓用語)によって繋がれているんだ。エーテル・ダブルというのはエネルギーの場で、これらの三体に浸透し、その生命力を維持しているんだよ。ダスカロスとコスタスによれば、死んでゆくのは肉体だけで、自己意識を持った人格としてのわれわれは、感情や気持ちや自分の嗜好といったものを全部携えたまま、サイコノエティックの次元に存在しつづける。そこにいられるのは、サイキック体とノエティック体という他の二つの体を持っているからなんだ」

「それでは、この次元の人生と死後の人生との間の違いは何なのかしら？」

ソフィアがわれわれの話題となっているものに相変わらず深い疑念を懐いているのがその声からうかがえたが、同時にそれが彼女の心を引きつけているのも分かった。

「唯一の違いは、この別の次元を支配している法則だけだよ。ダスカロスとコスタスによると、世界の中にまた別の世界があって、これらの世界はそれぞれ異なった波動周波数を持っているという。たとえば、粗雑な物質でできた物質界は、固体として見えるよね。なぜなら、肉体とともにいる時、われわれも粗雑な物質として同じ周波数で波動しているからなんだ。他の二つの世界も物の世界だが、もっと高いレベルで波動している。すなわち、サイキック界(↓用語)は空間を超越しているので、地球の一地点から別の地点へと一瞬にして移動できるんだ。

われわれは肉体の中で生きていても、波動の上げ方を学べば、肉体を出てサイコノエティック体(↓用語)で異次元へと旅ができる、と言っている。このような状態に入ると、肉体も物質界も障害にはならず、これを〈体外離脱の旅〉と呼んでいるんだ。こうなると、われわれの意識は一瞬にして異次元の現実へと旅立つことができ、物質界の至るところを一瞬にして訪れ、そこの情報を得ることもできるんだ。たとえば、メイン州の私の家のことなんかもね」と、私は笑いながら言った。

ソフィアは困惑した表情で聞いていた。私が語った事柄は、彼女にとって興味をそそるお伽話みたいなものであったに違いない。執拗に質問しつづける態度には、十年ほど前にこの研究を始めたばかりの私がダスカロスにとった態度を彷彿させるものがあった。

「サイコノエティック体は一般に、魂(↓用語)として理解されているものかしら？」と彼女は尋ねた。

「いや、全然違うんだ」と私は言った。

「サイキック体もノエティック体も、高いレベルで波動している物質体であり、物でできている身体なんだ。われわれが肉体、つまり粗雑な物質でできている身体をある時点で放棄する時、これを死と呼んでいるわけだが、その後、残りの二つの身体を持って、つまり感情と思考を持って異次元の世界で生き続けるんだ。その時の姿はこの地上でとった姿とまず同じで、次に再び生まれて来る時点で、それまで持っていたサイキック体とノエティック体は彼らがいうところの永遠の人格(↓用語)というものによって吸収されるんだ」

「それは何なの？」と、ソフィアはテーブルの上で腕を組みながら尋ねた。

「これはわれわれの内なる自己（インナー・セルフ）の部分で、生まれた時からの体験がすべて記録されているんだ。つまり、それが次の人生へと渡されて行くのもこの永遠の人格を通してなんだ。

ねえ、ソフィア、無駄になるものなんて一つもないんだよ。新しい人生のスタートではまず、新しいノエティック体とサイキック体がつくられる。この二つの身体は、すぐ前の人生の体験だけではなく、すべての過去生の体験をも含んでいる。そして、現在の人格は状況が許せば新たに生まれ、カルマの法に基づいて、新たな体験から教訓を得ようとして三次元の世界へ旅立つ、ということなんだ」

私はさらに説明を続けた。ダスカロスとコスタスの教えによれば、サイコノエティック体が新しく生まれた現在の人格に付着する過程は、懐胎に始まって七歳くらいまでゆっくりと続くのである。それまで、多くの子供たちは部分的にはサイコノエティックの世界に生きている。平均的な人間はその年齢が過ぎると完全に三次元世界に心がとらわれてしまい、他の世界のことは忘れ去って記憶に残らなくなるのである。

「じゃあ、永遠の人格が魂なの？」とソフィアはまた尋ねた。

「いいや、ちょっと違うんだ」と私は答えた。そして私は、ソフィアの困惑した表情に思わず笑ってしまった。

「この話は、どこか別のところで続けた方がよさそうね」と、低い声でソフィアは提案した。周りのテーブルにいた数人の人びとが私たちの会話に大変な興味を示していたからである。


すでに十時半になっていた。私とソフィアはキプロス政府管轄区の壁に囲まれた旧市街を散歩することにした。私たちがベニス風の壁に沿って歩いていると、「それじゃあ、結局、何が魂なの？」とソフィアが尋ねてきた。

「その質問に答えるには、その前に少し話さなければならないことがあるんだ。ダスカロスとコスタスが神というものをどう理解しているか、ということだ。彼らは神をずっと非人格的な言葉、つまり**絶対**(↓用語)とか**絶対の存在性**(↓用語)といった言葉で呼んでいるんだ。彼らにとって**絶対**は、すべての世界の背後にある、測り知れない理解不能な現実（実在）なんだ。それについてあれこれ語ることはできるだろうが、われわれの言葉や理性がどうしても邪魔をしてしまうんだ。人は**神との一体化**(↓用語)の状態に到達した時にのみ神を知る、と彼らは主張しているんだよ。

彼らの教えるところでは、**絶対**は無数の**聖なるモナド**(↓用語)からできているというんだ。そして、それぞれの聖なるモナドは無数の独立したスピリット（霊）で構成されている。**絶対**は、複数性と多面性を備えていると同時に、一つの神であり、自給自足状態、つまり彼らの言葉を使うと、**神の自足状態**(↓用語)であるというんだ。**絶対**はそれ自身の内にすべてを持っており、欠くものは何もないということだ。**絶対**は自らを表現するために、**マインド**(→用語)を創造した。**マインド**は、最も希薄な純化した無定形なレベルから、ずっと下っては、粗雑な物質に至るまで無限に広がる波動なんだ」

「神は**マインド**だということかしら？」。この話題にソフィアの興味が増してきているのが感じとれた。

「いや、**マインド**は神が使う手段なんだよ。神、つまり**絶対**は**マインド**を媒介にして現われるわけだが、聖なるモナドはすべて、それぞれ独立して存在するスピリットを発しているんだ。このスピリットは、**イデアの世界**(→用語)を通過しなければならない。このイデアというのは、おそらくプラトン哲学の**イデア**（理想的な原型）という考え方に似ているといえるだろう。イデアは様々あって、そのうちの一つが**人間のイデア**(→用語)なんだ。光り輝く**スピリット・エゴ**(→用語)、つまりそれぞれ独立して存在するスピリットが人間のイデアを通過するや、魂がつくられるんだ」

「魂は、不死だと思ってたわ」と、ソフィアは歩きながら言った。

「そうだよ。でも、まずつくられなくてはね。本当の私たちは魂も人間のイデアも超えた**スピリット・エゴ**で、ギリシャ語では**プニューマ**(→用語)というんだ。だからすべての人間の本質はプニューマ、つまりスピリットなんだよ。それは内にある神なんだ。

ギリシャ正教会の唱え文句〈プニューマ・ホ・セイオス〔神はプニューマである〕〉を覚えているよね。

いったん魂がつくられると、直ちにそれはずっと下の粗雑（濃密）な物質のレベルまで降りて行く。そしてその次元の低い世界、つまり善・悪とか生・死といった相反する二極に分かれた世界を体験することになるんだ。

魂は、無垢である。体験して得られる低いレベルの世界の知識というものを持っておらず、堕罪前のアダムとイヴの状態なんだ。低いレベルの世界を経験するために、魂はずっと下の方まで伸びて降りて来なければならず、その時点で永遠の人格が形成されてゆくんだ。永遠の人格は魂の一部で、この世に人間として生まれてきて体験したことが記録され、まず第一回目のこの世への誕生時点で、現在の人格、つまりその人生であらわす人格が形成される。少し前にわれわれが話し合ったように、この現在の人格というのはノエティック体、サイキック体、そして肉体でできているんだ。

すべての人間は多次元的な存在なんだ。ダスカロスはこのことを、二点を持った一本の線である、と言っている。スピリットの一点は輝いており、反対側の一点である現在の人格は暗いということだ。人間存在の目的は、この二点を合わせて光り輝く円をつくることなんだよ」

「どうしたらそれができるの?」とソフィアは尋ねた。

「それは、低次元の自我を神聖な源へと覚醒させることによってなんだ。われわれが低次元の世界へと降下し、輪廻転生をスタートさせると、われわれの**神聖なる自己**(↓用語)、つまりプニューマを無知の状態に陥れてしまうんだ」

「じゃあ、私たちは皆、神(gods)だってことね」と、ソフィアはしぶしぶと笑みを浮かべて自認するように言った。

「われわれは異国をさすらう神(gods)で、自ら課した記憶喪失で苦しんでいる、というわけだ。アーチ状に歪んではいるけど、究極の人生目標はこの記憶を取り戻すことなんだ。これこそ、ダスカロスとコスタスの教えなんだよ」と私は応答した。

「それでは次の質問だけど、どうしたらその記憶が取り戻せるの?」とソフィアは言った。

「方法はいくつかあるんだ。ダスカロスとコスタスは、われわれが認めるも認めないも、すべての人びとが自己発見、自己認識、悟りの旅についていると教えているんだ。われわれは、カルマの法に従って輪廻転生の結果で得た体験を通して全員が成長し、自身の源、つまり内にある**スピリット・エゴ**の一点に向かって回帰を始める。

このようにして、すべての人間が最終的には悟ることになる。この方法は苦痛を伴うものだが、それもわれわれの無知の結果、避けられぬことなんだ。

もう一つの方法は、自覚を持ち、修行・鍛練の過程を通して真理を求めていく方法だ。つまり、彼らの言葉で言えばエレヴナ(↓用語)によってだ。君は**真理の探究者**となり、意識を持って自己発見の旅に出るわけだ。ダスカロスは、聖書の**放蕩息子**の例え話をよく好んで引用するけど、それによると、**愛する父**の宮殿へと戻る旅を君は始めることになるんだ。エレヴナは、〈真理を知れ、されば真理が君を解放するであろう〉という教えの方法論の部分に当たるんだ」

「では、どのようにしてそのエレヴナをスタートし、**真理の探究者**になれるの?」

「黙想、瞑想、自己を常に観察すること、そして奉仕を通してだ」と言ったあとで、私はダスカロスとコスタスが彼らのもとへ学びに来ている者たちに命じている簡単な瞑想をいくつかソフィアに紹介した。

「なかでも、自己観察と奉仕が一番重要なんだ。ダスカロスが好んで名付けている〈内なるミノタウロス〉[*1-3]、つまり利己主義を抹消することを目指しているんだ。彼らに言わせれば、利己主義がわれわれの最悪の敵で、それゆえに、自分が何者であるかが分からなくなってしまっているというんだ。われわれを低い意識にとどめておくのも、この利己主義なんだ。だから、テセウス(アテネの王)のように、われわれはミノタウロスを殺さねばならないんだよ。

*1-3　ギリシャ神話で牛頭人身の怪獣。

利己主義的な欲望を取り除き潜在意識を浄化すると、意識の進化が加速され、そしてそれはわれわれの神の悟り、つまり神との一体化の状態に回帰する過程を促進することになる」

「私には、この転生説（↓用語）というのはちょっと問題だわ」と、しばらく間を置いた後、ソフィアは言った。その時われわれは、アイオス・サッヴァス教会の傍らを歩いていた。ニコシアの旧市街の中心地には、こういった古い教会がたくさんあった。

「もし私たちが、まずは神（gods）であり、そして定められた運命がその神的な状態へ再び目覚めることであれば、そもそもなぜ肉体を持って生まれて来るなどというサイクルを始めたのかしら？」

「いい質問だね！　この問題については有史以来、この方面の様々な人や神秘家もありとあらゆる推論や見解を出しているんだ。

ある仏教の一派の考えで一般に受け入れられているものでは、意識の究極状態は自我が無の状態になること、つまり自己たるものがトータルな神の中に巻き込まれ、希薄化された状態になるということなんだ。この状態では、個人としてのわれわれは存在しなくなるというわけだ。この考え方は、西洋の俗界の多くのインテリ層にアピールしたんだ。彼らの不可知論にとっては、この概念の方が、個々の意識は不滅であるという考え方よりも、うまく嚙み合う。実はこの前、私はステファン・ラベルジュの『Lucid Dreamimg』（明晰な夢）という、とても面白い本を読んでいたんだ。彼はスタンフォード大学の〈眠りの研究センター〉の研究者なんだ。その本の終わりの方で、ちょうどわれわれが今話している問題について興味深いことを言っているので、ダスカロスかコスタスと話し合えるようにと、ちょっと書きとめておいたんだ。そういえば今、財布の中にそれが入れてあるよ」

私は、街灯に近づきメモを開いて読んだ。

「〈超個人のアイデンティティーは個のアイデンティティーを超越している、ということは、超個人レベルでの個性は結局、究極の実在の本質と同じもの……［すべての所有物の所有者、**全知全能者、全創造界の創造主——唯一のマインド、実在そのもの**］であるのかもしれない〉

エレヴナの観点からいえば、この点までは異論はない。ダスカロスにせよコスタスにせよ、何の反論もないと思う。でも問題はこれから先なんだ、この夢研究者の言ってることをちょっと聞いて欲しいんだが」

ソフィアは私が読んでいる間、さらに近寄って来た。

「〈かくして、死が訪れると、個人は消滅し、一つの雫が海に落ちて消えてしまうということなのかもしれない。しかし同時に、自らの本質は何であったのかを人は悟るようになるのである。雫そのものは、単に雫であるばかりか海でもあることに気づくのである〉。これだと、〈死後はどうなるのか？〉という質問に対して、この著者の答えはおそらく〈すべてであり、無である〉という風になるんだと思う。

もし、ここをダスカロスに読んだら、彼はきっと笑い転げてしまうよ。死によって悟りが得られるのであれば、英知への確実な道は自殺ということになる、と言うだろうと思うよ」と、メモをたたみながら私は言い、再び歩きはじめながら説明を続けた。

「第一に、死はわれわれの自己意識を変えたりはしないんだ。ダスカロスとコスタスに言わせれば、唯一起こる変化は肉体を捨て去って行くということだけだ。その後、感情と思考、つまりサイキック体とノエティック体の二体を持ち、自己意識を持った存在として生き続けるんだよ。死んだ時に到達していた自己意識のレベルで、他の波動の世界へと入って行くんだ。よって、霊的に成長し、目的地である神との一体化というものに最終的に到達するために、何度もこの世に人間として生まれ、そしてカルマを体験しなくてはならないのだ。もちろん、エレヴナを通して帰還を早めることはできるよ。

ところが、ダスカロスに言わせれば、ほとんどの人はサイキック体とノエティック体の現実というものに気づいておらず、だから、究極に行き着く運命について、こんな誤った考えに辿り着いてしまうのだろうね」

「あなたはまだ、私の質問に答えていないわ。そもそも、なぜ私たちは肉体を持って生まれて来るの？」

「じゃあ、それについて答えるよ。ダスカロスとコスタスは、肉体化して現われる目的は**絶対**の**ワンネス**（統一性）の中で個性をなくすのではなく、そのユニークさを発達させることだと教えているんだ。二極に分離した世界へ降りて来る前は、低レベルの世界の体験もなく、顕著な個性もなく、われわれは神（gods）であった。皆、似たり寄ったりで、時空を超えて大天使的存在(↓用語)として生きていたんだ。スピリット・エゴ、つまりプニューマに様々な体験の機会を与えるために、時空が存在する二極分離の低レベルの世界がつくられた。そしてスピリット・エゴは、この体験を通して最終的に**オントピーシス**(↓用語)に辿り着くわけだ」

「ええ！ 何ですって？」。ソフィアは、もう参ったとばかりに手を上げながら叫んだ。

「残念なことに……」と、私は溜息をついて話を続けた。「〈オントピーシス〉の意味に相当する英語が見つからないんだ。明らかにこの言葉は〈あること、存在状態〉を意味するギリシャ語名詞の〈on〉（オン）とギリシャ語動詞の〈…になる〉から派生した〈peisis〉との合成語なんだ。簡単に言えば、霊魂の輪廻が終わりになる（つまり、いったん低次元の自己のカルマが燃え尽きてしまう）と、プニューマは個性を獲得する。オントピーシスは、プニューマがその個性を獲得する、その成長過程という意味だよ。さらに言えば、オントピーシスは神との一体化に至るまでの成長過程を含めての最終結果といえる。神との一体化が低次元の自己の輪廻転生からの最終的な解放、究極の啓発、そして**スピリット・エゴ**との同化を意味しているとしたら、オントピーシスは、ス

ピリット・エゴが人間のイデアを通り抜け、時空の存在する二極分離の世界に入ることにより獲得したものを意味するということになる。

ダスカロスとコスタスによれば、この大いなる真理は、イエスによって**放蕩息子**の例え話の中で美しく表現されているということだ。オントピーシスは、**放蕩息子**が時空の世界で試練や苦難の体験を重ねたあとに父の宮殿へ戻った状態のことである。

われわれに個性とユニークさを与えてくれるのは、この時空の世界での体験なんだ。まったく同じ二人の人間というのはまず存在しないよね。それは、正反、善悪といったものが存在する二極に分離した世界で、二人の人間がまったく同じ体験をしていくということは決してあり得ないからだ。自己意識たる**私は私である**（I AM I）を棄てるのが究極の目的だという考え方よりも、ダスカロスとコスタスのこの考え方の方が、少なくとも私にはずっと理に適うように思えるんだ。棄てなければならないのはわれわれの利己主義であって、自己意識を持った個性ではないと思う。**私は私である**は**スピリット・エゴ**、つまりプニューマの根底にある不死の私たちだ、と、おそらくダスカロスは言うと思う。

私は私であるは決して生まれたこともなく、そして死にもしない。それは意図をもって神々しく無知と二極性の世界に向かう神（god）であり、低い次元の世界を体験して理解を重ね、オントピーシスへ辿り着くのを唯一の目的としているんだ」

ソフィアは感慨深げに微笑んだ。

「つまり、科学者は知識を積み重ね自然の神秘の鍵を開けようと苦闘しているけど、心の奥底で求めているのは自らの神との一体化であり、オントピーシスなんだということかしら？」

「エレヴナによれば、科学者、港湾労働者、共産主義者、資本主義者も実際のところ皆、まったくそのことだけを目指しているんだ。彼らはただそのことを自覚していないだけなんだよ」

「では一体、どんな人がそれを自覚しているの？」

私は、くすっと笑った。

「ほんのわずかの神秘家だけだ。あとの人は皆、眠っていて限られた自己意識の繭の中に閉じこもってしまっていると、ダスカロスとコスタスは言うだろうね」

オスマン・トルコ時代に遡る狭い小道を通り抜け、大主教のオフィス前にある広場の真ん中へやって来ると、ソフィアが言った。

「私はあまり知らないけど、神秘家の間でも本当に多くの違いや異論があるというでしょ？　それなのに、どうして彼らの意見を当てにできるのかしら？」

「ダスカロスとコスタスに言わせれば、われわれは誰の言葉も当てにしてはいけないんだよ。むしろ、自ら真理の探究に乗り出すべきなんだ。彼らにしてみれば、エレヴナはセットとなった教義ではなく、自己発見、自己啓発に向けて個人個人が探究していくための方法なんだ。しかし、優秀なレベルの科学者たちがこの外界を研究した結果、同じ見解に到達するのと同様に、高い境地に達した神秘家たちは同じ真実を発見することになる、と彼らは主張すると思うよ。さらに、科学的なものであれ、神秘的なものであれ、すべての知識は一時的なものであり相対的なものである、とも言うだろうね。究極的に真理を知るのは、自らが神との一体化の時点で真理となった時だけなんだ。

だから、高次の世界の知識が低次のレベルに降りて来る時、いつもある程度の歪みがあるんだ。それは、その知識を伝える神秘家の自己意識の発達の度合いによって異なるんだ。ちょうど、すべての物理学者が必ずしもノーベル賞受賞者ではないというのと同じで、すべての神秘家が必ずしも同じレベルではないということだよ」

ふと気づいてみると、私たちがこの散歩を始めた地点のファマグスタ・ゲートへと戻って来ていた。

私はその近郊の街、カイマクリにソフィアを車で送った。

「ねえ、キリアコ、こういった事柄があなた個人にどんな影響を与えたのかしら？」と彼女が聞いた。

「そのことは、この問題の研究に関わりはじめてからいつも聞かれることなんだ。話せば長い話でね」。私は彼女に向かって微笑んだ。

「私も君とまったく同様に、この五感ではっきりと認識できない世界のことには何でも深い疑いを懐いていたんだ。でも本音を吐くと、科学的唯物主義に心から満足していたという人間でもなかった。しかし、時がたつにつれて、不可知論の方向に行くしかないと感じはじめた。私の大学での体験では、それ以外、選択の余地がなかったからだよ。それは、実在する唯一の現実はわれわれの日常意識の世界だけだという信念に基づいていたからね。それで科学的方法のみが真正な知識への道であると信じ込むに至ったんだ。私はしぶしぶと合理的な科学の原則を信じる者に改宗したんだ。

つまり、もし別の世界があるとしたら、そういう世界は人間の理解を超えるものに違いないと仮定してしまった。だから、その世界を探究しても実を結ぶことはないだろうし、時間とエネルギーの無駄使いと思ったわけだ。おそらく君の興味をそそると思うけど、大学院生の時、万事に対する解決策としてマルクス主義にちょっと手を出したこともあるんだよ」

「それからどうなったの？」とソフィアは尋ねた。その声にはちょっとした皮肉が込められているのが感じられた。彼女が史的唯物論のシンパであることを私は知っていた。

「メイン大学に雇われてから、すべてが変わりはじめたんだ」

そう言ってから、その当時、存在すら知らなかった心身リラックスのための東洋式瞑想法とか、その一連の文献に大学を通してどのように出合ったのか、それについて説明した。

「どんな文献のことを言ってるの？」とソフィアが聞いた。

私は「永遠の哲学だ」と、ハクスリーの有名な言葉を使って答えた後、その説明に入った。

「哲学者であるヒューストン・スミスは『Forgotten Truth』（忘れられた真実）という彼の著書で、この〈永遠の哲学〉に対し〈基本原理〉という言葉を選んでいるが、これは密教の教えのことで、秘伝の叡知を表現していると見なされている。この叡知が、いつの時代も真の修行者や意識の覚醒を探究してきた者たちに明かされてきたんだ。

この〈基本原理〉は人間の本質そのものの中に根付いていて、一定の文化や時代に起こる様々な哲学の動向とか流行などといったものとは独立して、それに左右されないんだ。そして、立派な神秘家とか霊的知識を教える教師が、いつの時代にもどの文化においても存在するよね。彼らはこの原理を表明してきた人たちだ、と言われているんだ。今や史上初めて、一般大衆がこの基本原理を手にすることができるようになったんだよ」

「どのようにして？」

「ペーパーバックを通してだ」

「それ、どういう意味？」

「今日までは、この秘伝は数少ないイニシエート[*1-4]の特権領域であったんだ。彼らは大変な思いをして、時には命の危険を冒してまでも秘伝を求め、秘密同胞団の中でそれを探し求めてきた。しかし、時代も変わって、幸いなことにわれわれは今、比較的オープンで寛容な時代に生きているね。何でも印刷されて世に出て来るんだ。

そこで、ソフィア、このキプロス人の神秘家に関わりはじめたら、こういったことをもっと深く追求しようという興味がさらに私にわいてきて、その結果分かったことなんだが、われわれはおそらく啓蒙運動とルネッサンスを合わせてもまだ足りないくらいの、深い人間意識の大革命の前夜にいるということなんだ。たぶんわれわれは、自分たちが思ってるほど無知で救いようもない生きものではなさそうだよ。少なくとも、天文学者の扱っている宇宙ほどの広大な世界が、未発見のものとしてわれわれの心の内にあるのかもしれないよ」と私は彼女の母親の家の外に車を停めてから言った。

それから、アメリカ人の宇宙飛行士エドガー・ミッチェルのことを話した。彼は月に足を踏み入れた途端、非常に深い神秘体験をし、地上に戻ってからカリフォルニアに「ノエティック・サイエンス研究所」（叡知科学研究所）を設立した。これは内なる宇宙という、この新しい未知の領域を探究する研究協会である。

「私がこの本を書いてみて最もやり甲斐を感じたのは、こういった世界をいま体験していたり、すでに体験した世界中の人びとから反応が来たことなんだ。こういう教えが異次元の世界への地図となりガイドとなっている、とそれらの手紙に書いてあるんだ。

おそらく私にとって現時点での問題は、すでに日常的三次元世界と浸透し合う別世界があるのかどうかといっ

＊1-4　秘伝を授けられた人。

た問題ではなさそうでね。それより、いかにしてこういった世界を探究し調べることができるのか、霊的次元の科学をいかに発達させるかなんだ。チベットのラマ僧が山の頂で数千年間行っていることもそれなんだよ」

「あなたのお友達のダスカロスとコスタスはこういった世界に入ることができて、その〈基本原理〉を教えていると、あなたは信じているんでしょうね」とソフィアが言った。

「ダスカロスとコスタスは、われわれの普通の感覚が届かない世界のことを語っているけど、それに耳を傾け、そのことを真剣に考えても決しておかしくないと私は思っている。ねえ、ソフィア、今ではもう確信を持って言えるんだが、非ドグマ的な良い科学は霊的な物事の敵ではなく味方なんだ。だからこそ今日の状況は興味深く、将来が楽しみなんだ」

「そのことを考えてみるわ」とソフィアは笑顔で答えた。そこで私は、彼女にマリリン・ファーガソンの『The Aquarian Conspiracy』（水瓶座の陰謀）を読むことを提案した。この本は、神秘家たちの数々の主張に対して未知の領域の科学がいかにそれを支持しているかを、間接的ではあるがまとめて要約してある。

車を始動させると、ソフィアは言った。

「もう一つ最後に質問があるわ。この人たちはあなたが今晩話して下さったことをどのようにして知ったの？どこで学んだのかしら？」

「ダスカロスとコスタスの両者の主張によれば、高次元世界についての知識は二つの情報源から来ているらしい。まず一つは、こういった別世界へ彼ら自身が直接入って行くという体験からだ。これらの能力や知識は今生だけでなく、前世でも発達させたということだ。いったん、三つの身体を自由自在に使えるようになると、体外離脱で別の身体を使って異次元を訪ねることができるんだ。そして、その世界についての知識を得て、そこで困っている人びとを助けるために透明なヘルパーとなるんだよ。それは超自己意識(↓用語)を持った者となることでもあり、ヘルメス・トリスメギストス(↓用語)となることでもあるんだ」

「えっ！　何になるんですって？」と、ソフィアは目を丸くして尋ねた。

「ヘルメス・トリスメギストス」と、私はくすっと笑って繰り返した。それから、神秘主義的な叡知を説くヘルメス哲学のことを説明した。この哲学は、キリストより遥か昔に存在した、ギリシャ名でヘルメス・トリスメギストスによって始められたと伝えられている。ヘルメス哲学はハクスリーが唱える〈永遠の哲学〉の一環である。

「私がヘルメス哲学の始まりについてこの一般的な解釈をダスカロスに話したら、彼は首を振って笑って、ヘルメス・トリスメギストスとは誰でも超自己意識状態に到達した人のことだ、と断言したんだよ。三つの身体である肉体、サイキック体、そしてノエティック体を自由に使える者は誰でもヘルメス・トリスメギストスなんだ。翼のあるヘルメス神は飛翔を象徴している。つまり、体外離脱とか、人によっては〈アストラルの旅(↓用語)〉とも呼んでいるが、それに精通しているということなんだ。

　君も知っているように〈トリスメギストス〉という言葉はギリシャ語で〈三倍偉大な〉という意味だ。

　つまり三体を自由に駆使できるようになり、異次元へと思い通りに旅をし、知識を増やし、叡知を深め、われわれのように低い意識レベルでうろたえた人生を送っている者たちに、その叡知や知識を広めてくれるわけだ。

　だからソフィア、君も私も他の人も皆、いつかはヘルメス・トリスメギストスになれるし、なるんだよ。その時こそ、われわれも体験して、彼らが高次元世界について告げていることが本当なのかどうか、良い霊的科学者が行うように、経験に基づいて立証することができるということだよ」

「ヘルメス・トリスメギストスの状態とは、神との一体化の別名なの？」

「違うんだ。神との一体化は、それよりずっと高いレベルの意識にあるんだ。神との一体化はすべての魂の最終目的地、意識の発展の最後の段階なんだ。超自己意識の段階は神との一体化に辿り着くまでの段階の一つなんだ。ダスカロスとコスタスは、神との一体化は一方通行だ、と言うんだ。人間は誕生、死、再生とを繰り返しているけど、いったん神との一体化の状態に入ると、もう決して繰り返すことはないんだ。事実、コスタスは私にこう言ったんだ。神との一体化の戸口の前に着いた偉大な大師たちは、望めばいつでもそこに入ることができるが、それを避けている。その理由はただ一つ、つまり後方にとどまって他の人びとの霊的な旅路の手助けをしたいからなんだ。上に上昇すればするほど、他の人びとに対する愛と憐れみの気持ちが大きくなり、ますます喜んで奉仕するようになる。実際、最初の者が、たぶん最後に入って行くことになるんだろうということなんだ」

「この人たちの知識のもう一つの情報源は何なの？」と、私が引き返す準備している時、ソフィアは尋ねた。

「二番目のはもっと君をびっくりさせると思うけど、彼らは偉大なる大師たちの意識と完全に波長を合わせることができる、と言っている。この大師たちとは、最も高い境地の意識と叡知の場で生《せい》を営んでいる者たちのことだよ。大師たちは**絶対**の神の自足状態の中にいるんだ。師の一人は、キリストの**最愛の弟子**であった福音書のヨハネ、別名ヨハナン(↓用語)だ。彼らの教えはヨハナンの直接指導下にある、と彼らは主張しているんだよ。だから、霊的修行体系としてのエレヴナは、福音書の著者ヨハネの教えによる**真理の探究**ということになるんだ。彼は聖ヨハネとしてかつてこの惑星に生き、今は大天使的存在となっているんだ。

ダスカロスとコスタスによれば、誰でも一度、あるレベルの霊的成長……、たとえば超自己意識のレベルに辿り着くと、ヨハナンとの通信パイプとなるらしい。ヨハナンはわれわれの惑星の霊的進化の監督をしている超知性的存在だということなんだ」

「この人たちは何か本を読んだりするのかしら？」とソフィアは尋ねた。

私はすでに車のキーを回していた。ヨハナンの名前を出すと、彼女の顔に不信の色が差していた。

「霊的知識を得るために本を読むということはしないよ。体験を重視するからね。でも、ダスカロスもコスタスも教養のある人だよ。コスタスは英国仕込みの技術者で、ダスカロスはラルナカのアメリカン・アカデミーを卒業し、島を出ることはなかったが、通信教育で数々の英国の教育機関からいくつかの高い学位を優等な成績で取得している」

「その人たちに会いたいわ」とソフィアは言った。

その後、数週間、エミリーと私はソフィアに付き添って、コスタスとダスカロスに何度か会いに行った。彼女がキプロスからカナダへ戻る頃には、この師たちとの出会いが彼女の世界観に影響を与えはじめているのが感じられた。事実、彼女が最後にダスカロスと会った時、ダスカロスは私にウインクして、「彼女はもう始められるよ」と囁いた。いよいよ、彼女自身の長い覚醒の旅を始める時がやって来たのである。ソフィアは、次回キプロスへ戻って来る時はもっと長く滞在する、と私に約束した。その時こそ、ダスカロスやコスタスの世界に、より深く馴染めるチャンスが彼女に与えられることであろう。ソフィアの示した反応が私には本当によく理解できた。私がダスカロスとコスタスの驚くべき世界に初めて直面したのは十年前であったが、その時の自分を彼女の中に見る思いであった。

第2章 地獄と極楽

ステファノスと私は、ストロボロスのダスカロス（→訳注1-1）の家に朝九時半に着いた。玄関は開け放したままで、強烈な真夏の日差しが入口の中まで照りつけていた。ダスカロスは部屋の隅の日影に一人で座っていた。彼はまるでエネルギーをすべて使い果たしてしまったかのように疲れている様子だった。

「ダスカレ[*2-1]、どうなさったのですか？」と、私は心配になって叫んだ。

「あとで説明するよ」

彼は半開きの目で右手を振り、水を一杯頼んでから囁いた。

「地獄から戻って来たばかりなんだよ」と、グラスの水を飲み干し、ほっと溜息をつきながら言った。

「地獄でちょっとやることがあってね。ああいうところを訪れるのは、本当に嫌なもんだ」と、顔をしかめながら言った。その後、彼は私たちが興味津々なのを察すると、その体験を語りはじめ、徐々にエネルギーを取り戻

＊2-1　「ダスカロス」の二人称。

していった。
「この地上に生きている間は、私たちの意識が低次元のサイコノエティックの状態と合わせやすくなるんだよ。そこの波動は地上の物質のレベルに近いからね。それで、あちらの世界にいる私の知り合いの透明なヘルパー（↓用語）が、友人を助けるために私に協力を頼んできたんだ。彼の友人はサイコノエティックの一番低いレベルに住んでいるんだ。ところで、私がなぜサイコノエティックと呼ぶのか、分かっているね。サイキックとノエティックは浸透し合っているからだよ。つまり、思考・想念のないところに感情はないというわけだ。ところで、物質レベルの世の中にもこの二つの世界があるんだ。とにかく、私はこの透明なヘルパーと連絡を取り話し合ったんだ。そこは光り輝く美しいところだったよ。

　彼は〈さあ、私の友人を助けに行きましょう。私はこれまで何度も試みましたが、友人のために何もできなかった〉と言うんだ。それで私は彼に言った。〈その友人自身が自分の地獄を出たがっていない場合は、簡単に助けることはできないよ〉と。すると彼はこう言った。〈とにかく心の中に彼を思って下さい。そうすれば、私たちは彼のところへ行けるでしょうから〉。いいかい、君たちも知っているように、サイコノエティックの領域では、意識調整をして波動を合わせると、その意識をあちこちに移動し運んで行ける。稲妻のように、ほんの一瞬のうちに思ったところへ行くことも、ゆっくり行くこともできるんだ、自分の好み次第なんだよ。とにかく、そこはひどく暗いところだった。幽霊の世界のような感じで、ぼんやりとしていた。私はそこで何にでも気づけるように注意力を集中させた。その世界は丘、木、谷があって、形としては美しいものだった。海があったが、波も立たず、静けさそのものだった。私はめったにこんなところに来ることはないと、透明なヘルパーに言ったよ。そこはちょうど、かすかに見えるか見えないかの半月が出た、暗い夜のようだった。〈ここは、強い光で照らすことができないのです。ここに住んでいる者たちはそれに耐えられないんですよ。**神の慈悲**がこうして働いているわけです。今ごらんになってるこの暗さは、ここにいる者たちの心の内から来て、それが周りの風景に影響を与えているのです〉と、その透明なヘルパーが説明するんだ。〈ここの空気には息が詰まりそうだ。何か腐ったような臭いがしますね〉と、私は愚痴を言った。〈ここに住んでる者たちがこういう状況を自らつくり出しているのです。彼らに合うのです〉と、彼が付け加えた」

ダスカロスはさらに続けた。

「私の家の四倍はある大きな家の前にやって来た。大きな鉄の扉をノックしたが、誰も答えなかった。あの透明なヘルパーはあまり経験を積んでないようで、私が彼に壁を通り抜けて行くようにせかさねばならなかったんだ。それに、ノックの必要がないことだって、私が彼に思い起こさせねばならなかったんだよ。中に入ると、半暗闇状態の居間に男が一人座っているのが見えた。たぶん、これも**神の慈悲**なんだろうね。ほの暗い明かりだけで、せいぜい二〇ワットくらいの明かるさでしかなかったかな。居間はずいぶん広かったから、その明かりはとても十分とはいえなかった。彼は黒っぽい色のビロードの肘掛け椅子に座って、私たちがどのようにして彼の家に入って来たか、そればかりを尋ねていたよ。〈私たちは友達だ〉と私は答えた。〈分かってるよ〉と、彼は不機嫌な小声で言った。〈お前たちは、いつも俺を邪魔しているあの厄介者たちと同じさ〉。〈それはまた、すまんな。悪いね〉と私は答えた。〈でも、あんた、ここにいて楽しいのかい?〉。〈もちろん楽しいさ〉と彼は答えた。〈ここは、俺の家なんだ。俺から物を盗もうなんて考えはやめるんだね。誰も盗めやしないよ〉。私は彼を安心させようとして言った。〈あんたから物を盗もうなどと思ってここに来たんじゃないんだよ。理由は別なんだ。この人はあんたの友達だ〉と、私の相棒を指差して言った。男はニヤニヤしてこう言うんだ。〈そうさ、俺は奴がどんな友達か知っている。俺をほっといてくれよ。友達なんか一人もいらないんだ〉。〈でも、どうしていらないんだ?〉と、私はしつこく聞いた。〈自分一人で生きている方がいいのか?〉。〈ああ、ずっといいよ〉と、悪意を込めて彼は答えた。それで私は透明なヘルパーと話した。今のところ、彼を助けるためにできることは何もない、せめて彼に見えない存在となり、彼の傍で何が起こるか観察していることだと話し合い、私たちは波動を変え彼の目に見えない存在となり、そこにとどまっていた。私の友達はそのような経験があまりなく、私は手助けをしてあげなくてはならなかった。自由自在にある状態から他の状態へと波動を変えることができるようになるには、相当な訓練が必要なんだよ。姿や形の意味というものが存在する世界を超えて上昇し、それらに影響されないで見えない存在になる方法を学ばなくてはならないんだ。それから、私たちは見えない存在となってその男を観察した。〈ああ、ありがたい。奴らは地獄に行っちまった。それにしても、一体、奴らはどのようにしてここへ入って来たんだろう?〉と、彼が言っているのが聞こえた。それから、彼は叫びはじめたんだ。すると、黒衣を身にまとった何者かが部屋に入って来た。たぶん召使いだろう。男はその召使いに怒鳴った。〈奴らは一体、どのようにしてここへ入って来たんだ?　なぜお前はドアを開けっぱなしにしておいたんだ?〉。まさにこの時、何事が起こっているのか分かったんだ。その召使いは実は天使(→用語)で、その男が正気に戻れるように手伝っていたんだよ。彼のような人間に、天使までもが奉仕するんだ。もちろん、その時は光り輝く天使としては現われずに、ごく普通の召使いのようだった。そして、その男の考えや憎しみがつくり出している衣服を身に着けていたんだよ」

ダスカロスはさらに続けた。

「その男は怒鳴り続けながらその召使いに命令した。〈ここに座っているんだ〉。それから男はキーッと音を立てて鉄のドアを開け、錆びた箱を取り出した。それを開けると、俺の宝物を誰が盗んでいるのか、と何度も怒鳴るんだ。そして金貨を数えはじめた。私はついに吹き出してしまったよ。あれが自らに科した罰なんだ、彼の地獄なんだ、と私は思ったよ。彼は金貨を数えていた。それは表が英国王で、裏が聖ゲオルギオス（英国の守護聖人）のコインだったよ。彼は数えては忘れ、それから金貨を混ぜ合わせて、また初めから数えはじめるという調子なんだ。そして、泥棒が盗んでいるという考えに取り憑かれ、金貨の山をずっと見つづけているんだ。

その召使いは私たちに気づいているんだ。だからこそ私は彼が天使だと確信し、こう言ったんだ。〈どのくらい前からこれは続いているんだろう？　コインはあなたが彼につくってあげたのかね？〉。〈そうです。でも、すぐになくすんですよ。それでまた、つくってあげるのですが、またなくす。自ら墓穴を掘って、出ようとしないのです。いつも泥棒が入って自分から宝物を盗んでいくのではないかと心配しているのです。彼は、金貨をなくしていると自分が感じるような状態を自らつくり出しているのです〉。〈彼がこの状態から抜け出せるように、何をしてあげているのかな？〉と私は尋ねた。その男が自分は実体のない妄想に取り憑かれているのだと分かるように、できることは何でもしているが、今のところ何の効果もない、と天使は答えた。そこで、私ならたぶん強力な思考を使って、次のようなことをやるかもしれないと提案したんだ。まず彼に、自分がもう死んでいることを分からせる。それゆえ金貨の価値はなく、その暗い部屋から日なたに出て他の人びとに出会うべきだと、彼が悟れるように仕向ける。〈私がまだそれを試していないとでも思ってるのですか？〉と天使が答えた。〈もう何度も試したんですが、男は聞こうとしないのです。でも、あなたがやってみてどうなるか見てみましょう〉。それで私が試してみた。彼は抵抗して、また金貨を数えはじめたんだ。そのとき分かったんだが、この男の最後の人生は大金持ちの守銭奴で、自殺で人生を閉じているんだ。彼は自分で地獄をつくっているが、自らその地獄を出る決心をしない限り、これからずっと自分を苦しめることになるんだよ」

「ダスカレ、これはいつ体験なさったんですか?」と、私が口を挟んだ。

「今朝だ」

「眠っていらっしゃる時ということですか?」

「いいや。起きている時だ。私の務めを果たすのに、必ずしも眠っている必要はないんだ」

そう言ったあとで、ダスカロスは、召使いの天使との出会いをさらに詳しく語ってくれた。この頃にはもう、ダスカロスのエネルギーは満ちみちて、最初の疲れた様子は少しもなかった。

「あの家を出てから、私は天使の中に入って彼と接触をしてみたんだ。彼は実に光り輝いていた。どうして何もかもあんなに暗いのか、と私が尋ねたら、天使はこう答えてくれた。〈もし、あなたが綺麗なところにいる時、誰かがタイヤを燃やしはじめたとします。その辺り全体に嫌な臭いが充満するでしょう。その時、気持ちが悪くなりませんか?〉。〈もちろん、悪くなるよ。それにしても、タイヤを燃やすなどという話を持ち出すあなたは、私たちの世界である地球のことをよくご存知だね〉

すると彼は答えた。〈もちろん、知ってますよ。ここに住んでいる人びとの心は、大気を汚す燃えているタイヤのようなものなのです。思いや感情のゆえに、周囲の風景が暗くなるのです〉。〈ここにいてもあなたの気分は大丈夫か?〉と私が尋ねると、〈私がここにいると誰が言ったのですか? 私はここだけではなく、あらゆるところにいるのですよ〉と彼は答えた。〈ああ、それで答が分かった。あなたのことをもっとよく理解したいんだが……〉と私は付け加えた。〈私はあなたのことを大変よく知っていますよ。あなたはここで困っている人たちを助けに降りて来られることでしょうから、いつかあなたも私をよく知るようになりますよ〉と彼は答えた。

〈この人のために何もできなくて残念だ〉と私が言うと、〈ここへ愛を持って来たことだけで十分ですよ。彼は少しずつ成長して、正気を取り戻すでしょう。あなたはいつかまた、こちら側に来ますが、その時も彼はまだ金貨を数えているかもしれません。そして引き続き、私たちは彼に援助を差し延べるために一緒に降りて来ることでしょう。いつ彼がこの苦境から自分を開放するかは、神だけがご存知なのですよ〉と彼は答えた。

この男がいる地獄は、どこか地球の下にあるという感じがするんだ。もちろん彼が自分で環境をつくり出して、そこに住みついているんだ。そうして、自分の想念と感情にすっかりはまり込んでしまっている。もし彼に今の状態に満足しているかどうか聞いたら、おそらく満足していると答えるだろうな。そこを離れたくないんだ。実際、彼自身が地獄を出たいとただ願いさえすれば、もう地獄を出ているはずだ」

ステファノスがいろいろな次元の間にある境界線の特質について尋ねたので、ダスカロスはそれを説明した。

「サイコノエティック界には様々なレベルがあり、そのレベルにもまた細分された小レベルがあるが、それらのレベルの区分けは波動で決まるんだ。そして、それぞれのレベルに入るには、その波動と君の意識を調整できるかどうかなんだ。たとえば、私はラジオでＢＢＣ放送の交響曲に周波数を合わせることができる。その次には、私自身やラジオを移動せずにダイヤルをちょっと回すだけで、ギリシャのブズーキ音楽というまったく異なった世界へと入ることができる。こんな風にこの世界の時間の観念でいえば、一瞬のうちに私は地獄や天国を出たり入ったりできるということだ。地獄を出るためには、波動を上げるだけなんだ。そして、生き生きとあふれる光に満ちた場へと入って行く。上に上昇すればするほど、ますます多くの光を体験し、よりはっきりと真の現実が見えてくるんだ」

一瞬、間を置いてから、ダスカロスは言った。

「私の経験から気づいたことなんだが、サイコノエティックの梯子を昇って行くほど、人びとは相互により多くの親しみを感じ合い、強い絆に結ばれて生きているんだ。ところが、低いレベルにいる人たちはその数は多いが、ほとんどがお互いに気づくことも感じ合うこともなく、自らを孤独な存在としているんだ」

ダスカロスがいま言ったことは、私自身の経験からも、一般的な社会学や心理学の観点からも、意味をなしているのが私には分かった。

「そうすると、意識を高めるほど仲間からの疎外感は少なくなり、自分を疎遠にするような態度もとらなくなっていくのですね」と私は言って、ダスカロスに応じた後、さらに自分の意見を大胆にも述べた。

「波動を高めれば高めるほど、ますます他人と自己とが一体となるような方向に近づくのですね」

私はすっかり夢中になって、しゃべり続けた。

「意識レベルが低ければ低いほど、現在の人格(→用語)の愛の表現はずっと弱くなる。心理的にも理性的にも意識の段階が高まるほど、心はますます愛の表現に向かい、そしてついには愛と一体となり、人は愛そのものになるというわけですね」

「まったくその通り」とダスカロスは満足そうにうなずいて、サイコノエティックの次元の様々な特徴をさらに詳しく説明してくれた。

「人はそこでも、地上で馴染んでいた自分の世界をつくるんだ。たとえば、この物質界で経験した人生をそこでも送っている。地上での生活のように、好みの食べ物を料理し、好みのワインを飲み、祭日を楽しみ、歩き方だって、その時と同じように歩いているんだ」

ステファノスが意見を述べた。

「今、おっしゃったことは皆、体が物理的に必要とするのを満たすためのものですね。でも、体はもうそこにはないですよね」

「何度も言ったように、死後、人はまだ身体を持っているんだ。サイコノエティック体(↓用語)を持って生きている。単に他の世界へ移るだけで、人の性格やものの考え方が変わることはないんだよ。サイコノエティック体で生きていても欲望を超えていないから、この世界にいるあいだに馴染んでいた同じ世界を向こう側でもつくるんだ」

さらにダスカロスは、サイコノエティックの次元では想念や願望はより簡単にエレメンタル(↓用語)として定着すること、そして、エレメンタルはそれをつくり出した人の意識と主観の内に存在する、と説明した。

「ダスカレ、人びとは物質界に存在していた時に享受していたのと同じような快楽を、向こう側でも楽しんでいるのですか?」と私が質問した。

「もちろん、そうだ」

「たとえば、セックスのようなものもですか?」

「そうだよ。サイコノエティックの次元では、上に上昇すればするほど、性というものを徐々に超越するんだ。しかし、低いレベルではちょうど地上と同じように性の特徴を持っているんだ」

「しかし、性行為の快楽を経験するには肉体(↓用語)を持っていなければならないのではないでしょうか?」と、私は少し混乱して尋ねた。

「でも、どうしてそんなことが言えるのかい？　もともと、性行為の快楽の源は肉体から発するものか、それとも頭や心の方からかね？　セックスを可能にしているのは感情体ではないだろうか？　確かに人は肉体を持っている。しかし、人は心や頭、つまりサイコノエティック的に不能だと、肉体は少しも動きはしないよね」と言って自分の人差指を示した。

「だから私たちは性的不能に悩んでいるケースによく出合う。つまり、セックスや暴力や親切などの行為も含め、物質界で見られる現象はすべてサイコノエティックの次元にもある。そして、その次元の中にさらに細分された小レベルがあるが、それがどんな特徴を持つかはそこにいる者たちの性質で決まるんだ」

「そこには死の意味や死の恐怖が存在していますか？　また、殺人についてはどうですか？」と私は尋ねた。

「ああ、あるよ。しかし、一つ例外がある。たとえば、暴漢が誰かを襲って相手を殺したとしよう。しばらくして、彼は被害者が生き返っているのに気づくんだ。それでまた暴力を行使し、攻撃する。これを繰り返すんだ。サイコノエティック体は決して殺すことができないんだ。どういうことか分かったかな？　この地上で戦争とか戦いに関わる人びとは、サイコノエティックの次元へ移っても、そこで戦いを繰り返しているんだよ」

「攻撃された時、体に痛みを感じるのでしょうか？」

「いいや。向こうの世界には身体の痛みはないんだ。たとえば、誰かが体を木っ端微塵に爆破されたとする。それ自体は経験され、その経験が意識の中に焼き付けられはするが、体に痛みを感じることはない。それから、〈おや、私は大丈夫なんだ〉と気づく。あとになってこの出来事を思い出すかもしれないが、その時には同じ経験をまた繰り返すことになるんだ。体の痛みはまったく経験することはない。自分は引き続き生きていることに気づき、あの経験は悪夢だったのだろう、と想像するんだ。いいかい、低次のサイコノエティック界ではあらゆるこういった類いの体験が見られるんだ。いま話していることは私の個人的な体験に基づいているが、私はこのような体験をずっとこれまで切り抜けて来たんだよ。そう、イラン-イラク戦争で死んだ人たちは、向こう側に移って戦争を続けている。実は、戦争はまずサイコノエティックのレベルで始まる、と私はいつも主張している。その後、物質界のレベルへと下り、客体化されて現われて来るんだ。われわれの惑星の、物質界という表面的なところだけで戦争を進めているわけではないんだ。戦争というものは、人が攻撃や開戦をしたいと願ってる時にはいつでも起こり得る。それは、向こう側へ移って行く時に、ちょうど物質界でしたように人を殺し、服従させ、征服し、といった欲望を携えて行く者がいるからなんだ」

それからダスカロスは、透明なヘルパーとして戦場を訪れ、苦しんでいる人を助けたりする務めも行っている、と言った。たとえば、看護兵が到着するまで、強力なイメージで出血を抑制したり、もしその人のカルマ(↓用語)が死を避け難いような場合は、他のヘルパーとともに、その人が向こう側へ移って行くのを手助けするのである。

「人は戦いで殺された後、その状況の中に置かれて、大変な混乱とショック状態にあるんだ。たいていは〈何が起こったんだ？　ここはどこなんだ？〉という反応を示すんだ。自分の体を点検し、そして、どこも傷ついてないことを知る。というのは、サイコノエティック体で受けた傷はただちに治ってしまうんだ。透明なヘルパーがこのような人を助けるために、いつもそこに待機している。このヘルパーの援助で人は自分の心理状態を適切な状態に持って行くことができ、その結果、サイコノエティック界のある小レベルに導かれ、次の再生までそこで生きて行くことになるんだ。誰かがそこへその人を連れて行ったというわけではないんだ。人がどこへ行くのかを決めるのは、透明なヘルパーではないんだ。ヘルパーは異次元へ人が移行する時、その人が混乱状態から抜け出せるように手伝うだけだ。さらに言うと、戦場で死んだ人は民族の集団的カルマを償っているいい人なのかもしれないんだよ。たとえば、戦場である特定の人がなぜ殺されるのかということになると、われわれにはその理由は決して分からないんだよ。ただ**絶対の存在性**(↓用語)のみが知り、それはカルマの法則の背後の力だからね。

透明なヘルパーは、だいたいが大天使（→用語）なんだ。この大天使たちの大いなる忍耐をちょっと想像してごらん。狂気の沙汰と思える人類にいつも奉仕しているよ。絶えず人びとをなだめ、サイコノエティック界でその人に適した小レベルへと導いている。だから、戦場で三百人が殺され、たとえ隣り合って殺されたとしても、誰一人として同じサイコノエティックの状態へと入って行く者はいない。このほかにも最近発見したことがあるんだ。

アルメニア人はアルメニア語をしゃべり、アルメニア語で教会の儀式を行っているんだ。ギリシャ正教会は〈キリエ・エレイソン〉を唱え、同じようにカトリックやモルモン教は自分の言語で自分の伝統に従っているんだ。ということは、考えや心理状態が同じ者同士は向こう側へ行っても、同じサイコノエティックの小レベルのところに集まるわけだ。だから、そこには世界のすべての宗教や宗派が存在している。さらに気づいたことだが、私たちが宗教儀式とか祭典といったものをこちらで行うと、それが向こう側で同じレベルで波動している人びとに影響を与えるんだ。低次のレベルでは、やはり狂信者と呼ばれる者がいて、そのようなところを私は地獄と呼んでいるんだよ」

「じゃあ、私たちが住んでいる地球は一種の地獄ということですね」と私が言葉を挟んだ。

「そうなんだ」と言ってダスカロスは続けた。

「もちろん、地理的な場としての地球は地獄じゃないよ。そのことをよく理解しておくように。それを地獄に変えてしまっているのは、ほかでもない人間がつくり出したサイコノエティックの、つまり心と思考の状態なんだ。また、ほかにも少し違いがある。この三次元の地獄である地球は、サイコノエティック界の法則とは異なる自然法に支配されている。たとえば、この地上では光と闇は太陽の周りを地球が回転することによって生じる結果だね。サイコノエティックの次元では、それが想念によって生じることになる。そこに住んでいる者が光を与えてくれる太陽を必要としない限り、それをつくらないんだ。本当は太陽は必要ないが、地球での体験があるから想像で太陽をつくり出しているんだ。サイコノエティックの世界では、一番暗い地獄も含めあらゆるものが光を放っているんだ。ただ光を乞いさえすればいいんだ。

さて、綺麗な家を建てたくてたまらない男がいるとしよう。三次元に生きている時にはそれを建てる資金がなかった。サイコノエティックの世界では、〈いつ、俺はこれを建てたんだろう?〉と不思議に思う。家を建てたのは、ほかでもない彼の願望なんだ。そうすると、その人が基本的に良い人間であれば、そうすることができる。もしも邪悪な人であれば、カルマか、さもなくばこの方がいいんだが、自ら進んでサイコノエティックの一番低次のレベルに自らを置くことになるんだよ。一方では、向こう側に着くや否や、居心地の良い家が欲しいと強く願うことによって、その人はそれを手にする。想念でそれをつくるんだ。そういう家を与えられるに相応しい人であるというのがこの場合も条件となるが、たちまち家の中に自分がいるということになるんだよ。ところが、物質界と同じようなことがそこにもあるんだ」

ダスカロスはさらに続けた。

「何でも欲望が満たされると飽和状態となってそれに飽き、逆に、欲望が満たされないと、ますます欲しがる。向こう側でも同じ心理作用が働くということだ。もう一つ言えることは、人間が一般に強欲だということだ。欲望にはきりがない。そのことについて、私が個人的に体験した例を挙げてみよう。

私はラルナカにあったアメリカン・アカデミーという高校を卒業したが、そこにアンドレアという夢想家の級友がいた。彼はとても貧しくて、罵りと怒りと虐待の中で育ち、十二歳の時、母親が死んだ。私たちは卒業後、互いに別々の道を歩み、数年後、偶然彼に出会った。彼は憩いの持てる二部屋付きの小さな家を建てたいという思いで頭がいっぱいで、セールスマンになりたがっていた。私の講義にしばらく参加して、イメージ化の力について学んだんだが、その後、ぱったりと講義に来なくなってしまった。それから数年後、突然彼が訪れたんだ。すでにかなりの金持ちになったが、そのためにイメージ法の力を使った、と言うんだよ。車を二台買い、ラルナカの海辺に家まで建てた、と言っていたよ。しかし、彼の欲望にはきりがなかった。彼は三十三歳で死んでしまったが、カルマが彼に許したぎりぎりの年齢だった。ある日、私は向こう側で彼に出会った。彼は向こう側で自分をとても金持ちだと思っているんだ。それで、彼が心の迷いを乗り越えて行けるように手助けするべきだと私は思い、そこで彼にこう言ったんだ。〈おい、アンドレア、周りの様子が変わってるのが分かってるのか？　君は死んだんだ。知ってるのかい？〉。〈えっ？　誰？　僕が？〉。彼は自分が死んだということが信じられず、私にこう言うんだ。〈ひどい病気をやってね、やたらと尿が出るし、血便も出て大変な下痢をしていたよ〉」

ダスカロスは、たぶんこれは発疹チフスで、当時の人たちはチフスのことをあまり知らなかったんだ、と私たちに説明した。

「彼は、〈スピロ、ひどい病気になったんだ。でも今はすっかり元気だよ。以前は朝目覚めても歩けなかったが、今はずっと気分がよくて、まるで鳥のようだ。それに、時とともに老いる代わりに若返った感じなんだ〉と言うんだ。これが向こう側で起こることなんだ。誰でも、若い風貌を保ちたければそうなれるんだよ。〈アンドレア、君はいつもハンサムだよ〉と私が言うと、〈おい、そんな風にお世辞を言わないでくれよ。ラルナカの僕の家へ行こうじゃないか〉と彼が答えた。〈それは、君はラルナカの君の家にいると想像してるんだね〉と私が言った。すると〈じゃあ、一体、君は僕たちがどこにいると思ってるんだ？　ロンドンかい？〉と彼はあざ笑いながら答えるんだ。〈ねえ、アンドレア、君は死んでるんだよ。今は君が生前に住みたいと願っていたような環境にいるんだ。それもすべて君の想像で建てたものなんだよ。地上で経験したすべてをここに持って来てるのさ〉と私が言うと、〈スピロ、僕を気違いにでもするつもりかい？　僕の小さな頭脳にはちょっと理解できないよ〉と私に言うんだ。〈いいかい、君は十分に理解できる頭脳を持ってるよ。ただ、ここで僕が言いたいことは、富や財産や家の心配はやめなさい、ということなんだ。アンドレア、君は何を手に入れてもいつも満足しないで、さらにもっと欲しがるだろう。君の欲望にはきりがないんだ。君はいま美しいところにいる。人によってはここを天国とさえ呼ぶかもしれない。でも、いいかい、ここは君が自分でつくり出した一種の地獄なんだよ。ちょっと質問するよ。君はいま食べるってことをしているのかい？〉と私が聞くと、〈食べたという感じがしないんだ〉と彼は答えた。ほらね、生きるために食べ物を必要としない、ということに彼は気づきはじめているんだ。

〈以前は、何でも食べたいものを食べたけど、スピロ、今はどうなってると思う？　まるで魔法のようにどんな食べ物でも、僕が欲しいと思ったものがすでに台所にちゃんと用意されてるんだ。一体、誰が料理してるんだろうねえ？〉と彼が言うので、〈それは、君だよ。いいかい、君は自分の思い一つでつくってしまうんだ。もうずいぶん学んだはずだよ。ここでは君の願いや思いがすぐに実現する、ということがどうして分からないのかね。地上にいた時は、まず心や頭で物の形を思い浮かべ、それから実際に造るためには土や石や木材を手に入れなければならなかっただろう。君がいま住んでいるところでは、物質は――本当にここでも物質なんだからね――君の想念で形づくられるんだ〉。すると彼はこう言うんだ。〈これがすべて現実じゃないと言ってるのかい？〉。〈また、それだ〉と私は言った。〈腐蝕したり、地震が来れば、一瞬にして壊れるような三次元的な物を現実と見なし、サイコノエティック界の決して壊れることのない物を現実と見なさないとは、どういうことなんだ？　まず、君の頭や心でつくり出しているここにある物の方が、ずっと長続きするんだよ。君が望み続ける限り、ここに存在するんだ。そして、欲しくなくなればそれらの物は君から去り、他人がそれを見つけて使うということだ〉。〈ぼくの頭は小さすぎてそんな理屈、分からないよ〉と彼は言った。〈いいや、君の頭は十分だよ。いいかい、問題は、分かりたいという気持ちが足りないことだ。君はこんなにたくさんの家を持っている。君が夢に描いていたから、それを全部、つくったんだ。そして、家の外では派手な車を乗り回し、君はこのようなものを崇拝しているだろう。今までここで、このような体験をして来ているわけだ。それも、すべて君がつくり出した。ではなぜ、そのようなことになるのか分かるかい？　地上にいる間、君は泥棒でも不正直な者でもなく、ごく普通の人間だった。それゆえに、何でも君が欲しがっている物は、心と頭を使ってつくり出すことができるのだろう。しかし、いつまで自分の迷いの中に生きていたいのかね？〉。〈スピロ、君のせいで僕は気が狂いそうだ。僕が全部これをつくり出したなんて、一体、どうしてそんなことが言えるんだい？　先日、大雨の日があったが、今まで見たこともないような土砂降りだったんだよ〉。〈君の想念がその雨をもたらしたんだよ。君が今いるサイキッ(↓用語)ク界の環境に雨があるのではなく、君自身が主観的な閉ざされた心の殻というものを持っていて、その殻の中で雨を降らせたのさ。君が地上にいた時、物事をどのように理解していたかに応じて、その殻の質は決まるんだ。今の状態では、君の想念と欲望によってつくり出されたものが存在するだけだ〉。〈スピロ、君がいま話してる、つまりこっち側とかあっち側とか……、僕たちが死んでしまったとでも言っているのかい？〉。それで私は言った。〈いいや、君は死んではいるが、私はまだ向こう側にいる。だけど、願えばいつでも君のいる側にも行かれるんだ。でも、まだ私にはやらなくてはならない仕事があるから向こう側にいるんだ。君は今のところはこちらに滞在しに来てるんだよ。君は今の人生に何か不満でもあるかい？〉と私が尋ねると、〈とんでもない、完全に満足してるよ〉と彼は答えた。それで、さらに私は尋ねた。〈でも、アンドレア。こちら側で作用している法則を理解することに心を集中してみたらどうかね？〉。すると、彼は一塊の土を握りしめて、こう言うんだ。〈スピロ、これが土でないとでも言ってるのかい？　とんでもない、間違いなく土だよ。見てごらんよ〉」

「さて」と言って、ダスカロスは話の結論を語りはじめた。

「こういう人にはどのように言ってあげたらいいと思うかね？　彼はエレヴナ(↓用語)のグループに十分に属していなかったから、サイコノエティックの次元で作用している法則をよく理解できないんだ。すべてが様々なレベルで波動している**マインド**(↓用語)であること、そしてあらゆる次元に四要素が見出されるんだということを私は彼に説明してみたが、まったく理解できないんだよ。ほら、君たちにもこれで分かるね。高いレベルの教えを受けた**真理の探究者**は大変有利な立場にあるということだ。つまり、あちら側に移る時、その過程で何が起こっているのかに気づいている。この世界で得た知識は無駄にならないということだ。**真理の探究者**は、地上だけではなくサイコノエティックのレベルへ移ったあともずっと自覚を持ち続けるという点で、一般の人に比べると決定的に有利な立場にあるんだ」

ダスカロスはさらに話を続けた。

「アンドレアが私にこう言うんだ。〈ところで、僕の近所の人たちは皆、ギリシャ語をしゃべるんだ。ここには少数の英国人もいるけど、残念ながら僕の英語はあまりうまくない。長い間、英語を使ってないからほとんど忘れてしまったよ〉。〈いいかい、この地上で学んだことは何でも、向こう側へ携えて行くんだ。たとえば、君が学んだ言葉はサイコノエティックの次元でも使うことができるよ。さて、地上にいる間は外国語を学べなかったが、努力して精神的にも知性的にも自分を発達させたとしよう。この場合は、サイコノエティックの次元で言語を使わずに他人の思考を理解できる。反対に、そのように自分を発達させなかった場合は、外国人としゃべる時に、地上で学ぶのと同じようにして向こうでも外国語を学ばなくてはならない。つまり、こちら側で学べることは何でも、向こう側でも学べるということだ。ある人がピアノをとても習いたがっていたが、地上での状況がそれを許さなかったとすると、この人は地上と同じように向こう側で訓練を受けることができるんだ。そして次に再生する時、サイコノエティックの次元で発達させたその知識と才能を携えて、新しい人生に臨むんだ」

「いつ、人は再生して来るのでしょうか？」とステファノスが尋ねた。

「同じ状況で二人の人間が再生して来るということは絶対ないんだ。カルマを司る大師たちが、次の人生をいつ始めるべきなのかを決定する。しかし、本当のことを言うと、輪廻転生は私にも不可解な問題なんだよ。私の個人的な体験や調査の結果、ずいぶん知ってはいるが、実際にそれがどのように働いているのかということになると、本当に確かなことはいまだに言えないんだ」

「ここでの人生と同じように、サイコノエティックの次元で過ごす人の寿命は多少の違いはあれ、再生までおよそ一定しているのですか？」とステファノスが尋ねた。

「いや、違うんだ。これはまったく個別なんだよ」とダスカロスは答えた。

コスタスと私が初めて知り合った頃、彼は私にこう説明してくれた。すなわち、サイキックの次元に人はどれだけの期間いるのかは、その人のサイコノエティック体の波動による。その人の直前の人生が混乱していればいるほど、次の再生の準備としてその波動を鎮めるための時間がますます必要になる、と。

ダスカロスは続けた。

「私はアンドレアを助けようといまだに苦心惨憺してるんだよ。彼が状況を理解して、高く上昇すればするほど、物質的な囚われから開放されるんだ。物質は人を縛り付けている鎖だ。向こう側では悪天候から身を守るための家など要らないんだよ。これもまた、私の個人的な体験に基づいてしゃべっているんだが、今の私の人生の段階では、もう物質界の形のあるものやイメージというような、私たちを制約するものの中に閉じ込められてはいないんだ。私個人としては身体とか人格といった類いのものではなくて、何かそれ以外のものと自分の意識を合わせて一致した状態で、ほとんどの時間を過ごしていたいんだ。これは一体、どういうことなのかを説明するのはとても難しい。私がいま言っていることは、ノエティック（↓用語）界の低次元を超えたところのことだ。言い換えれば、**自然**と一つになる段階に到達したような感じだ。大胆なことを言うように聞こえるかも知れないけど、人は小さな神（god）になることができるんだよ。ちょうど神がご自身の天地創造によって宇宙の中でお感じになられたように、小さな神（god）として、小宇宙の中で、神と同じように人は感じることができるんだよ。人は花となり、花の美となり、または愛する人とのワンネス（統一性）へと溶け込むことができるんだ。こういったことの概念とか意味は低次元の世界にもあるわけだが、理論だけでなく、実際にそれを実践に移すことができるかということなんだ」

「ダスカレ、いま説明されたそのワンネスということなんですが……」と、ステファノスがダスカロスの説明を補足するように語りはじめた。

「時々、とくに意識もせずに自分自身が何か一体になるようなことを体験するんです。それはちょうど**神の恩寵**という感じで、自分がそのような状態へ放り込まれ、自分ではどのようにしてそうなったのか分からないという感じなんです」

「ちょっと待ってくれ。誰でも時々、無意識のうちにそういうことはやってるんだよ。心も頭も愛する者への思いでいっぱいになっている時、自分自身のことなんか考えていられるかい？　その場合、愛する相手になりきっている、というわけだ。これは、潜在意識では、波動を合わせること、ワンネスのことを指しているんだ。それを誰がするのかというと、神ご自身、つまり愛なんだ。われわれは分離の世界にいるから理解力には限界があるが、われわれが理解できる範囲では、この愛という特性が神なんだ。さらに付け加えるなら、物質界の中でのわれわれの生活だって、実は物質と波動を合わせることなんだと思うよ」

「分かってきました。しかし、この調整一致とワンネスが私の中で起こる時、それは予期せずに起こるのです。意識的にこういう状態をもたらすにはどうしたらいいのか、それが分からないのですが」とステファノスは言った。

「訓練を通してのみできるようになるんだよ。あきらめないことだね」

「しかし、それをやろうとすると、何か自分ができもしないことを繰り返そうと、人為的にわざとつくり出しているという感じなんです」

「そうじゃないんだよ。君が本物の中へと入り込んで行くためには、まさにその人為的なものを通してなんだよ。イメージを描いて創造的につくり出すことが自由自在にできるように、訓練をしなくてはならない。分かるかい？　私が君たちにある一定のイメージをつくり出す訓練をするのは、私が与えたそのイメージと君たちが部分的に溶け込んだ状態になれるようにということなんだ。このように、ある一定の訓練で徐々に君が自分勝手に持っているイメージへの執着を捨てていけるようになるんだ。そして、愛そのものになれる。つまり、必ずしも個人的に相手を知らなくとも、その人を愛するようになるということだ。たとえば、ロクサンドラという見知らぬ人に会ったとしよう。そのとき彼女をロクサンドラとしてではなく、ある独立した一人の存在として見る。そしてこの存在はこの人生ではロクサンドラという名で、様々な経験をするためにこの世に人間として生まれてきて（↓用語）、最終的な解放に到達するまで何度も転生して行く、というわけだ」

私は、話題をサイキック次元のことへと変えた。

「ダスカレ、事故で死んだ場合、そのことを覚えているのでしょうか？」

「ほとんどの人は何も覚えていないよ。覚えているかどうかは、その人のカルマによるんだ」

「もし私がいま死んだ場合、こんなに長く先生の教えに触れさせて頂いているということから考えると、死の過程で起こっていることに気づいていられるということでしょうか？　この世とあの世の間にある違いを見分けられるのでしょうか？」と私は尋ねた。

「まず第一に、君は死なないんだよ。何度、私はこの点を説明しなくてはならないんだい？」と、ダスカロスは私をたしなめたが、その優しい口調から私をからかっているということが明らかだった。

「とにかく君が望めば、完全に気づいたままでいられるのさ」と言ったあとで、詳しい説明に入った。

真理の探究者は意識の発達という大きな報いを受け、物質界で得たものをサイコノエティック界へと受け継ぎ、次にこの世に再生して来るまでそこに住むこと。何でも意識の中に刻み込んだものはいつまでもその人の中にある、ということについて説明してくれた。

その後、ダスカロスはまた別の体験を語ってくれた。これも彼の昔の知り合いで、自らつくった地獄に住んでいる人の話である。

「この人はもう何年もの間、〈なぜなんだろう。なぜ、彼女はそんなことを僕に言ったんだ〉と、自問しつづけて自分を苦しめているんだ。それで私は、〈君、お願いだから彼女のことは忘れるんだ〉と頼んだ。

彼は司書で、いつも人生に不満を持っていた。私は若い時、よくその図書館へ行ったので、彼と知り合いになった。いまだに覚えているが、私が図書館を利用するのは勉強のためで、彼と話をするためではないということを分かってもらうのが大変だったよ。当時、私は近代ギリシャの詩に夢中だったんだが、彼もそうだった。だから私をほっといてくれなかった。彼は婚約したが、詩を相手に貴族のような心境で、文字通り雲上を歩いていという感じだった。ところが、彼のフィアンセは詩には少しも興味がなかったので、昼も夜も彼女に向かって読まれる詩に飽きあきしていた。ある日、彼が格調高き詩を彼女に披露している時、彼女は足の指のアカを取りながら、こう言ったんだ。〈ねえ、ちょっと聞いてちょうだい。あなたがいつまでもこんな調子で、こんな風に生きていかなくてはならないのなら、今すぐあなたとは別れるわ。私、あなたのようなろくでもない夢想家より、大地に根を張った男性がいいの〉

彼の心は完全に打ちのめされてしまったんだ。とくにろくでもない夢想家と呼ばれたことでね。彼は自らの命を断つ決意をし、図書館の屋根から登り飛び降りてしまったんだ。それで私は、彼がいま現在、物質界に住んでいるのではないということを彼に分かってもらえるように、〈彼女はもう、君が夢見ているようなアイドルではないんだ〉と言ったが、彼は〈なぜ、僕をろくでもない夢想家だなんて呼んだんだ。彼女はそれを釈明し、僕に謝るべきだ〉と繰り返すばかりなんだ。それで私は彼が何をしたのかを説明した。すると彼はそれを認めて、〈そうだ、僕は確かに高いところから落ちたさ。でも何も起こらなかったよ。ほんの少し骨に痛みを感じただけで、すぐ回復したんだ〉と言った。〈君は治ったんだね。今は何をしているのかい?〉と私が聞くと、〈今は休養しているんだ。僕は少し休まなくてはならないんだ〉と答えるんだ。

さて、彼はいつも何冊かの本を抱えて、それを読んでいるんだ。そしていまだに例の〈なぜ?〉に取り憑かれている。それで〈おいで、ちょっと見せたいものがあるんだ。あの壁を通り抜けて行こう。そうしたら、君がもう物質界に住んでいないということが分かるかもしれないよ。君はいま黄泉《よみ》の国に住んでいるんだ〉と私は言ってやった。すると、〈なんだ、人があんたを魔術師と呼ぶのも当然だな。あんたは僕を催眠にかけて、こういうものが見えるようにしてるんだろう〉と彼が言うんだ。それで私は〈いいかね、君はもう去ったんだよ。もう、物質界には住んでいないんだ〉と言った。ところで私は、君は死んだんだよとは言わなかった。すると彼は〈一体、どうしてそんなことが言えるんだ。僕は、僕じゃないのかい〉。〈もちろんそうだよ。君が迷いの世界に生きて、自分はこういう者であると思い込んでいるからさ。さあ、おいで。あの壁を通り抜けて行こう〉と言って、私はドアを開けずに壁を通り抜けた。〈君は今、異なった状態にある物の世界に住んでいるんだ。ここでは気体のように自分の密度を希薄にして、壁でも物でも通り抜けられる。地上のように一つひとつ段階を追って動く必要がないんだ。君は迷いの殻に閉じこもって生きている必要はまったくないんだ〉。私がこう言っても、彼は大声を張り上げてこう繰り返すばかりだ。〈なぜ、彼女は僕をろくでもない夢想家だなんて呼んだんだ。なぜだ?僕は彼女を深く愛した。彼女は僕に謝り許しを乞うべきだ〉。彼はこの状態にはまり込んだままなんだ。今日に至るまで、まだ例の〈なぜ?〉に取り憑かれている。これが彼の地獄で、自ら科した罰なんだ。

私は、その女性のエレメンタルをつくり出すために、大師から許可を得ようとした。彼の潜在意識から、彼が知っている彼女のイメージを取り出すことができるんだ。そして、そのエレメンタルを彼に見せてやるわけだ。簡単なことなんだが、ヨハナン(↓用語)がお許しにならないんだ。私の考えは不正なことだと説明された。〈しかし、どうすれば、彼は迷いから自分を解き放つことができるのですか?〉と、私はヨナハンに尋ねた。その女性のエレメンタルが彼のところにやって来て、〈ねえ、あなた、私が間違っていたわ。あなたのおっしゃる通りに、ここでお許しを乞うわ〉というようにできるんだけどね」

ダスカロスは女性の声を真似て言った後、いたずらっぽく笑った。

「しかし、師ヨハナンは断固として許してくれない。われわれにはこういった制約があるんだ。これをするのは正しいことだからと、何でも自分勝手にはできないんだよ。だから、高次の世界から師の導きがある時はいつも、私は決してその指導を無視できないんだ。そうしないと、とんでもない間違いを冒すことになるだろう。この場合も、もし私があくまでも自分の意志を押し通したとすると、私は何の問題も感じることなく、彼女のエレメンタルをつくっていたはずだ。このトリックは彼に、取り憑かれていた妄想を乗り越えさせ、一歩進歩するのを手助けできる、と私は考えただろう。つまり、透明なヘルパーの力というものは一定の制約の中で発揮できるのであって、この制約は破ってはならないということを十分に理解するべきだ、ということだ」

「このような状態でいる時、その人は時間というものの観念があるのでしょうか。時間を年月で計ることができますか?」と私は尋ねた。

「それは重要な質問だね。こういう状況では、時間や空間はその意味をなくしてしまっている。もし君がその男に〈今どこにいますか?〉と質問したら、まずは〈自分の部屋にいる〉とか何か、いずれにしても彼が物質レベルで体験し、そこに持ち込んだ考えが答えになるんだ」と、ダスカロスが言った。

「ということは、時間についても同じことが言えるということですね。つまり向こうの世界で一年と思われる体験が、地上の時間にするとまる一世紀になることもありますね」と私は指摘した。

「まったくその通りだ。私の体験から気づいたことだが、この世で三、四時間かかるレッスンが、サイコノエティックの次元では三、四分でできてしまうんだ。違いは向こう側で時間が動く時のスピードなんだ。さて、私がこれから話すことをよく聞いて欲しい。空間とは何か。今、この部屋の大きさを君たちは知っていて、それを空間と呼んでいる。しかし、地球は常に動いているので、一瞬のうちに君たちはこの空間を何千マイルも移動しているんだ。さらに、地球は太陽とともに銀河系の中で動いていて、銀河系は無限の空間の中で想像もつかないスピードで動いている。したがって、この部屋の空間という時、どの空間のことを話しているのかな。さあ、これで分かったかな。結局、空間というものは君の頭の中の空間の概念なんだ。そして君たちは、この家の壁が周囲を取り囲み、君たちにこの印象を与えている限り、その概念を持ち続ける。厳密にいうと、空間というものは君の頭の中の概念で、つまり見せかけの現実でしかないということだ」

ダスカロスは続けた。

「したがって、誰かが向こうの次元で何年も苦しめられていたとする。そして〈ねえ、君、いつこのことが起こったのか〉とその人に尋ねると、〈きのう〉とか〈きょう〉とか答えるんだ。何年も過ぎたことが分かるところにいないんだ」

「もしそうでなければ、その人は耐え難い地獄にずっと住んでいるということになるのでしょうね」と、私は意見を述べた。

「そういうことだろうね」

「たぶん、それがおっしゃるところの**神の慈悲**ということでしょうか」と私が言った。

「まさにその通りだ。向こう側で本当にたくさんの人に出会うが、きのうのことを私によく言ってくるんだ。彼らが〈きのう〉と言っている時から、この世の時間ではすでに六十年ほどたっている」とダスカロスは言い、しばらくのあいだ沈黙した。

それからまた、サイコノエティックの次元に住んでいる人との、もう一つの出会いを思い出し、それを語りはじめた。

「この人は高次元のノエティック界にいて、優れた知性の持ち主なんだ。下の方へ降りて来るのを習慣としていて、私がどうして降りて来るのかと聞いたら、自分が地上でできなかったことをやるためだ、と答えた。彼は黄昏どきのような場に入るんだ。そこでは水が非常にゆっくりと流れ、ちょうど美しい睡蓮に覆われた川のような感じなんだ。これもすべて、彼がほかの者たちと一緒になって彼らの想念でつくり出した状態なんだ。彼が〈ここは美しいところですね。平安と静けさを感じます。座ってお話ししましょう〉と言うんだ。〈何を話しますか?〉と尋ねると、彼は〈この美しさについて話しましょう。音楽が聴こえますか?〉と私に聞いてきた。

いいかい、彼が自分の想念で音楽をつくり出しているんだ。もちろん音はあるが、問題は君が聴きたいと思っている音楽と君の波動を合わせせられるかということなんだ。

彼は続けて〈ちょっと、あなたに答えて頂きたいことがあるんですが。夢も見ないような深い眠りに落ちることがありますよね〉と言った。これはこちら側の世界にもあるのと同じ現象だ。

彼はさらに〈私は地上では苦痛に満ちた人生を耐え抜いてきました。いまだにそのことを覚えていますが、心の痛みは感じません。その記憶はあまり明晰ではないのですが、その記憶が戻って来ると、とても眠くなるのです〉と言って彼は続けた。〈何か忘却のようなものの中に入って行くのです。初めは恐怖心みたいなものを感じました〉。〈なぜ、怖がる必要があるのですか〉と私は応答したあとで、こう付け加えて言った。〈あなたは地上に生きているあいだも毎晩、同じことをしていたのではないですか。床に就いて毎晩、この深い眠りを経験したんじゃないですか。その時、何か忘却に似たようなものの中へと入って行った。翌日、目覚めた時には、あなたは同じ人間でしたね。自分の意識の上では非存在という現象へと入って行きますが、実際にはあなたはなくなってしまってはいないのですよ〉。すると彼は〈あなたのおっしゃる通りです。しかし、私が考えているのはちょっと別のことなんですよ〉と言った。私が〈では、何のことでしょう〉と言うと、彼は〈もし私が十分、あるいは一時間、または十世紀のあいだ現象的には非存在の状態へと入りそれから目覚めたとすると、この場合、どういう違いがあり、どのようにしてその違いを私は知るのでしょうか。それとも知ることはできませんか？〉と尋ねた。私は〈よくそのことを考えて下さいましたね。そうです、その通りです。もしあなたが十世紀のあいだこの類いの非存在の中に入り、その後目覚めたとすると、実際には十世紀というその意味の中へと入ることになるのです。なぜなら実のところ、あなたが入ることになるのは**永遠の今**なんです。そして、あなたが再度目覚めるのも、その**永遠の今**の中でなんです。あなた自身の意識の内では、十世紀がすでに過ぎ去ったということを認識しないんです〉と説明したんだ」

　ここで私が口を挟んだ。

「この状態はたぶん、カルマと**神の慈悲**とのメカニズムの一部なんですね。つまり、時間の意識がないということですから、地上で人びとにとってほど良い状況が適切に展開してきたちょうどその時に、魂(↓用語)はさらに体験を重ねるために物質界へと入って来なければならないということでしょうね」

「その通り。私はこの男性に言った。〈なぜ、あなたは現象的な忘却状態とか無力状態の感覚に入っていたいのですか？〉。すると彼はこう言うんだ。〈ちょっと待って下さい。一体、どんな無力状態のことをおっしゃってるのですか？〉。どうやら、私は彼の頭に〈無力状態〉という一つの概念を植え付けてしまったようだ。それで、私は言った。〈あなたはこれほど知識を積まれ、サイコノエティックの世界でこんなにも低く降りて来られるのですから、他の透明なヘルパーに加わって奉仕されてはいかがですか。月光に映える、水色の睡蓮を眺めている代わりに、あなたの周りを見渡して、困っている人たちを助けてあげる方がいいとは思いませんか?〉

この人は二、三世紀前に生きていた人に違いない。彼との会話がその時代のものなんだ。

ところで、この人の抱えている問題が分かるかな? 彼は知的に優れてはいるが、自分を愛する以外、他の誰をも愛せないという大きな欠陥を持っていた。他の仲間に奉仕するために透明なヘルパーと一緒にその仕事に加わるという熱意を一切、示さなかった。私の意見を言わせてもらうと、たとえ多くの間違いを含んだ愛でも、愛することができないよりはずっとましなんだよ。単に無関心な人よりも、エゴ丸出しで積極的に愛する人の方を私は好むよ。なぜなら、そのエゴの愛が原因となって生じた苦しみによって、その人が目覚める可能性があるからなんだ。たとえば、息子を愛しているがゆえにきつい責め言葉で怒る、こんな父親の方が私にはいい。〈まったく恥知らずな息子だ、本当に何といった恩知らずな奴だ。わしが教育してやったのに、今はこうしてわしらを見捨てて行くんだから〉。私には、怒りと反感に満ちたこういった愛の方が、まったく何の愛もないよりずっといいんだ。こういった情熱がこもった心理状態の中には自己懲罰的なものがあり、その人の成長と意識の発達の助けになる。私の言ってることが分かるな?」

この時、ダスカロスの助けを求めて訪問者がドアを叩いた。私たちは話を中断することになった。

二日後、リマソールでコスタスに会った時、ダスカロスと話し合ったことを話題に出した。それは土曜日の朝で、コスタスは午前中の仕事を休んで、ファマグスタ海員クラブで私と数時間過ごす予定を取ってくれたのだ。

私たちはユーカリの木陰に座ってビールを飲みながら、泳いでいる人たちや小船が行き交うのを眺めていたが、コスタスは、最近彼がサイコノエティックの次元で体験したことを話しはじめた。

「われわれは透明なヘルパーの一団として、時の止まった状態の中で旅をしていたんだ。海上を漂っている時、小さな海岸都市に気づいた。サイコノエティックにも様々な次元があるわけだが、その中のある次元にその海岸都市はあるんだ。サイコノエティックのレベルの中でも低い波動のところで、地獄の一つだと言ってもいい」

「その都市は、実際、この世にある都市のサイキックの部分ですか？」と私は尋ねた。

「ちょっと話を進めるよ、そうしたら君に分かるから。さて、われわれはそこに上陸して歩きはじめた。狭い道や漆喰《しっくい》の塗られた家々を通り抜けると突然、一人の老婆がわれわれの注意を引いたんだ。彼女は家の外にあるベンチに腰掛けていた。彼女はわれわれに気づくと一瞬驚いたが、そのうち興味を示して家に招いてくれた。家に入るとすぐ、自分の息子のことについて訴えはじめた。息子は精神が混乱し苦しんでいる、と言い、息子を助けてはくれないかと懇願してきたんだ。それから、彼女は息子を呼び入れて、コスタス・パパダキスだと紹介した。彼は英語教師で、四十五歳だと言った。また、二十三歳の自分の女生徒に恋をしているとも言った。彼女が同じ年頃のもう一人の彼の生徒と関係を持っているので、彼は自暴自棄になっていたんだ。彼はこう言った。〈それに最近自転車に乗っているとき大変な事故に遭って、ひどい痛みの中を病院に運ばれました。骨があちこち折れていましたが、どういうわけかすぐ治って、気づいたらここにいました〉」

コスタスはさらに続けた。

「その時、誰かが質問した。〈あなたは何歳だとおっしゃいましたか？〉。彼の答えは四十五歳なんだ。〈しかし、あなたはどう見ても二十五歳という感じですよ〉と言うと、〈ちょっと、そんな風にからかわないで下さい。僕は四十五歳ですよ。二十五歳だなんて、なぜですか?〉って彼は言うんだ。〈しかし、そういう風にあなたは見えるんです。本当は事故で死んだんじゃないですか〉。〈一体、何ということを言うのですか〉と彼は不服そうに言った。〈こうしてここで皆に話しているんですよ。どうして死んだなどと言えるのですか〉。その後、彼は自分には少し分からないことがあると説明しはじめた。〈いま僕はテッサロニキの自分の家にいます。二、三年前、イタリアのナポリに住んでいた母が死んだ、と僕は告げられたんですよ。どうして人は僕に嘘をついたんでしょう。それに、母はどのようにして突然このテッサロニキに僕と一緒にいるんですかねえ?〉。そこで私は言った。〈ちょっと質問させて下さいね。あなたは今、西暦何年だと思いますか?〉。〈あなたは、僕が馬鹿だとでも思っているのですか?〉と彼は怒りを込めて言ったあとで、〈今は一九二三年ですよ〉と答えた。さらに彼は、事故以来、二度、寝起きしたのを覚えていると言うんだ。そして、はっきりとした日付まで割り出すんだよ。〈いいですか、今は一九八七年ですよ〉と私は言った。すると、〈いい加減にしてくれ〉と彼は言ったあとで、今、はっきりと覚えていないが、何やらイタリア語の呪い言葉を大声で吐いた。その後、〈どうして皆、白い服を着ているのですか。この世界の人たちですか。それとも別の惑星から来たのですか?〉って尋ねるんだよ。そこで私はこう言った。〈いいですか、あなたは死んでサイキック界に住んでいるんですよ。だからこそ、あなたのお母さんとコンタクトが取れたんです。たった今、あなたはご自分が馴染んでいた一九二三年のテッサロニキの環境の中にいるわけです。それからもう何年も過ぎ去ったんですよ。今は一九八七年です。もし現在、あなたが生きていたとすれば、あなたは百九歳です。ということは、もうとっくに何らかの形で死を迎えているということでしょう。そしてあなたが恋した学生は、今では八十九歳ということになりますよ〉」

私がビールを飲み終わった時、コスタスは言った。

「いいかい、彼は恋人を奪った学生に仕返ししたいと言ったんだ。彼は一九二三年から一九八七年までに二度ほど眠っていて、いまだに物質界に存在していると思い込んで生きているんだ。そして復讐の機会を狙っている。われわれは再び彼を訪れると約束してきたよ」

「彼を一九二三年のテッサロニキに置いてきたわけですね」と、私は調子にのって言った。

「その通り。彼はまだそこに住んでいる。われわれは彼の意識と理解のレベルの波動に入ったわけだ。そこは彼自身がつくり出した環境なんだ」

「あなたの立場からその環境を見られたのですか、それとも彼の立場からですか?」

「もちろん、彼の立場からだ。彼が住んでいる地獄から出るための手助けができるように、この特別な課題を持って彼の意識レベルの中に入って行ったんだよ。彼の自己意識が釘づけになっている一九二三年のテッサロニキの環境に入って行ったというわけだ」

「訪問は、あなたご自身の意志で始めたことですか?」と私は尋ねた。

「そうだよ。透明なヘルパーとして人びとに奉仕をするのがわれわれの目的なんだ」

私はまだこの話題を続けた。

「たぶん、その男にとって皆はETのようなものだったのでしょうね」

「彼にとってわれわれは確かに不思議な存在だったことだろう。そこを立ち去る前に彼にこう言ったんだ。〈私たちはあなたの世界に属する者ではないことを証明するために、あなたの目の前で姿を消しますよ〉と。そしてわれわれは消えたんだ」

「それで彼は悟ることができましたか?」

「いや、まだまだ。しかし、彼に多少の疑問を持たせることはできた。彼に何らかの影響を与えるには、あと数回訪問しなければならないだろうね」

「彼の母親はどうなんですか？」

「われわれは彼女には取り組んでいない。彼女は彼とは同じ波動のところにいないんだ。実際、彼が母親と接触状態にあるのは、ほかでもない、彼の母親のエレメンタルなんだ」

コスタスに従ってそのサイコノエティックの場へ行った透明なヘルパーたちは、様々な国からやって来たのか、それともダスカロスのインナー・サークル(→用語)のメンバーだったのか、私はコスタスに尋ねた。いろいろな国から集まった者たちである、と彼は言った。彼によれば、高次のサイコノエティック界では言葉や民族の垣根がなく、心と心でコミュニケーションできるということである。このような高次元においては、人びとは各自、違う言語を話していることを認識しているが、コミュニケーションを取るために必ずしもその言語をマスターする必要はない、と彼は言った。そして、ダスカロスがそこにいたことも彼は付け加えた。物質界のレベルへ戻って来た時、ダスカロスと体験を比較して、彼の体験が本物なのかどうかを確認したということである。この確認はコスタスが日ごろ常に実践していることである。この確認によって、サイコノエティック次元での彼の体験は客観的な真実だという証明になるのである。

「この訪問は何時間ぐらいでしたか？」

「この世の時間に換算すれば、おそらく一時間ちょっとだろう。この体験はとても疲れた。物質界に半ば意識を持ち、こういう次元にも姿を見せていたのだからね」

「ということは、その体験をしている時も同時に物質界で起こっていることに気づいていられるということですか?」と私は尋ねた。

「そうだよ。体外離脱体験(→用語)では一番疲れる方法だが、サイコノエティック界に姿を現わす時はいつもこの方法をとるんだよ」

コスタスの話で私は、現代の人類学者がシャーマニズムやシャーマンのトランス状態の研究結果を思い出した。それまで人類学者はシャーマンの体験を精神分裂症とか何らかの病のカテゴリーに属するものとしていたが、そういう人類学者とは違って、L・G・ピーターズとかD・プライス-ウイリアムズといった人類学者は、シャーマンの意識状態は彼ら独特の現実であり、他の意識形態(催眠術、精神分裂、また一般的なトランスや睡眠など)に帰することはできない、と論じている。そして、あまりにも多くの科学的実験がこれを支持する証拠を挙げているので、以前の考え方は影が薄くなってきた。本物のシャーマンはある特別なタイプのトランスの達人であり、意図的にこの状態を出たり入ったりできるという風に今では見られている。このユニークなトランスに入っている間、シャーマンは普通の意識の世界とそうでない世界との間のギャップを繋ぐ媒体者となっている。この人類学者の観点によれば、この二つに分かれた状態の間、シャーマンは霊界を訪れている間も聴衆との会話を続けている――つまり、両方の異なる世界の中で意識を同時に働かせているということである。

コスタスはさらに説明を続けた。

「肉体を完全なトランス状態に置いて、意識も肉体から取り除いてしまう場合は、あまり疲労感は感じないが、肉体は死体同様なんだ。たとえば医者が検診すると、そこには生きてる気配もない青ざめた身体があるだけなんだ。少しでも心臓の鼓動を感知するためには、たぶん特別な器具が必要になるだろう。肉体から離れて果てしなく遠いところに自己意識を移した時には、とくにそのような状態に陥るんだ。自己意識が遠くへ移るほど、血液の循環とか心臓の鼓動などの肉体の活動機能をより低下させねばならないということなんだ。血液循環が遅くなると、体はほとんど死体のように冷たくなる。しかし、自己意識が肉体に戻ると、身体の機能はすぐ平常に戻るんだ」

コスタスの知り合いで、彼のグループのメンバーの女性がやって来たので、私たちは会話を中断した。コスタスは彼女を私に紹介すると、冷たい地ビールを追加した。話題は、長引いているキプロス問題や政治家である彼女のご主人のデリケートな立場といった、ずっと日常的なものへと移った。しかし彼女は、彼女が現われる前に私たちが何を話していたのかを知ると、一週間前のコスタスの教えに関して疑問があるので、分かるように説明して欲しい、と真剣に頼んだ。

「私たちは、肉体の死後も知性を維持できるのでしょうか。つまり、今日の偉大な天才たちは肉体の死後も天才であり続けるのですか？」と彼女は質問した。

「これまで何度も説明してきたように、現在の人格は、死の直前の人生で持っていたレベルの知性や知識や自覚をすべて携えて、そのまま続けて行くんだ。ジョンはジョン、マリアはマリアのまま続けて行く。そして、その現在の人格が次元に適応してくると霊的進化をさらに進めるために、より知識を獲得する機会が与えられる。だから、すべての人間の潜在意識はそこでも質的に向上することになるんだ」とコスタスが答えた。

「向上や進歩のペースは三次元の物質界と同じようなものでしょうか？」と私は尋ねた。

コスタスは大地を指差しながら答えてくれた。

「もし君が地上にいる間に人格的にしっかりとした土台を築き上げたとすると、サイコノエティックの次元では急激に成長が進むんだ」

「なぜ、そうなるのかなあ?」と私は不思議に思い、つい大声を出した。

「われわれがいるこの次元には、経験を通して答えることができない難問がたくさんある。物質界に閉じ込められていることが妨げとなって、霊的な気づきを得て、自己意識を育て向上していくことが難しくなっている。ところが、サイコノエティック界ではこのような障害はなくなるので、いったん疑問を持ち**真理の探究者**となると、それだけで遙かに有利な立場に立ち、独力で真偽の発見に向かえるんだ。たとえば、この世界ではサイキック現象を見たいという好奇心と希望で一杯であろう。サイコノエティック界に行けば、他人にその現象を引き起こしてもらうのを待つ必要がまったくない。自分で現象を起こせるようになる。私たちの教えを実証する実験をより簡単に行えるようになるんだ」

「ということは、**真理の探究者**であることは、サイコノエティック界での方がずっと簡単なはずですね」と私が口を挟んだ。

「そうだね。しかし、最初のステップはこの物質界で取らなければならないというのが条件だよ」と、コスタスは微笑みながら言った。

「では、私たちがこれまで進んできたステップはその条件を十分に満たしていますね」と、私は半ば冗談混じりに尋ねた。

「もちろん、十分だよ。この世で**真理の探究**の道を進めば進むほど、サイコノエティック界での進歩はより簡単に加速されることになるんだ」と、コスタスは私たちを安心させてくれた。

第3章　錯覚、幻想、迷い

私は、エミリーと私たちの子供であるコンスタンティンとヴァシアとともに、クリオン・ビーチで日曜の朝を過ごした。このビーチはリマソールの西にあり、まだ汚染されていない一マイルほどの浜辺が続いていた。

お昼過ぎ、ニコシアまでの一時間ほどのドライブの前に一息いれようと、リマソールにある私の親戚のアパートに行くことにした。途中、KEOぶどう酒醸造所の近くにあるコスタスの自動車修理工場に立ち寄った。その間、エミリーと子供たちは近くのフルーツと野菜の青空市場へ買い物に行った。コスタスはジーパン（最も着心地の良いズボンだ、と彼は私に冗談を言ったことがある）姿で、朝早くから旧型のローバーを改造していた。ファマグスタから難民としてリマソールに移って以来、自動車修理が彼のビジネスであった。旅行と免税品に関するビジネスを新たに始めようとしている最中でもあったが、自動車修理工場の経営も続けていた。英国仕込みの機械技師であるコスタスは、自動車修理は仕事というよりもちょっとした趣味という感じで、ヒーリングやエレヴナ（↓用語）の厳粛な仕事からリラックスするための気分転換のようなものだ。しかし、修理工場の大家がアパート建設を計画していて、コスタスは立ち退きを迫られていた。彼は、立ち退きの期限までほんの数カ月なので日曜でも働いている、と言っていた。

開いた車のフードの下にコスタスが頭を突っ込んでいるのを、私は驚いて見入っていた。ここに、四十七歳の気取りのないほっそりした、ごくありふれた感じに見える賢者がいる。この賢者は高校卒業以来、イギリスでの学生時代にも、教授から当てがわれたエンジニア関係の教科書以外、一冊の本も読み通したことがないと、きっぱりと言い切るような人である。しかし、彼の知的洞察力と哲学的素養に、私はいつも驚かされるのであった。

「私が知っていることは本からの知識ではないんだよ」と、彼は時々、私に言っていた。彼の知識は、すべての人間の内に備わっている叡知の源に直接に繋がることによって獲得されてきたのだ。

「現在の人格(↓用語)が超自己意識(↓用語)に入るようになると、その人は本が不要になるんだよ」と彼は言った。すべての知識が見出される**宇宙の記憶**(↓用語)の中に、意識の中心として入るだけでいいのであった。

「宇宙の全知識はわれわれの内にあり、存在と現実とを真に理解するためには自分の内に入って行くことなんだ」とコスタスは主張した。彼との出会いを書き記した私の二冊の著書さえも読んでいないとコスタスが私に告白した時、私はそれを疑わなかった。コスタスは「ただ、手を本の上に置くだけで君の本の真髄が分かるんだ」と、当然のことのように言うのであった。初めはコスタスやダスカロス(↓訳注1-1)のこのような話を聞いてショックを受けたが、あとになって彼らの教えやユニークな認識論から物事を見た時、彼らの主張は完全に筋が通っているのに気づきはじめたのであった。もしわれわれ人間が、自ら招いた記憶喪失に苦しむ無意識の神（gods）であり、われわれの目的が神聖な状態に再び覚醒することであるならば、その苦難を克服しようとしたとたんに書物を通して学ぶことは不要となる。人類の偉大なる師は結局、書をもとに教えてはいないのである。たぶん、本を書いたり読んだりすることは、より低い自覚レベルにだけ関係し、またそこだけで必要とされるものなのであろう。

私はコスタスと二十分ほど話をしていた。最後に、コスタスが若い宝石商のクリサンソスと二時間後に行われるギリシャ人魔術師の公演に行くことが分かり、私も同行させてもらえないかと頼んだ。コスタスはボロ布で手を拭くと、彼の弟子に電話をしてくれたが、その時間の公演の切符は全部売り切れだ、と言われた。しかし、幸運にもクリサンソスが一枚余分な切符を確保してあった。クリサンソスは、自分たち以外の誰かがもう一人加わるのではないかとなんとなく感じたから、切符をもう一枚買ったと言うのであった。これは偶然ではないと、クリサンソスは再確認するように私に言った。

魔術師はマケドニア出身で、金髪の魔術師と呼ばれ、超能力の持ち主として世間に知られていた。地元のテレビ番組で彼は、チベットの僧院に六年滞在していたあいだにこの特別な能力を開発した、と言っていた。さらに彼は、魔術師や奇跡を行う人たちの様々な会議で数々の国際的な賞を受賞していた。広告ポスターでは、この惑星で最も優れた魔術師の一人として彼を紹介していた。

コスタスは、この魔術師が本物なのかどうかを明かして欲しいと数人の彼の弟子たちにせき立てられ、その招待をしぶしぶ受け入れたのであった。ステージでは多くの超自然現象が繰り広げられていて、噂では最もショッキングな出し物は、インドの行者がやるような串やナイフやパワードリルを自分の体に突き通してしまうものだということだった。エミリーはその公演にはまったく興味がなく、彼女の年老いた両親と時を過ごすことを選んでいた。

コスタスはいったん家へ戻り、シャワーを浴びて私を待っていた。私がコスタスの家に五時半に着いた時には、魔術に詳しいクリサンソスもすでに到着していて、コスタスは居間に座って神経質そうにパイプをふかしていた。

「もしこの男が本物であった場合は、おそらく悪魔の手を借りてこういった離れ技をやっているに違いない。黒魔術師はこのような能力を使って聴衆を感心させ、財産をつくるんだよ」と、コスタスは深刻な様子で言った。

コスタスはさらに二、三度パイプをふかしたあと小声で、その魔術師はある種類の悪魔を使っている可能性があると、私がこれまで聞いたこともない変な名を口にしたのであった。

「そうだとしたら、それはとても危険なんだ。悪魔たちは最終的には彼を食い尽くしてしまうからね。この種の悪魔は恐ろしく強力で、数滴の血によって大破壊をもたらすこともできるからね」とコスタスは言った。

このような悪魔的な力とのニアミスがあったことを、コスタスは以前、私に話してくれたことがある。ある人が彼のところに何かを持ってきた。これは、ある男がライバル一家を破壊するために地元の黒魔術師の女性を雇って作らせたものであった。コスタスは、表面に不思議なシンボルがいろいろ描かれた丸い金属製品と、魔術師の写真を持ってきて私に見せてくれた。黒魔術師の写真はごく平凡などこにでもいるおばあさんという感じで、黒い服をまといにこやかに笑っていた。

「このばあさんがどんなに多くの災難を産み出したことか！　君には想像もつかないだろうね」と言って、首を横に振った。

その金属の塊に、老婆の黒魔術師が悪魔を罠にかけて閉じ込めた、と言うのである。この悪魔は、コスタスが金髪の魔術師の話をしている時に口にした悪魔と同じ種類のものであった。この種の悪魔のエレメンタル(↓用語)はとても強力なので、コスタスは、この金属の塊を自分一人で処理するのをためらったのであった。そこで私がこの話をさらに追及すると、コスタスは詳細を明かしてくれた。コスタスは結局、この件でダスカロスの助けを求めたのだ。二人はこの悪魔のエレメンタルを処理するために白いロウソクを灯して、極度に集中力を高め、エレメンタルを針の穴くらいのサイズに縮め、それをロウソクの炎の中に無理やり押し込めたのである。

「その悪魔のエレメンタルの波動を物質界の火の波動と同じにしたことを、必ず確かめなくてはならないんだ」とコスタスは言った。

コスタスのグループで、その場に立ち合っていた女性が私に話してくれたが、彼女は実際に肉眼でロウソクの炎の中に小さな黒い悪魔の影を見たというのである。ダスカロスとコスタスは、炎の中に悪魔を閉じ込めるとすぐにロウソクの炎を吹き消した。こうして破壊的なエネルギーをその金属から取り除き、そうやって彼らは悪魔のエレメンタルを完全に溶かしたのだ。それが終わるとすぐ、その悪魔の宿った物体に影響を蒙っていた人びとの苦痛はただちに消え、安堵をもたらしたのであった。

「こういった悪魔のエレメンタルは悪魔を信じている者たちからエネルギーを吸い取り、生命を維持しているんだ」とコスタスは説明した。

あの日、コスタスとダスカロスが行ったことは極めて危険なことであり、普通の人たちが関わるべきことではないとコスタスは警告している。もし二人の集中力が十分に高められていない状態で行っていたら、悪魔は炎から逃げ出すことができたのだ。その時、爆発が起きてそこにいた人全員が殺されたことであろう、とコスタスは言う。

ダスカロスもコスタスも、霊能力はヒーリングの目的にのみ使用されるべきものであって、個人の利益や立身出世、あるいは権力の追求のためには決して使用されてはならないと、繰り返し警告している。エレヴナの教えでは、霊能力はその人の意識や霊的な成熟度に応じて発達しなければならない。さもないと、人は黒魔術へ堕落するという危険を冒すことになる。このような場合は利己主義が支配的となり、その能力を使用している者は他人に対しても自らに対しても危険な者となるのである。

「ちょっと聞いて欲しいんだ」と、コスタスはしばしの沈黙のあとでとても真剣な顔つきで言った。

「劇場に着いたら必ず白く輝く五芒星をつくり、その中に自分を入れて守るんだよ。ひょっとしたら、そこにいる悪魔から攻撃されるかもしれないからね」

この恐ろしげな警告について考えているうちに、一瞬、のどが詰まるような感じがした。

「なぜ、悪魔が私たちを攻撃するのでしょうか？」と、私はわけが分からず質問した。

「われわれは白魔術を実践しているので、もし悪魔がそこにいるとしたら、われわれの存在は悪魔にとって脅威となり、おそらくわれわれを攻撃しようとするだろう」とコスタスは説明する。しかし、「五芒星の中に自らを置くことによって、この悪魔的なサイコノエティックの影響を恐れる必要はなくなる」と言うのである。

「また、劇場でいろんな事を目にすることになると思うけど、それに心が奪われてしまわないように、ただ淡々と観察しているんだ。そして、劇場ではいっさい私に質問しないようにして欲しいんだ。質問には帰宅してから答えるからね」と、コスタスは私たちに注意を促した。


劇場は騒がしく、満員だった。私たちは座席の番号を確かめながら三列目に座った。金髪の魔術師を観察するには格好の席である。私は観客の中に多くの子供がいるのに驚きながら、これから始まる見世物にショックを受ける子供がいるのではないかと思いを巡らしていた。そのうえ、コスタスが悪魔がいるかもしれないなどと警告していたのでとても居心地が悪かった。私はコスタスの不思議な力やヒーリングに尊敬の念を持つようになっていた。したがって、サイコノエティックの次元に潜む危険についての彼の警告は私の紋切り型の頭にどんなに奇異に映ったとしても、無視することはできなかった。

やがてライトは消え、耳を突ん裂くブズーキ音楽がスピーカーを通してガンガンと鳴り響き、地獄的な雰囲気が醸し出される。この拷問のような音楽が五分ほど続く。やっと静まったかと思うのも束の間、今度は金髪の魔術師の前座として、背の高い痩せたコメディアンがステージに現われる。公共の場で私がこれまで聞いたこともないような淫らなジョークを飛ばし、観客を笑わせようと懸命だ。

やっと金髪の魔術師が登場した。彼は背の高い筋骨たくましい男で、金髪が肩まで届いている。上半身は裸同然で、数本の串状の物と二本の大きな肉切り包丁、そして電気ドリルを持っている。やがて彼は深刻な表情で一言もしゃべらずに自分の脚を串で突き通した。傷口から血が滴り落ちたが、マゾヒストであるかのように喜びに満ち、次は左手首をナイフで切りつけた。ナイフの刃は骨の辺りまで届いていたが、苦痛の様子は見られず、まるで肉屋が子羊の脚を切り落とそうとしているかのようである。私たちの前に座っていた二人の子供は、このぞっとするような光景から逃れようと、必死に目を覆っている。魔術師が続いて電気ドリルを腹に当てがうと、観客の間にどよめきが起こる。腕から突き出るほどにナイフを刺すと、腕を上下に動かしながら座席の間の通路を歩く。私の後ろのごく平凡な男が目を丸く開けたまま気絶してしまい、四人に支えられて外に運び出されて行った。劇場の後方でも女性が一人、救出されている様子であった。観客の動揺をよそに彼は陽気にナイフや串や電気ドリルで自分の体をいたぶっていたのである。

「これは実際にやっていることですか?」。クリサンソスが、興奮気味につぶやいた。

「頼むから今は質問しないでくれ」と、コスタスは彼を制しながら、不愉快そうに金髪の魔術師を見つめていた。コスタスの神経質な反応に気づいて、私は集中力を高め輝く五芒星をイメージしはじめた。自分がその星の中にいて、自分の肉体的・非肉体的存在のすべての細胞がその光に包まれていることを確かめた。

身の毛もよだつ演技が十五分ほど続いた。金髪の魔術師は、どろっとした黒っぽい血をたくましい腕からしたたらせながら舞台を去って行った。彼が消えた後、私はコスタスが静かに笑っているのに気づき、驚いて彼を眺めた。もしや彼の神経がやられて、おかしくなってしまったのではないかと私は一瞬考えたのである。

「一体、これはどういうことなんだろうか」と、私は思わずつぶやいた。

「彼はただの血生臭い魔術師さ」と、コスタスは微笑みながら首を横に振っていた。

「彼は、本物じゃないってことですか？」と、クリサンソスはがっかりした様子で頭を垂れ、コスタスに尋ねた。

「もちろん、本物じゃないよ。彼は、ただの優れた魔術師、一流の奇術師さ。インドの行者が大通りで披露しているような、その程度の能力は持っているかもしれないよ。ただ、こういった種類の実演はわれわれには関係ないことだ」とコスタスは言った。

「ああ、よかった。ほっとしました。ここには悪魔はいないということですね」と私は言った。

「まったくその通り」と、コスタスはくすくす笑いながら答えた。「金髪の魔術師は結局、危険な魔法使いではなく、高度な技を身に付けた芸人だ」とコスタスは言って私たちを安心させた。

「チベットで六年間修行したというのは、どうなんですか？」と私は尋ねた。

「チベット！」と言って、コスタスはあざ笑った。

「もし彼がラマ僧と六年間過ごしたとしたら、こんなナンセンスなことで時間つぶしをしていると思うかね？ましてやショーや金のために、霊能力を使うことを許されるだろうか」

私たちがこんなやり取りをしていると、金髪の魔術師が再び戻って来たが、彼の身体には二、三の傷跡があるだけだった。その後、催眠術を使った芸や空中浮揚、お馴染みのアシスタントの女性をずたずたに切り裂くという一般的な演技が続いたが、人間の錯覚を利用したすばらしい魔術であった。ショーが終わりに近づいた時、魔術師は聴衆に向かって彼が演じた芸のほとんどは、トリックではなく合理的な説明はできないので、どのようにやったのだろうと考えて時間を無駄にするのは賢明ではない、というアドバイスをしたのである。

「演技前、舞台裏でしばらく瞑想して、観客の皆さんを私の磁場へと包み込みました」と彼は説明した。これはチベットの僧に教えてもらった秘伝のテクニックである、と彼は言った。

劇場の息が詰まるような騒がしい雰囲気から解放され、私たちはほっとして海岸まで歩くことにした。コスタスも同じくほっとしているようであった。アスファルトの道に足を踏み出し、肘を二、三度伸ばして深呼吸し、満足げに溜息をついた。椰子の木が両側に植え込まれたばかりの、一マイルほど続く散歩道は、ぶらぶら歩きながら会話をするにはぴったりだった。私たちは地中海に昇る満月に感嘆しながら、二、三分沈黙したまま、ゆっくりと歩いた。ダスカロスとコスタスに関わりはじめてから、月は私にとって違った意味を持つようになった。月は太古の昔から詩人や恋人たちにとってこよなく美しく、詩情に富んだものであるが、彼らによれば、月は地球という惑星にとってそのサイキック界(↓用語)レベルの牢獄であるということだ。そこは、われわれの惑星の進化を監督する任務を持った大天使(↓用語)たちによって、この世を去った極めて破壊的な人間が隔離されている場所なのである。この破壊的な人間は、月の物理的な存在に対応した月のサイキック体(↓用語)のところに長い期間、閉じ込められている。このように幽閉されているので、彼らは地球に戻ることに憧れ、いつも逃れようとしては失敗している。月と地球のサイキックな部分が一年のある一定時期に互いに接触する時、彼らは地球に戻ろうとする。その時、この破壊的な人間は、彼らに影響されやすい動物か人間に取り憑こうと試みるのである。コスタスによると、てんかんの現象は実はこういった存在による一時的な憑依であるということだ。月と地球のサイキック部分での接触が終わると、この憑依現象はやむのだ。その時、その要素は月によって力ずくで引き離され、てんかんの発作も静まるのである。コスタスはさらに、**真理の探究者**はこういう時、てんかんの人を助けることができる、と私たちに教えてくれた。まず、手を患者の肝臓の上に押さえ付けるようにして置き、白く輝く光で包まれた癒しの手をイメージする。同時に**真理の探究者**は、患者に一時的に憑依したその悪魔的な人間を追い出すように強く念じる必要がある。こうすると、すぐ患者から発作が去るという。コスタスは、月の住人が牢獄を脱出し、抵抗力の弱まっている患者に取り憑こうとするのはその肝臓を通してだ、と言う。こういった悪魔的な人間がカルマ(→用語)の大師たちによって、定められた時が来るまで解放されないと知った時、私は真実ほっとしたのであった。

　私たちは岩に座って静かな海面に映る月の光を眺めていたが、その沈黙を私が破った。

「ダスカロスに言われたことですが、私たちの五感は、現実とは何かを説明するには一番当てにならない手段だそうですね」

「その通りなんだ」と、パイプをくゆらせながらコスタスはうなずいた。

「私たちは簡単に五感にだまされてしまうんだよ。この教訓は、さっき見たばかりの演技にも当てはまるわけだ。だからこそ、エレヴナの教えでは、奇跡的なことを行うのはヒーリングのためにだけ許されているんだ。どんなに勝れた魔術師であっても、トリックで傷を治したり、癌を取り除いたり、歪んだ脊椎を矯正したりすることはできないはずだ。巧みな魔術師になると、本物の師が真の力を用いて成し遂げることを何でも、錯覚を利用して模倣することができるんだ。しかし、本物の**真理の探究者**は、好奇心で見に来る人たちを感心させるために、こういった能力を使って離れ技を使うということはしない」

そこで私が意見を述べた。

「ほとんどの人にとっては、詐欺師や手品師と本物のヒーラーの間には、何の違いもないんですね。皆、一つのカテゴリーの中に一緒くたにされてしまいますね」

「だからこそ、私たちのやっていることが人びとを驚かさないように、とくに注意を払わなければならないんだ」とコスタスが付け加えた。

「エレヴナの教えを守る必要があるんだ。もちろん教えを守るとは、ある意味でということだよ。エレヴナの教えは誰の保護も必要とはしないものだからね」

「どのように五芒星は私たちを保護してくれるのですか？」と私は質問した。

「困難な状況にある時はいつでも、輝く真っ白な光の五芒星で自分が包み込まれているのを頭の中で描いてみるといいよ」と、散歩道を悠長に行ったり来たりしながらコスタスは答えた。

「困難な状況とは、どういうことなんですか？」

「つまり、日常生活の中でサイコノエティックな危険に遭うことだ。たとえば、人びとの攻撃的な思いとか悪感情に君が直面したとか、同様に、サイコノエティックの次元から侵入して来るものがある時などだ」

「コスタ、もっと詳しくどのように五芒星を組み立てるのか教えてもらえますか？」と、クリサンソスが尋ねた。

コスタスはちょっと考えて、パイプを二度ばかりふかした後、それに応じた。

「必ず、一番上の角が君の頭の上にあるようにするんだよ」と、彼はあらかじめ忠告した。

「そして、二つの水平の角は、君が十字架の水平部のように腕を伸ばした時、両腕を包み込んでいなくてはならず、その二つの角の頂点はそれぞれ君の両手の端にあるはずだ。五芒星の残りの二角は開いた両脚を包んでいなければならず、その頂点は両足の端に位置しなければならないんだ」

「両腕を水平に開き脚も開いて立った状態を想像すると、おそらく、あの有名なレオナルド・ダ・ヴィンチのデザイン画風になるんでしょうね」と私が言った。

「そうだ。五芒星はサイキック界のシンボルなんだ。また、通常の五感から五つの超感覚へと人間意識が移行するシンボルでもあるんだ」

「私たちが瞑想中に身体を包み込む卵型の白く輝く光とこの五芒星とは、保護形態としてどの点で異なるのですか?」とクリサンソスが尋ねた。

「五芒星の方がより具体的なんだよ。いったん五芒星の中に入ると、何者も君に触ることができないんだ。五芒星を圧倒できるものはただ一つ、六角の星なんだ。しかし、誰であれ、六芒星に精通している者は善のみを行い愛のみを表現している者なんだ。分かるかな?」

「つまり、邪悪な者でも五芒星をマスターできる、とおっしゃるんですか?」と私は尋ねた。

「そうだ。しかし、邪悪な者は五芒星を逆さに使うんだ。それはルシファー[*3-1]のシンボルでもあるんだ。しかし**真理の探究者**が自らを五芒星で包むや否や、否定的な想念や感化は何の影響も与えられなくなるんだ」とコスタスは答えた。

「あなたのおっしゃったことは、こういうことですか? つまり、五芒星を正しく使う者は皆、加護の力を祈願して引き出せるということですね」と私が言った。

＊3-1　サタン、魔王、悪魔。天から落ちた傲慢な大天使。

「そういうことだ。五芒星自体が加護の祈願そのものなんだよ」

「五芒星は、目を閉じてつくるべきでしょうか？」と私は尋ねた。

「何でも、君がやりやすい方法で、心の中で想像して組み立てるんだ」とコスタは答えた。

それからコスタスは、このノエティックの魔除けを組み立てる際に、私たちがどのように頭の中で想像しながらそのラインを引いていくのかを、身振りで示してくれた。

コスタスはまずパイプをベンチに置くと、散歩道に誰か人がいるかどうか見回した。霊的な保護のためのそのテクニックをマスターしようとしている時、その奇妙な体の動きを誰かに見られることがないように彼は確かめたのであった。コスタスは海と月に向かってじっと立っていた。それから両足を開きながら、左腕は左に、右腕は真っすぐ上に伸ばした。私たちが彼の動きに従うのを待って、彼はしばらくそのままの姿勢でいた。

「さて、君たちの右腕の頂点からスタートするよ。まずその頂点から真っすぐ線を描いて、右足の後方に下ろしてくるように。いいね？」

私たちは、彼の指示に不器用に従った。

「足の後ろのその点から、心の中で真っすぐその線を左手の端まで持ってくるように。そして、左手の端から、その線を右腕の端まで動かす。その時、両腕は開き伸ばされた状態となっているんだ。

右腕の端から左足の端まで線を引き、それから最初にスタートした頂点につながるようにその線をずっと頭の上まで持ってくるんだ。これで君たちの五芒星が完成したことになる」

コスタスは普通の姿勢に戻った。

「もう一度、やってごらん」と、コスタスは私たちを促した。二、三度試みたあとで、クリサンソスも私も五芒星を描き、自分をその中に包み込むそのテクニックをマスターしたという自信が持てた。五芒星を組み立てるたびに、彼が示したように立ち上がって四肢を動かしたりする必要は必ずしもない、とコスタスは説明した。

「こういう動きは思いを込めて頭の中でやればいいんだ。さもないと誤解される危険があるからね。ひょっとしたら不快な結果をもたらすかもしれない」と彼は言った。

「頭の中でいちいち線を描くことが必要なんですか？　五芒星の中に自分が入っているのをイメージするだけでは、十分ではないのですか？」と私は尋ねた。

「いや、違うんだ。五芒星の防御力はそれを描いている過程で強化されるんだ。中に君がいるのを見るだけでは十分ではないんだよ。繰り返しこのお守りのエレメンタルを描くことで、それにエネルギーを与えるんだ。実際、それは君がつくり出しているエレメンタルだからね。繰り返すことでそれを強化し、意味あるものとするんだ。一度このように確立されると、君はもうそれに心を集中しさえすればいい。そうすると、いかなる時でも、君を守るために準備万端となるわけだ」

「劇場で、私は五芒星を線を引かずに間違ってつくってしまいました」と言うと、コスタスは、「私が一緒にいたので、たとえ悪魔がいたとしてもその怒りを恐れる必要は一切なかったよ」と私を安心させてくれた。

「それに、エレヴナがとにかく君を守るさ。しかし、何らかの理由で、アナポドス（↓用語）に遭遇した時には、とにかく君の五芒星の中に入ってしまうことだ。そうしたら、アナポドスは君に触れることができない」

「それは、どうしてなんですか？」と私は尋ねた。

「一方が他方を、こんな感じで中に閉じ込めてしまうんだ」と、コスタスは両手を突き出して、指を互いに噛み合わせるように組みながら言った。

「君の五芒星の頂点がアナポドスを貫き、その力を中和してしまうんだ」

私は、五芒星はどういう種類の危険に対して防御が働くのか、もっと詳しく説明して欲しいとコスタスに頼んだ。すると、何らかの原因でやって来る悪い波動とか、意識的に見ている夢の中で出合う危険とか、とにかくサイコノエティックの脅威を経験している時はいつでも五芒星が最高の防御となる、と説明してくれた。

「ヴィジョンとして現われようが、シンボルで現われようが、アナポドスに気づいたら直ちに五芒星の中に入るように。繰り返し言うが、エレヴナのイニシエート（↓訳注1-4）として君はもうある程度保護を受けているんだよ」とコスタスは言った。

こういった保護の秘訣は**真理の探究者**（↓用語）には重要なことだ、とコスタスは付け加えた。私たちがサイコノエティックのセンター、つまりチャクラを開きはじめる時には、異次元からやって来る邪悪な侵入者から自分を守る用意ができていなければならない、とコスタスは主張する。チャクラが閉じているのは一種の保護で、「我が身は我が城なり」だと彼は常に言っていた。思考と感情を自分がコントロールできるようになる以前に、未熟にもサイコノエティックのセンターを開けてしまうと、私たちは精神的・感情的なバランスを崩すような否定的な波動とかエレメンタルに自らをさらしてしまう可能性が出てくるのである。

私たちは散歩がてらの会話にすっかり気を取られてしまい、時間はすでに宵の九時を回っていた。もう一時間以上も行ったり来たりしていたのだ。私はコスタスとクリサンソスに別れの挨拶をして、軽やかな足取りで海辺の道を親戚のアパートへ向かって行った。

翌朝、私は車でダスカロスの家へ行って、マケドニアの奇術師との異常な体験をダスカロスに説明すると、彼は大笑いした。

「君の話からすると、そいつはかなりの能力を持っているようだな。しかし、それを適切に使っていないということだよ」とダスカロスは言った。

それからダスカロスは、ターラム・ベイというスーフィー教徒（イスラムの神秘主義）の奇術師のことを思い出したようだった。ダスカロスは彼のヨーガ的能力を尊敬していた。

「ターラム・ベイがキプロスに来た時、私はその男が特別の能力を持っていることがすぐに分かった。彼は、自分が観客に見せたいと思うものは何でも観客が見るよう仕向けることができたが、それはしないで本物で真正なものを実際に見せる、ときっぱり宣言したんだよ。〈しかし、十分に注意して頂きたい。いかなる音も一切立てないこと。なぜなら、私の命がかかっているから〉と、彼はわれわれに警告したんだ。彼はいつも、ある特種なトランスへと入って行たんだ。この種のトランスは、今日の催眠術師には知られていない。さて、そのトランスに入り、彼は観衆にいつもこう言ったんだ。〈ナイフで私を突き刺してごらんなさい。私には何も起こりませんよ。撃っても私は殺されず、弾丸が突き抜けて出ますよ〉。彼はこの実演で、ヨーロッパの多くの医者たちに衝撃を与えた。人びとは彼をナイフで突き刺し、そしてナイフを引き抜くと、直ちに傷は治ってしまうんだ」

「それはまったく信じられないことですね。しかし、ターラム・ベイはどのようにしてそういったことができたのでしょうか？」と私は尋ねた。

「彼はエーテル・ダブル《(→用語)》を希薄にするのを学んだんだ。そうして身体を半ば非物質化して、完全な固体ではないようにしてしまうんだ。そうすると、ナイフが通っても彼の筋肉や骨を傷めることはないんだよ。傷の原因となる身体の抵抗がそこにはないんだ。だから、ナイフが抜かれてしまえば簡単に体細胞の結合が元の正常な状態に戻るんだ」。ダスカロスは要点を強調するために、手のひらを合わせて言った。

「ターラム・ベイはいつもそういうことをしていたんだ。常に観客に、音を絶対立てないようにと警告していた。なぜなら、彼がやっていたことは非常に危険なことだったんだよ」

「こういった妙技をあなたもできますか？」と、軽い調子で私は尋ねた。

「つまり、あなたの身体の細胞組織を、ナイフや弾丸が通っても影響されないほど密度の薄いものへと希薄化することができるのでしょうか？」

「いいや、できないよ。私はこのようなイスラムやヒンズーの苦行僧がよくやる、人が目を見張るような技には一度も取り組んだことはない。しかし、身体の細胞組織には取り組んでいるので、もしそのような能力を発達させるために時間を費やせば、私もそのような能力を身に着けることは可能だろうね。しかし、何の目的のためかね？　私が専門とするものとは違うんだ。私の仕事ではない」と結論を下し、ダスカロスは軽く笑った。

「その後、ターラム・ベイはどうしたんですか？」と私が尋ねると、ダスカロスの表情が暗くなった。

「不幸なことに、ある公演の最中に殺されてしまったんだ」と言って、彼は溜息をついた。

「ナイフが突き刺さったままのあの特殊なトランス状態の時、ある愚か者がピストルを発砲したんだ。ターラム・ベイはトランスから弾き出され、彼の身体からすぐに出血が始まったんだ。まだナイフが突き刺さっているままの状態で、身体の細胞組織が普通の密度に戻ってしまったんだ」

「ターラム・ベイはこの妙技を成功させるために悪魔の助けを借りましたか？」と、私は半ば本気で尋ねた。

「いや」とダスカロスは手を振った。

「ターラム・ベイはいい奴だった。彼はこういう妙技を彼個人の独自の努力で行っていた。ある種のサイコノエティックの離れ技を行うのに利用できる方法は、たくさんあるんだ。私は彼の公演を二度ばかり見たけど、彼のことが好きになってそのよさが分かるようになったんだ。彼の悲劇的な死を聞いた時には、本当に悲しかったよ。彼こそ本当の天使(↓用語)だ。いいかい、彼がこういう異常なことを演じた目的は、身体に対する精神の影響に関してとくに医者たちの注意を喚起させ、教育するためだったんだ。彼の目的は人間の知識と意識の向上で、お金や名声ではなかったんだよ。

私は、金髪の魔術師が舞台裏で瞑想し、観衆を彼の磁場へ包み込んだと主張していたことをダスカロスに説明した。

「たぶんそのようにして、実際に起こっていないことも観客が見るように仕向けているんだな」とダスカロスは言った。

「それはどのようにして？」

「オーラを辺り一面に発散し、強力なイメージ法を使って、実際は自分がマインド(↓用語)の中でエレメンタルとしてつくっているものを、自分のオーラの内にいる者がみんな客観的な事実として見るように仕向けるんだ。まあ、一種のまやかしといってもいいだろうな」

「しかし、それは信じられないような霊能力だというわけですねえ！」

「もちろん。こういった離れ技はマインドの本質についての私たちの教えを裏付けていることになる。しかし、このような能力をなぜ、誤用するのだろうか？　なぜ、観客を感心させる目的でこのマインドの超実体を乱用するのだろうか？　彼の腸をどんぶりに入れるのを人びとに見せる代わりに、ヒーリングのためにその能力を使った方がずっと賢いと私は思うね」

「どのようにして？」

「たとえば、彼は女性の乳癌を溶解してなくしてしまうことができるんだ。彼が心で癌を溶解し消滅させているのをイメージすることで、そのイメージを患者の意識の中に引き起こす。それが本当に可能なんだ。この種の自己暗示で奇跡が起こるんだよ。その女性自身も、自分の癌が消えていくのをイメージすることができれば、事実、その癌は消えるんだ。ところが彼は、それをする代わりに人びとを面白がらせ、お金を儲ける方を好んでいるわけだ。何という時間とエネルギーの無駄使いだろうか！」と、ダスカロスは感慨深げな表情で話しつづけた。

「この自己暗示という方法はあまり正統な方法ではないんだ。だから、**真理の探究者**としての私たちはそれを避けるようにしているんだが……」

「どの点でそれは正統ではないんですか？」と私は尋ねた。

「ヒーリングにおいて、自己暗示には危険が伴う可能性がある。この方法だと、相手の意志を知らぬ間に衰えさせていることになるかもしれない。それは好ましくないことだ。つまり、相手を半ば催眠のかかった無感覚状態にさせるので、その人の意志は仮にあったとしても、ほとんど何の役割も果たしていないことになる」

「しかし、もしヒーリングが問題であれば、それはなぜいけないんですか？」

「私は暗示法よりも説得法の方を好む。もちろん、場合によっては暗示も使うが、できることなら説得の方がより望ましいんだ」

「ヒーリングにおいて、暗示と説得の間にどんな違いがあるのですか？」

「説得だと相手の意志を引き込むことになる。暗示はそうではない。患者が私のところへ来た時、説得だと〈ほら、ここが問題なんだ〉と私は言ってそこを触り、それがたとえば癌だとすると、その時にこの癌を溶かすことを患者に告げることになる。そうすると私は、その患者をヒーリングに関わらせることになるが、なぜ、この方がいいかというと、もし私が患者を自らのヒーリングに積極的に参加するように仕向けなければ、私が患者から離れると症状が再発する危険がある。でも、説得法だと自分自身のヒーリングを信じることにも繋がる」

「それは一種の自己暗示ではないのですか?」と私は質問した。

「いいや、それはあくまでも説得なんだ。君は相手がヒーリングを信じるように無理に押し付けたりしないね。分かるかな? もっと君に分かりやすく話そう」と、ダスカロスは私が混乱しているのを感じ取りながら説明を続けた。

「さて、妻を虐待する暴力的な夫がいるとしよう。彼と取り組む一つの方法は、エレメンタルを構成し、そのエレメンタルの中に禁止命令を取り込むことだ。〈汝、妻を殴るなかれ。それは残忍で不誠実なり〉とね。彼としては暗示を受けているとは気づいていないが、それでもこれは一種の暗示なんだ。これだと彼自身の意志が変化のプロセスに関わっていないから、その問題と取り組む最善の方法とはいえないんだ。彼が大変な罪の意識に駆られるかもしれず、極端な場合は自殺してしまうこともあるんだ」

「では、この場合は何が良い方法なんでしょう?」

「通常のカウンセリングを通しての一般的な説得が効かない場合は、私はこんな風にするんだ。私は肉体(↓用語)から抜け出て、エレメンタルを投影してその中に入る。一体状態(↓用語)のプロセスにおいて、私は彼になり切る。そして、別なエゴではなく、彼自身としての想念を持ってこのようなひどい行いは二度としないと言い、彼の体から抜け出る。このようなプロセスを使うと、本人にはこの想念は自分に発生した想念だと感じられる。そして、自分の想念なのだから、抵抗することはない。この方法の目的は反発することを防止するところにある。そうでないと、

分かるかい？」私たちが相手のエゴと一つにならずに暗示を出したらそれは強制になってしまう。さて、事がどうなっているか

「しかし、あなたのおっしゃったことは、より巧妙な形での強制ではないのでしょうか？」

「いいや、とんでもない。これが、高い境地に達した透明なヘルパー（↓用語）たちが昼も夜もやっていることなんだよ。この方法は、相手の意志を引き込んでいるんだ。外からやって来る命令などは一切ないんだ。今や決意をしているのは彼であり、外部からの強制の結果ではないんだ。それで、君はこう聞くんじゃないかな……」とダスカロスは続けた。「病的な他人の中に入り、その人になるのは気持ちのいいものかってね。その人と一体状態の間、その人が感じるように感じるということはどうなんだってね。答えは、ノーだ」とダスカロスは語気を強めて言ってから、私の膝を軽く叩いた。

「だからといってどうなんだ？　もし誰かが汚水の中で溺れていたら、私はそこに飛び込んで援助の手を差し延べるべきではないかね？　そうだ、もちろん、手を差し延べるべきだよね。その後、私はそこを出て、風呂に入ることができる。そしたら、汚れはきれいに洗い流されるというわけだ」

「この方法には何か危険が伴いますか？」と私は尋ねた。

「ああ、大変な危険がある。非常に意志が固く、何をやっているのかよく分かっている人でなければならない。そうでないと、君自身が相手のようになってしまうことがある。もし君がほんのわずかでも相手が持っている問題の傾向を持っていたとすると、その相手から君自身その問題をもらってしまう可能性もあるんだ。いいかい、ウイルスの汚染よりも、もっと悪性の霊的な汚染と私は呼んでいるが、その危険がいつもあるんだ。もし高い境地に達しておらず、自分のやっていることが分かっていないような場合は、相手の波動に調子を合わせると、そ

こにとどまってしまうという危険もあるんだよ」と、ダスカロスは眉を上げて語った。

彼は肘掛け椅子に身をそらして、腹の上で手を組んだ。一瞬、間を置き、さらに話を続けた。

「これが人間社会で日夜起こっていることじゃないかね？　だから、こういったことに取り組む時、われわれは本当に気をつけなくてはいけないんだよ」

「そうおっしゃるということは、必ずしもとくに霊的なレベルの高い人でなくても、今お話しになったような霊能力とか、金髪の魔術師の類いの能力を高めることができるということですか？」

「もちろん、そうだ」とダスカロスはうなずいた。

「こういうのが知識の危険性というものなんだ。なぜなら、知識というものは利己主義を捨て去っていない人には危険なものなんだ。だから私は、厳しい自己分析をすること、そして自分の思考と感情の主になることをとくに強調しているよ。利己主義を完全に殺しなさい」と言ってダスカロスは目を輝かせ、拳を堅く握り締めた。

「そして、金も名誉もいらないあなたの**スピリット・エゴ**(↓用語)が神のご意志として現われてくるように、そしてその**スピリット・エゴ**が人間仲間に奉仕できるようにしなさい」

ダスカロスはちょっと話を中断した。それから前かがみになって、小声で真剣に言った。

「ちょっと、コーヒーの時間じゃないかな？」

私は、くすくす笑いながら台所に立って、二杯のトルコ・コーヒーを用意した。ダスカロスはコーヒーには目がなかったが、彼は主治医からカフェインの摂取を減らすようにと言われていたので、コーヒーを薄めに作るように私に頼んだ。

ダスカロスはおいしそうにコーヒーを飲みながら、今や陽気なムードで、彼の若い頃、この島に来た魔術師たちとの楽しい思い出話を語りはじめた。

表のベランダで足音がして、ドアをノックする音が聞こえたので、ダスカロスと私は会話を中断した。ダスカロスにはそのままでいてもらい、私が訪問者を家に招き入れた。その人は三十代後半の魅力的な金髪の女性で、彼女の愛犬が行方不明になっていて、ダスカロスが犬の居場所を見つけるのを手伝ってくれるだろうと数人の友人が熱心にすすめてくれた、と少々ためらいながらぎこちなく話すのであった。ダスカロスに彼女のリクエストを報告するため居間へ向かっている間、私は懸命に真顔を装うように努めた。

両手を擦りながら玄関へやって来るなり、ダスカロスは言った。

「奥様、いいですか。私たちはこういったことはしないんですよ。こういうのは私たちの専門ではないんですよ。でも、もしお望みならば、あなたの肩の問題を解決するお手伝いはできますよ」

その女性は目を丸く開けて、一瞬、身をこわばらせた。この見ず知らずの人が、自分が長年苦しんでいる右肩の疾患を見抜いたからだ。彼女はダスカロスについての知識はほとんどなく、友人から聞いたことといえば、ただ彼が失くし物とか犬などを見つけることができるということだったと、当惑しつぶやくように言う。私が無言のまま、大丈夫だと目で合図を送り彼女を励ますと、彼女はしぶしぶダスカロスに続いて居間へ入って行った。

二十分ほどたって、意気揚々と顔を輝かせ、ダスカロスが居間から出てきた。

「祝福されたひとときだったよ」と、笑いながらダスカロスは私に言った。ダスカロスのあとをついて出てきた彼女は、自分に今起こっていることが何なのかさっぱり分からず、混乱している様子だった。肩が治ったことが信じられず、腕をぐるぐる回しつづけていた。彼女は、その動作が何年もできなかったのだ。

彼女はダスカロスに礼を述べ、足早に去って行った。ダスカロスは頭を横に振り続けた。そして、この出来事をじっくり考えながら静かに笑っていた。

「**聖霊**（↓用語）は不思議に働くものだ。ある時は、ただ治りたい一心で、信じてここへやって来るが、何も起こらない。ところが、この女性は犬を捜しにやって来て、彼女自身の病が癒されたわけだ」

「これについては、どのように説明されますか？」と私は尋ねた。

「神に尋ねるしかない」とダスカロスは応答し、無邪気な様子で肩をすくめた。「ひょっとしたら、彼女に覚醒の時が訪れたのかもしれないね。あるいは、この体験によって疑問が起こり、それが彼女を知識の道と真理の探究へと導くことになるのかもしれないね」

私は半ば真剣に、溜息まじりで言った。

「ダスカレ（↓訳注2-1）、あんな風に私も人を治すことができるといいんですが……。あなたがなさったように」

ダスカロスは私の腕をつかみながら、真剣な面持ちで答えた。

「人生で本当に重要なのは、手を広げて人びとを治すことよりも、むしろ人びとが物事に気づき、意識を高めて行けるように手伝ってあげることなんだよ。これが私たちの真の使命だからね。この物質界でヒーリングが起こるはずなら、それは遅かれ早かれ起こることなんだ。われわれの介入がない場合、少し時間がかかるかもしれないけどね。いずれにせよ、最終的にヒーリングを行ってるのは聖霊であって、われわれじゃないんだよ。しかし、われわれができることがあるんだ。それは、他の人びとが無知から抜け出て、意識を持って自己発見の旅路につく、その手助けをすることなんだよ。そもそもこのためにこそ、われわれは皆人間として二極（陰陽）性の世界へ降りて来ているんだからね。だから**真理の探究者**としてのわれわれの真の使命は、自分も含め、皆が無意識と無知の自失状態から目覚めやすくなるように、その手助けをすることなんだよ」

私は一瞬、抑えがたいほどに涙が込み上げてくるのを感じた。ダスカロスの言葉に私の心は深く感動したのである。この教えを題材とした作家であること、大学教師の職に自分があることなどを考えて、言いようのない使命感に満たされた感じがしたのだ。

第4章 神の現実とそれが理解可能な世界

玄関のドアのノックでダスカロス(↓訳注1-1)との会話は中断された。ダスカロスは彼の助けを求めて来る者たちのために、家をいつでも開けておくことが慣わしだった。しかし、彼の名声が高まるにつれて、このやり方ではだんだん不都合が生じるようになってきた。訪ねて来たのはインド人の家族で、彼らの訪問を知ってダスカロスは大変喜び、満面に笑みを浮かべ、彼らを居間へ招き入れた。ダスカロスの彼らへの接し方やインド人家族の振舞いからして、これが初めての訪問でないことは明らかだった。以前、コスタスが言っていた通り、このインド人家族は霊的な指導を求めて、ダスカロスに会いに来ているのだ。実際、彼らはダスカロスの導きによって、人間の進化は動物の段階から人間へと進んだのではない、ということを理解できるようになったそうだ。東洋のいくつかの宗教ではそれと反対の誤った教えも信じられているが、もちろん、それが誤りであることをダスカロスは彼らに合理的な論拠を用いて説明している。つまり、いったん光り輝く**聖なるモナド**(↓用語)が**人間のイデア**(↓用語)を通過すると、その存在は原型独自の進化の軌道に乗って旅立つのである。したがって、このような人間は動物から進化したのではないし、逆に動物的な状態、つまり聖霊性(↓用語)に人間が後退することはあり得ないのである。私はこの問題をコスタスと議論していた時、ソクラテスがそれとは反対のことを言っていることに少し触れた。ソクラテスの対話の中に次のような論拠がある。「善人や義人は進化し、再び人間となって生まれてくるが、不義人は後退し、動物となって再生してくる。そして、それは不義人の罪に対する一種の神罰のようなものである」というものである。コスタスはこの考えをあざ笑い、ソクラテスは実際、偉大な教師ではあったが、神秘を深く洞察するに至らなかったため自分の誤った考えに気づくことができなかったんだ、と自信満々に言った。

私は午後の早いうちにダスカロスの家をあとにし、自宅に戻って自分だけの時間をつくろうとした。そうすれば、ノートに書きとめてあった仕事の遅れを取り戻すことができる。プライバシーなどとはまったく無縁の社会では、それは簡単なことではない。知り合いや親戚、親友、あるいはちょっとした友達までもが我が家に出入りし、政治についてやダスカロスのことなど、とにかく何でも社交の種になる話題を探しに来るのである。私自身がまた、そういった文化的背景のある環境で育ったので、この土地の習慣に簡単に引き込まれてしまうのである。それゆえ、タイプライターと自分だけなどという状態をつくるには、私自身がかなり覚悟しなければならない。翌日の午後、コスタスと会う約束がある。彼のリマソールのあるグループの会合のためである。新しい宿題などが山積みとなる前に、私自身の仕事の遅れを取り戻さねばならなかった。

私は夜遅くまで仕事をした。エミリーと子供たちはすでに眠っていた。私は眠りに就く前にリフレッシュのために夜風にでもあたってみようと、少し散歩に出ることにした。だが、帰宅して家に入るとすぐ、右脚に言いようもない痛みを感じはじめた。何が起こったのか私には分からなかったが、今まで右脚に問題があったことはなかった。痛みは増すばかりで、歩行さえも困難な状態であった。まるで、誰かが私の脚に拷問を加えているようでもあった。アルコールを擦り込んでみたが何の効果もなく、痛みがあまりにも激しくなって、痛みで涙が出てくる始末だ。私は脚が永遠に不自由になるのではと一瞬思い、エミリーを起こし急いで病院へ連れて行ってもらおうとしたが、気を取り直し必死でベッドに辿り着き横になった。私は目を閉じ、呼吸を意識しはじめた。いま起こっていることは、ダスカロスの教えを実践するのにいい機会だと密かに思ったのである。この考えが浮かんだ時、私の絶望的な気持ちも薄らぎ、この痛みを挑戦として捉えることができたのだ。イメージ法がヒーリングに効果的なことは知ってはいたが、私自身がそれにふさわしい集中力を保てるかについては確信が持てなかったので、あえてそれを試してみようと思った。多くの末期症状にある患者が断固として適切なイメージ法を実践することによって、自力で病を克服したという事実も知っていた。癌患者が癌に冒された部分にある一定の方法で何らかの色を注ぐというイメージ法で、自らを浄化しているというのを聞いたこともある。ある少年がパックマン（コンピューター・ゲームのキャラクター）が癌細胞を食い尽くしているのをイメージして、自分自身を治したという話もある。

私の試みは、驚いたことに痛み自体が私の心を集中させ、注意力を仕向けるのに役立ったのである。脚を治したいと願う気持ちがあまりにも強く、他の考えが入り込む余地がなかったのだ。私は、リズミカルに振動する生き生きとした真っ白な光に脚が包まれているのをイメージした。同時に、朝までには脚は治り痛みはいっさい残っていないと自分に強い暗示をかけた。その後のことははっきり覚えてはいないが、あの真っ白な光に脚が包まれているのをイメージしている間に眠ってしまったのであろう。

とはいえ、私が深呼吸とイメージ法による自己暗示を始めるとすぐ、患部にあたかも魔法の薬を塗ったかのように痛みが和らいでいく記憶はあった。翌朝、目覚めた時には、昨晩の試練の痕跡はすっかり消えていた。

その日の午後、リマソールでコスタスに会い、前の晩に起こったことを説明した。

「それは君の霊的成長のためのレッスンだったのさ」と、コスタスは微笑みながらそう言っただけだった。私の脚に問題があったかどうかは分からなかったが、それを知りたいとも思わなかった。確かにそこから学んだことは、このようなヒーリングを成功させる秘訣はヒーリングを求める強い願望と、それに対して一途に心を集中するということである。

軽く食事を一緒にした後、コスタスと私はリマソールの工業区域に車で行った。コスタスはそこで講義を行うことになっていた。小さな会社を経営する彼の弟子が、エレヴナ(↓用語)のリマソール支部用に、とりあえず彼の工場の一室を提供してくれていた。今では各グループもそれぞれ大きくなって、参加者も七十人ほどになっていたので、個人の家の居間に収容するのはもう無理である。

コスタスはヒーリングの治療やカウンセリングを行うため、別室に四十五分ほどこもっていた。彼はいつも会合が始まる前にこれを行っていた。彼の弟子たちは病の診断や遠隔ヒーリングのために友人や身内の写真を持って来たり、時には自分自身のためにコスタスにアドバイスやヒーリングを求めに来る。会合は、参加者全員が集まり、ヒーリング希望者とコスタスとの個人面談のあとで始まった。

コスタスは話を始めた。

「今日、私は**現実**と、その**現実**における理解可能な、把握可能な部分との区別について、とくに焦点を当ててみたいと思います。現実とはいったい何なのか。人びとはこの言葉を頻繁に使いますが、その深遠な意味を深く追究することはめったにありません」。少し間をおいてからコスタスは続けた。

「繰り返し言ってきたことですが、現実とは**絶対**(↓用語)の別の表現です。それは生命そのものであり、法、原因や概念はその表現として現われたものです。現実とは内なる自己（インナー・セルフ）として内在する聖なるモナドです。それは時空を超えたわれわれ自身なのです。しかし、人間の意識によって理解するためには、現実が投影され、具体化されたものを研究することが不可欠です。

ここで**現実**と、**現実**の理解可能な部分という二つの状態について認識できたと思います。繰り返して言うと、**現実**は不変であり、永遠なる**絶対**であり、その表現されたものが生命という現象です。

さて、私たちは**絶対**を生命そのものとして理解しました。事実、**絶対**は生命なのです。しかし、生命の現象の背後にある命は、普通の人間の意識では理解できません。様々な意味やノエティック界(↓用語)のイメージをいろいろ組み立てても、それは把握できるものではありません。それは聖なるモナドとその投影する魂(↓用語)の自己意識によってのみ把握が可能なのです。理解可能な現実が持っている限界や制約から自己意識が解放され、真の**現実**であり**プニューマ**(↓用語)と呼ばれる内なる自己に入って行くことができた時、初めて把握が可能となります。そして、現実としての自己は聖なるモナドだけではなく、自己の悟りに到達した魂をも含んでいることを忘れないで下さい。つまり、その魂というのは、私たちの一部として分離された二極性のこの世に降りて来て、カルマ(↓用語)の法に従って輪廻転生を繰り返し、経験を積みつつ、最終的にはその源に戻るのです。これが起こる時、つまり**神との一体化**(↓用語)の時点でですが、その自己意識は神を知り、自らの神性を知ることになります。その時、自己意識は**現実**を知るのです」

コスタスはしばらく間を取って、自分の述べた考えを彼の弟子たちが把握しているか見るために、彼特有の集中力で聴衆を見つめた。いくつかの質問に答えると、彼は話を続けた。

「さて、いつか最終的に**現実**を把握するには、**現実**の現象的な部分、または理解できる表現を徹底して究明する必要があります。私たちは**現実**から投影されたものや、その影響として出てきているものを注意深く研究しなければなりません。もし現実を原因、法とか概念として理解できるとしたなら、**現実**の理解可能な部分は**マインド**(→用語)がそれらを投影して現われてきたものです。そして、何度も言いましたが、**マインド**は超実体で、それを使って**現実**は自分を具現化しているのです。物質も含め、すべての世界はこの**マインド**の現われなのです」

　ある者がコスタスの話を中断した。

「コスタ、私の理解が正しければ、あなたが今おっしゃっていることは、現象的な現実は理解可能な現実であること、すべての現象の背後にあるのは現実そのものであり、それは普通の意識の理解と把握を超えた存在であるということですね」

「その通りです。しかし、忘れていけないのは、現実としての**絶対**はその現われである原因、法や概念でさえ超えた存在だということです。絶えず**永遠の今**の中で瞑想を続け、**絶対**は自分を原因、法や概念として表現しているのです。この神の状態をこれ以上、言葉をもって描写するのは不可能です」

　三十代後半の建築家、アンドレアが不意に質問した。

「この状態は神が夢を見ている時のようなものでしょうか？」

「とんでもない！　真に実在する神の**現実**の観点からすると、そのような観点はまったく神への冒瀆に等しい」

と、コスタスはうっかり口を滑らせた後、自分が時代錯誤的な言葉を使ったことを軽く笑い飛ばした。

「いくつかの東洋の宗派では、神が自らの内で夢を見ながら瞑想しつつ、ダイナミックに論理的にいくつもの宇宙をつくり出していると考えています。しかし、夢を見る神というのはどうでしょうか？」と、コスタスは眉を上げ、声に鋭い皮肉を込めて言った。

「エレヴナの観点からすると、夢というのは、私たちが**宇宙の記憶**(↓用語)を含めた宇宙の潜在意識や記憶からすでに存在する状況を拾い上げて、われわれが特定な形で体験している状態です。われわれは夢を見るということをこのように理解しています。しかし、私たちが注意を集中させ、マインドを使って瞑想し、意識的に想念のイメージをつくる時とはまったく別の状態です。これはすでに夢ではなく、意識的で積極的な目的ある仕事です。

この二つのまったく異なった状態を研究することによって、完全な自己充足状態にある**絶対**は夢を見ているのではないことが分かります。そうではなくて、**絶対**は自ら自分自身を投影し、目的を持って超意識的瞑想を行うことで、いくつもの宇宙を創造しているのです。これを神の思惟と呼んでもいいと思います」

熱心に聞いている聴衆を前に、コスタスは続けた。

「もう一つ指摘したい間違いがあります。多くの人が神の本質について誤解していることがあるのです。静止状態の神があらゆる存在の原因だと信じているのです。しかし、神はすべての原因の背後にいます。彼の神聖な意志が原因になるのであって、神自身が原因ではありません。そうですね、皆さん、こうしたらどうでしょう。今の段階では、**絶対**が本当はどんな存在であろうかなどと、頭脳を駆使してそれを意味づけようとしたり、議論を通して理解しようなどと思わないで下さい。ノエティックなイメージを組み立てたり、瞑想したりして聖なるモナドである内在する自己がどんなものであろうかと理解しようとするのも、同じように無駄ですよ」

「それでは一体、**絶対**とか聖なるモナドという言葉について、私たちは何を理解するべきなんでしょうか？」と、不可解に思った誰かが少し興奮気味に尋ねた。

「**絶対**も、聖なるモナドとしてのあなた自身も、**真の実在**と見なしなさい。そして、こういう言葉の詮索や解釈をしないことです。何度も説明してきましたが、**絶対**はその神の思惟を通し、その瞑想を通して、それ自体の内に**マインド**を創造することができます。**マインド**は超実体で、これが使われ宇宙が構成されています。**絶対**は創造する。この言葉によく注意して下さい。創造は夢見ることによってなのか。それとも、神聖な意志と**力**と**叡知**を使って、神が思惟し瞑想した結果、できるものなのか。

私たちが人間と呼んでいる、この地球に住むそれぞれ独立した存在は、思考力に限界を持ちながらも、驚くべきものを構築しています。もちろん、人間の知性はどう逆立ちしても**絶対**の創造知性に匹敵するようなものではありません。しかし、人間はマインドを利用して、すばらしい創造物をもたらしてきました。そこで今、こういう質問をしてみましょう。〈結果たるものがその原因よりも偉大であり得るだろうか？　私たちが人間と呼ぶこの被造物は、自覚したうえで一種の推理能力を発揮させ、状況を創造し、すばらしいものを生み出しているが、では、この人間という被造物を生み出している原因の方が、より劣るということがあり得るのでしょうか？〉」

聴衆が彼の述べている考えを十分に吸収できるように、少し間をおいて、コスタスは次のように続けた。

「原因は決してその結果よりも弱かったり、小さかったりはしない、ということを公理としなさい。

さて、少し現実的になりましょう。宇宙的なスケールの時間で見た場合、人間が棒を振り回して洞窟に住んでいたあの状態から今日の人間に至るまでは、ほんの一日だけなんです。今日の人間は、成長段階ではまだ幼児の段階です。しかし、酔い醒めぬ現在の人格(→用語)としてではなく、魂として一人前になり、最終的には創造界の全領域、つまり物質界、サイキック界(→用語)、ノエティック界の全域で神聖な自己意識をあらわすようになるのですよ」

「数世紀後には、人間はどうなってますか？」とある者が尋ねた。

神の悟りを成就して完全な自覚に到達するまで、人間は徐々に自覚を拡大しながら自己表現をしていくことであろう、とコスタスは答えた。それから彼は、神の**現実**とその理解可能な部分の世界との間にある関係を詳しく述べはじめた。

「今日、科学者をも含めた多くの人間は、様々な現象を偶然の出来事の結果であるとしています。これにはまったく驚きです。こういった現象は実はもっと深い現実のあらわれなのですが、彼らはその現実界に切り込んで行こうとする熱意が少しもないまま、この現象を研究しています。いいですか、いつか人間は神の**現実**を自覚するようになります。今のところ、われわれはその**現実**について理解可能な部分の世界にいるのです。われわれはこの惑星、つまり物質界に住んでいます。何世紀にもわたって神秘家たちが深く研究した結果、次のような結論に到達しています。すなわち、理解可能な部分は時空の産物であり、それは神の**現実**の内には存在しない状態です。しかし、時間と空間というものは、**永遠の今**と呼ばれている現実のあらわれなんです。したがって、時空内での出来事や現象が順序を追って起こっていく過去・現在・未来というものは、神の**現実**が投影されて理解可能となって現われている部分に属するのです。近年、何人かの科学者がこういった真実に近づきはじめています」

コスタスは時間と空間の意味をさらに説明した。彼の主張によれば、時間と空間は主観的なもので、その見方は十人十色とのことである。

前列に座っていた私は、この考えは新しいものではなく、人類学研究が進むにつれ、人間は各文化のユニークなスタイルで時間と空間を見るように条件づけられていることが証明されている、と指摘した。

「その通り」とコスタスは応答した。「しかし、繰り返しますが、理解可能な部分の背後に源としての神の現実があります。この源がわれわれに様々な時空の印象を与え、われわれはその印象を研究し、それを把握しようと努めているのです。

さて、皆さんが霊の道(↓用語)で成長・発達し、サイキック次元でもっと自覚して生きるようになりはじめますと、サイキック界における神の**現実**とその**現実**の理解可能な部分との間の相違の問題は、物質界で直面するこの相違の問題とほぼ同じものだということが分かってきます。サイキック界もノエティック界も理解可能な部分の世界で、概念などでは理解ができない、あの同じ深遠な現実からつくり出されているのです。さらに、物質界の理解可能な現実をわれわれに提供しているのも、この同じ深遠な現実なのです。というのは、いくつもの世界があるのではなく、実際はただ一つの世界があるのみで、それは深部に同じ中心を持ち、その表現がいろいろと異なっているだけです。そう、それはちょうどキリストが言われたように、部屋がたくさんある父の家というようなものです。いいですか、このポイントに注意をして下さい」

ある者が質問した。

「もしサイコノエティック界も理解可能な部分の世界で、神の**現実**の世界でないのであれば、物質界における理解可能な部分とサイコノエティック界における理解可能な部分を比較した場合、どんな違いがあるのでしょうか？」

「いい質問ですね。もちろん違いがあります。この物質界では五感を通して肉体(↓用語)の外から印象を受け取り、そしてその印象を通してわれわれに把握可能なもの（とか理解可能なもの）、つまりノエティックのイメージや意味がつくり出されます。そして、サイキックレベルやノエティックレベルの光を使って、外からやって来るこの印象を解釈するわけです。言い換えると、物質界の光を通してわれわれの体内に入って来る外部からの印象は、われわれのサイキック体(↓用語)とノエティック体(↓用語)の上に波動を引き起こすということです。

さて、サイキック界やノエティック界の光は物質界の光よりもずっと強烈で、より多くの要素を持っています。

自己意識を持った人格としての皆さんが、たとえば物質界の光を通してある物体や景色について知ろうとする時には、時間と空間が最も重要な意味を持っています。何度も言ってきましたように、物質界の内にある印象として、時間と空間というものはその中心をなす重要なものなのです。物質界の内にいる場合は、印象が外から中へと移り、その意味をつかんだり、サイコノエティックのイメージが浮かんだりします。しかし、私たちがサイキック界へ入ると、もはやこのような形では印象を受けず、むしろこういった印象はわれわれの内から得るのです」とコスタスが応答した。

「ほとんどの人はその動的関係に気づいていませんが」と私が指摘した。

「その通りです。ほとんどの人は物質界レベルの迷いを抱えて、サイキック界の中に住んでいます。しかし、こういう人たちの思いとは別にサイキック界の事情はまったく異なっています。物質界では、物を知るためにはそれに近づかねばなりません。サイキック界では、何でも私たちの方にやって来てくれるのです。これまで何度も言ってきましたように、サイキックレベルとノエティックレベルの光を使って、時空現象を超えてすべてを見ることができます。四次元の世界(↓用語)では空間概念を超えている、と言いませんでしたか？　これらの次元では、すべてが私たちの内にあるので心を集中しさえすれば、私たちはもうそこにいるのです。あちこちへ行くにも物質界では肉体を移動しますが、四次元の世界ではそのようにサイキック体を移動する必要はないのです。私たちがよく言うように、サイコノエティックの次元ではただ想念を集中するだけですべてのものが私たちの方にやって来るんです」とコスタスは言った。

「では、サイコノエティック界での体験は、物質界での体験よりも神の**現実**により近いと仮定していいでしょうか？」と私が質問した。

「もちろん。サイコノエティックの次元を高く上昇すればするほど、真実にますます近づきます。しかし、このような世界でもそれはすべて理解可能な部分の世界であり、神の**現実**ではないということをよく覚えておいて下さい。しかし、サイキック界とノエティック界の光の中では、認識するものが何であれ、私たちは、それそのものであるのです。したがってこのような次元では、理解可能なものすべての背後にある神の**現実**を探究することができ、またその現実についてより確かに気づくことができるのです。そこでは物質界にあるような障害物とか限界といったものがありません。そのようなものがあるため、私たちは神の**現実**を垣間見ることが大変難しいのです。物質界では四要素に人の心が簡単に奪われてしまって、それに引きずり込まれてしまうのです。五感によって与えられる理解――もっと正確にいえば〈誤解〉――に没頭し、盲目になってしまうのです。人びとはこの物質界を至高の現実と見ているので、それを見て、触って、堅固なものと感じて、これが現実だと決めてかかっているのです。しかし、人びとが誤って現実だと解釈しているものは、ただ神の**現実**の顕現であり、滅びやすく変化してやまず、私たちに理解可能なものとなってあらわれている部分にしか過ぎないのです」

　コスタスは一瞬、話をやめて聴衆を見つめた。そして、いくつか質問に答えた後、再び講義を続けた。

「人が理解可能な世界から神の**現実**へと入り込むと、その人は理解可能な世界を支配する能力を獲得するのです。古今東西、高い境地に達した多くの神秘家たちが示してきた奇跡のような現象は、何もないところから物をつくり出したり（物質化現象）、反対に物を消してしまったり（非物質化現象）というようなことですが、神秘家が神の**現実**の領域へ入ることによってこのようなことが可能になるのです。すなわち、理解可能な世界を私たちが超越した時にのみ、そのような現象は可能となります。理解可能な世界というものは、私たちの最も奥深くに存在する**自己**（真我）からわき出る神性な意志の力を限定し、抑圧してしまいます。しかし、神の**現実**の世界へと進みそこへ入ると、私たちは何でもできます。その時、私たちは神聖な存在として我が内に本来備わっている能力を使って、より豊かに完全に自己表現をするのです。神聖な存在としての私たちの真の内なる中核、つまりプニューマはいつも神の**現実**の中に根差しているのです」

　コスタスはさらに続けた。

「進化した神秘家や**真理の探究者**は、神の**現実**の領域へ入り込むことによって、普通の人には想像もできないようなサイコノエティックの能力（超能力）を獲得します。たとえば、このような神秘家は望めばいつでも超自己意識(↓用語)を使ってサイキック界へ入り、しかも同時に物質界で起こっていることにもちゃんと気づいていることができます。そのうえ、神秘家は神の**現実**に入ることで、時空を超えてあらゆる次元（物質、サイキック、ノエティック、そしてこれらを超えたレベル）の生《せい》の営みから同時に印象を受け、それを体験し、知ることができます」

　ここで質問が挙げられ、それに答えてコスタスは時間と空間について、より詳しく説明した。

「時間と空間は物質界の理解可能な現実であるのと同様に、サイキック界とノエティック界の理解可能な現実でもあります。私たちはこの観点から研究を始めなければなりません。さて、時間と空間は一定ではなく変化し、相対的です」

　その後、この点をさらに説明するために、より具体的な例を挙げた。

「さて、ここである出来事が起こっているとしましょう。私たちはそれを何らかの方法で知覚します。時間と空間は物質界のレベルから生じる意味とか概念というもので色づけされています。この出来事を記憶を辿って呼び起こすと、時間と空間は出来事に関連づけられながらその意味を取っていきます。しかし、この場合の時間と空間の意味は、最初その出来事を経験している時点で私たちが編み出した意味とは著しく異なっているのです。

では、そのことについて説明しましょう。昨日、私たちが遠足に行ったとします。そうですね、まず山に行って、それから海へ下って行ったとしましょう。この遠足の最中に周囲に注意を向け、何らかの体験をしたとします。以前にも言いましたように、普通の人は、ありとあらゆる体験が可能な中で、ほんのわずかな体験のみを取り入れます。なぜなら、彼らは周りの環境に対して十分な意識で関わっていないからです。意識を高く持って注意を集中させる方法を知らないのです。その結果、日常生活をお決まりの順序で、自発性もなく単調に送っていますね。とはいうものの、このような遠足ではすべての人が何らかの体験はすることになるでしょう。

さて、昨日この遠足に参加した一人が、一夜明けて記憶を辿ってその体験を呼び起こすとしましょう。自分がバスを降りる姿が見え、それから相当の道のりを歩いたことを思い出します。彼の意識の中で彼の体験に合うように意味づけされた空間というものを追体験しているわけです。この際、時間の要素は昨日の遠足の時点とは大変異なっています。なぜなら、その体験を思い起こすのをやめ、まったく違う事柄に注意を向けたり、そしてまた望めば遠足の体験へと注意を戻すことができるからです。したがって、サイキックやノエティックの次元の中での時間の運行は、物質界でのそれとは違った形で体験されているわけですね。物質界の現実では既に起こった出来事へ戻ることはできませんが、記憶を通じて、前に体験した気持ち——この例で言いますとその遠足と結びついた感情や考えというもの——を追体験することができるというわけです。

その出来事は物質界ではただ一度起こっただけですが、記憶の中にその遠足がセットとなって記録されているので、その出来事を繰り返すことができるわけです。そして望むなら、体験を変えたり、歪曲したりすることさえできますね。

自己意識に時間と空間がどんな影響を及ぼすものなのか、その理解力を深めるために、あとでいくつかのサイコノエティックの瞑想を練習してみます。現在の人格の限られた自己意識をさらに拡大し、内なる自己と一体となり、魂の自己意識の光を発するようになるためにです。そうなると、ついには完全な自己意識として、つまり時空との関係において理解可能な世界の意味とか概念というものに支配されない大師として、神の**現実**の中に入って行くのです。そうなると、私たちはかつて**最愛なる主**が弟子に言われたように、死を味わうことはないであろう、ということになります。死とはある一つの意味（つまり概念）なのです。不変不死である中心から見れば、死とは完全なる変容という意味です。そして、この中心部とは印象や体験を吸収しているところなのです。死は内なる自己の終わりではなく、この内なる自己こそが究極的に印象というものを取り入れ、解釈しているのです。その状態に到達すると、聖パウロの〈滅する者が不滅を身にまとい、死が不死を身にまとう〉という言葉が分かるようになるでしょう」

目を輝かせて言いながら、コスタスは神の**現実**とそれについて理解可能な世界に関しての講義を終えた。

「では、瞑想に入りましょう」と、コスタスはちょっと間を置いてから言った。「身体にエネルギーを満たすための瞑想の練習から始めましょう」

私は目を閉じ、できるだけリラックスして座った。瞑想をやりやすくするために、誰かが部屋のほとんどの電灯を消した。

「心を鎮め、安らかな気分になりましょう。皆さんの現在の人格の頭の中にあるものをすべて取り除き、頭を空にして下さい」と、コスタスはゆっくりと、しっかりした口調で始めた。

「まず、**愛**（アガペ）の言葉をしばらくのあいだ繰り返すことから始めましょう。皆さんに最も適したテンポで、何度もそれを繰り返して下さい。**愛**……、**愛**……、**愛**……」。

　コスタスはその言葉をつぶやきながら、声をだんだん密めていった。

「体中の筋肉を感じ、そして緩めて下さい。頭の中に何の考えも入らないようにしましょう。皆さんは、**愛**の言葉を繰り返すことで、**絶対の愛**と完全に調和した状態になるよう、神に呼びかけているのです。今や皆さんは完全に落ち着いて心安らかな状態となりました。もう頭は完全に空の状態になり、今やまったく心は安静で、完全に平安な状態に至りました。

　さて、真っ白なまばゆい光の中で輝いている自分をイメージしましょう。次は、自分の肉体のあらゆる細胞とあらゆる粒子の中に自分がいるのを感じて下さい。皆さんは、自分が自分の姿や形に閉じ込められているということを完全に感じることができます。

　さて、気持ちよく深呼吸しましょう。深く心地よい深呼吸です。皆さんの肉体のすべての細胞、すべての粒子から深呼吸している自分を感じています。今や各細胞、各粒子から呼吸しています。この呼吸法を活発に行って下さい。皆さんの体の細胞や粒子からの、生き生きとしたエーテル・エネルギーで自分自身を満たしましょう。呼吸するたびに、皆さんは一段と白くなってきます。ますます白くなってくるのを感じて下さい。息を吐き出すごとに、皆さんの白さを汚しそうな不純物もすべて吐き出します」

　私たちは目を閉じたまま、瞑想を続けた。

「皆さんの肉体をつくり維持している**聖霊**(↓用語)に感謝を捧げなさい」とコスタスは指示した。

「健康が皆さんの各身体に満たされるよう。現在の人格が平静平安であらんこと。良い判断力と叡知が備わるよう。思考力という神聖な才能を正しく使えるよう。これらのことを願いなさい。
以上です。皆さんの身体が消耗した時はいつでも、この瞑想で自分のエネルギーを満たすことができます」とコスタスは言った。

私たちの瞑想の練習は、およそ十分くらい続いた。しばらく手足を伸ばした後、コスタスはもう一つ別の瞑想に私たちを導いた。この瞑想は、エーテル・バイタリティー（生命力）の様々な特性をマスターするのに重要で、それができるとヒーラーになる助けとなり、三体の調和のとれた発達を促進する、とコスタスは言った。

完全に目覚めたヒーラーとなり、自己への気づきの様々な超意識のレベルを学ぼうとするのなら、エーテル・バイタリティーの機能をマスターしなければならない、とダスカロスとコスタスは言っている。

エーテル・バイタリティーの機能は四つあり、それは、動きや波動を可能とする運動性(↓用語)、感情や情感とか感覚的な経験を可能とする感覚性(↓用語)、想念とノエティック・イメージを形成するのを可能とする記録性(↓用語)、そして最後に、生命そのものを可能とし、物質化、非物質化を可能とする創造性(↓用語)である。**真理の探究者**の目標は、瞑想実践を通じて最初の三つをマスターすることである。そうすると四番目は、他の三つの特性をマスターした結果、自然に発達するようになるのである。エーテルの創造性は、ヒーリングそのものを可能とする聖霊の管轄下にある。

私たちは目を閉じた。コスタスは完全にリラックスするようにと繰り返し指示した。

「皆さんは今、完全な静けさと平安の中にいます。エーテル・バイタリティーの感覚性を使って、両方の足の裏を感じましょう。では、エーテルの運動性を使って、足の裏から足首へと上に動いて行くのを感じて下さい。エーテルの運動性と感覚性が一緒になると、まるでソックスをはいているかのような感じです。では、どんどん上の方に向かって移動を続け、膝から股を通り、そして脚が骨盤と繋がるところまで行ってみましょう。エーテルの感覚性を使って、脚からお尻まで感じて下さい。この感覚はちょうどタイツを身に着けたかのようです。さて、エーテル・エネルギーの記録性を使って、両脚が真っ白に輝く光の中にあるのをイメージしましょう。それは白くまばゆく発する光です。真っ白な脚です。しかし、次のことに注意して下さい。皆さんがイメージしている真っ白な光は、白い雪とか精製された綿のような色で、それはすべすべした大理石のような感じのものではありません。それは輝く光です。皆さんの脚の健康を強く願いなさい」

さらに、コスタスは続けた。

「再びエーテルの運動性を使って骨盤を通り、さらに上方へと移動して行きます。今、皆さんは腹部を上がって行きます。ゆっくりと肋骨まで上昇して下さい。エーテルの感覚性を使って、肋骨の部分を感じて下さい。エーテル・バイタリティーの記録性を使って、腹部の内部とその周りに霧状のホワイト・ブルーの輝きをイメージしましょう。腹部の内部と周りにホワイト・ブルーの光が輝いているのを見ましょう。皆さんの肉体の健康を願いなさい。まさにここが肉体の命の中心で、太陽神経叢《そう》です。

では、再びエーテル・エネルギーの運動性を使って上昇し、胸の内部に行きます。胸の内部を上昇し、ゆっくりと進みます。エーテル・バイタリティーの感覚性を使って、胸部全体の内部とその周りを感じて下さい。エーテル・エネルギーの記録性を使って、胸の内部と周りにホワイト・ローズのほんのりとした光をイメージしましょう。そして、サイキック体の健康と感情の世界の健康を願いなさい。皆さんの現在の人格が完全に穏やかで平安であるよう願いなさい。

再び、エーテル・エネルギーの運動性を使って、肩を通って両腕から両手の内部を下降します。腕の内部を下って行き、動きは下方に向かっています。ゆっくりと、両方の腕、肘、手首、手のひら、そして指の順に内部を下って行きます。今、指先に辿り着きました。エーテルの感覚性を使って両腕、肘を感じ、そして手首、手のひら、そして指まで下ります。皆さんは今、指先に辿り着きました。エーテルの感覚性を使って、両腕の内部から手先まで感じて下さい。そして記録性を使って、両腕が真っ白に輝く光の中にあるのをイメージして下さい。両腕の健康を願いなさい。皆さんの両腕が媒体となって、人類の仲間たちの痛みに癒しをもたらすことができるように願いなさい。その両腕が触れると、**絶対**の恵みが人類の仲間たちに与えられるように願いなさい。

エーテル・エネルギーの運動性を使って、甲状腺の方へ進みます。エーテル・バイタリティーの記録性を使って、淡いオレンジ色の光が甲状腺を取り囲むのをイメージして下さい。オレンジ色に輝く光が甲状腺を取り囲んでいます。ここが三体のエネルギー循環のセンターです。三体の健康を願いなさい。

エーテル・エネルギーの運動性を使って再び上昇します。さて、頭部の中に入りはじめます。ゆっくり上昇して、頭の中に入ります。エーテル・バイタリティーの感覚性を使って、頭内を感じて下さい。さて、記録性を使って、ホワイト・ゴールドの光を頭の中とその周りにイメージして下さい。頭の中と周りにホワイト・ゴールドの光が輝いています。皆さんのノエティック体の健康を願いなさい。さて、次の言葉によく注意して下さい。天から授かった頭脳を正しく使えるように、正しい思考、正しい判断ができるように願いなさい」

コスタスはさらに続けた。

「エーテル・エネルギーの感覚性を使って、皆さんは今、自分の肉体のすべての細胞、すべての粒子の中にいます。エーテル・バイタリティーの記録性を使って、頭の中とその周りにはホワイト・ゴールド、胸の内部とその周りにはホワイト・ローズ、腹部にはホワイト・ブルー、そして腕と脚には純白をイメージしましょう。それと同時に、さらに自分自身が純白の光に取り巻かれているのをイメージしましょう。何者かが皆さんを傷つけに来ようとも、そのすべてからこの純白に輝く光が皆さんを守ってくれるように願いなさい。この卵形の純白の光で現在の人格を守りなさい。この光が皆さんを傷つけようとして人がつくり出す有害な思いやエレメンタル（→用語）を溶かしてしまうように願いなさい。しかし、この悪いエレメンタルがそれをつくった人のところへ戻るように願ってはいけません。なぜなら、そのエレメンタルを戻すと、当初の七倍の強さのエネルギーになってぶつかっていくからです。こういったエレメンタルが自分のオーラに当たったら、すぐにそれを溶かして自分自身を守れるように心を集中させなさい。私たちの惑星から悪を一掃し、さらに無知という名の公害の一掃に貢献しなさい。そして、現在の人格が健康であることを願いなさい。

……以上です」

われわれは、二十分ほど続いた瞑想から、ゆっくりと現実に戻って来た。この瞑想を毎日実践することはとても重要だ、とコスタスは言った。この瞑想は、エーテル・バイタリティーの様々な特質をマスターする手助けとなり、同様にわれわれの三体、つまり思考、感情、そして肉体の世界の健康とその全体的な安寧にも役立つというのである。

第5章 心の芸術家

私は居間から椅子を持ってきてダスカロス(↓訳注1-1)の隣りに座り、彼の絵が完成するのを眺めていた。彼は、ここ一週間ばかりこの絵に取り組んでいた。小さな寝室をアトリエに変えただけの間に合わせのスタジオで、今朝は六時からずっと絵を描いていたのである。私が彼に会ったのは九時だった。

私がテープレコーダーから大きく鳴り響くクラシック音楽のボリュームを落とすと、ダスカロスは「『白鳥の湖』のバレーの上演を見てインスピレーションを受け、この絵を描きはじめたんだよ」と言った。カンバスに向かいながら彼は話しつづけた。「お辞儀をしているバレリーナは、ダンス、つまり人生のサイクルを終えた時の自我の魂(↓用語)を象徴しているんだ。彼女はもうこの世を去る心構えができているんだな。バレリーナの上にいる白鳥は死にゆく肉体(↓用語)をあらわし、そして背景の糸杉と丘は、バレリーナの肉体が人生を去った後に入るサイキック界(↓用語)なんだよ」

「この絵はいいですね」と私は気持ちを込めて言った。そして、ダスカロスが絵筆を動かしている間、芸術について話し合った。これまで、彼の芸術作品に対して私が批判的だったので、この反応に彼は嬉しそうな様子であった。この世の現実や人間の本質に対する彼の洞察力は深遠で畏敬の念さえ起こさせるが、彼の絵の腕はどう見てもそれとは比較にならないと、以前、私は指摘したことがある。ダスカロスが自分に対して深く自信を持っているのを私は知っていたので、彼の芸術に対する私の非礼な論評が彼を傷つけるなどということを私は少しも心配する必要がなかった。個人的な意見を述べれば、彼の若い頃の絵には注目に値する一群の作品がある。それらは、彼に言わせると、おおかたサイコノエティック界の景色だということである。そのうちのいくつかは本当にすばらしいものである。しかし、最近のダスカロスの絵はどちらかというと雑で、急いで仕上げた感がある。当然、美術館のコレクションに値するものはないであろう。

彼の過去生の一つに、レオナルド・ダ・ヴィンチの時代に自分がプロの画家であったと、私に教えてくれたことがある。彼は「今回の人生では、心を集中してエネルギーをどこか別のところに注ぐことを私は選択したんだよ」と私に説明した。

「おい、キリアコ」と、彼は微笑みながら肘で私を軽く突いた。「この人生では、私は人びとの魂の上に絵を描くことの方が気に入っているんだ。彼らの心に火を灯すことだよ。そうすることで、彼らが自分の真の本質に目覚め、愛し憐れむことができるように力を尽くしたいんだ。画家が百人いるとして、そのうちのほんの二、三人が本物の芸術家だといえるね。残りの人たちは、ただの絵描きだよ。私もそのただの絵描きの一人さ」と言いながら、彼は一本の糸杉にごってりと緑色の絵の具を塗った。

「この世界にはあまりに多くの痛みがあるんだ」とダスカロスは嘆いた。「だから、**真理の探究者**として常に奉仕と手助けができるように、われわれは心の準備ができていなければならないんだよ」

私は相変わらず彼が絵を描いているのを眺め、彼の方は話しつづけた。

「時々、自問するんだ。どうして神は人間にこれほどの自由を与え、信じられないような苦しみを人間同士で与えることを許しているんだろう、とね」

「あなたは、その説明ができないとでも言うのですか?」と私が尋ねた。

「いや、論理的にはできるよ。でも私は人間だから、感情的にその説明を受け入れるのが難しい。結局、人間は神だからね。誰も人間から、その人の神聖な属性である自由というものを奪うことができない、ということだ」

「しかし、あなたは、なぜ人間は他の人間に対してこれほどの痛みを与え、悪をもって苦しめることができるような能力が備わっているのかと、疑問に思っているのですね?」と私はさらに質問した。

「そうだ。なぜ人間にそんな権利があるのか? これは、未来永劫に終わることのない争いの連続だよ。つまり俺はお前を倒し、お前は俺を倒す――私はお前を殺し、お前は俺を殺すという具合に、それはもうきりがない。もちろん、私はカルマ(↓用語)の法則を受け入れてはいる。つまり人間は、誰一人として受けるはずのない苦しみは受けないわけだ。しかし一般に人は、なぜ自分が苦しんでいるのか、その背後にある理由を知ることができないんだよ。しかし、人が霊的に進化し、ある段階に到達すると、現実を見抜くことができる立場に立つ。その時、初めて人はその苦しみの理由が分かるようになるというわけだ。カルマの法則は絶対に正しいが、それが痛ましいものであることに変わりはない」

少しのあいだ絵を描くのをやめて、ダスカロスは私の方を向いて話した。

「さて、君にはこんな疑問が浮かぶかもしれない。〈では、なぜ神はその痛みを止めるために、ある時点で介入しないのか?〉とね。でも、神はそれよりも遙かに優れたことをされたんだよ。つまり、痛みを思い出せないように人間をつくられたんだ。これは実に重要な意味を持ち、まさに、ここに**神の慈悲**が働いているわけだ。私はこの**神の慈悲**を神の介入という風に理解しているんだ。神が介入されて、痛みのアナムネーシス(↓用語)（記憶）を一人ひとりから取り去っておられるんだ。神は出来事や個人の体験については一人ひとりが記憶できるようになされたけれど、その出来事において体験した痛みだけは別扱いなんだ。これは、肉体の痛みだけではなく、サイキック体(↓用語)やノエティック体(↓用語)の痛みについてもいえることなんだ。これはね、**神の慈悲**の重要な特質なんだ」とダスカロスは結論を述べた。その時、彼の表情には畏敬の念が現われていた。

「しかし、痛みは霊的成長のためのレッスンだと考えることもできますよね」と私は言った。

「もちろん、そうだ」。ダスカロスは、キャンバスの白鳥の首に仕上げの一筆を注意深く加えてから言った。

「じゃあ、君に質問をしてみよう。手術をしたことがあるかい？」

「いいえ」と私は答えた。

「何かの病気とか、大変な痛みを経験したことはあるかい？」と再び彼が聞いた。

「そうですねえ……、十代の初めに、傘を持ったまま木から飛び降り、右腕の骨を折りました。それはとても痛かったですね」

ダスカロスは言った。

「今日、君は腕を骨折したことは覚えているが、どんなに頑張っても、その時の痛みは決して思い出せない」

「もし思い出せたら、私はさぞかし痛みを感じることでしょうね」

「まったくその通り。これが**神の慈悲**なんだよ。それは君が痛みを思い出せないようにしてるんだ。痛みが激しければ激しいほど、忘れるのがずっと簡単なんだ。人間は本当にたくさんのことを記憶できるし、様々な思考を使って物事を思い描くこともできるが、痛みに関しては決してそのようなことができない。じゃあ、ここで再び質問しよう。神は、われわれが痛みを感じるたびに、ご自身も痛みを感じられているだろうか？　君はどう思うかね？」。ダスカロスは絵を描くのをやめて、私を眺めた。

「神はたぶん、痛みを感じられるに違いありません。すべてが神ご自身の中にあるのですから」

「そうなんだ。しかし、神の痛みはわれわれのものとは同じではない。それはちょうど、子供を針でチクッと突き刺すのに似ているんだよ。その時、子供は大変な苦悩を経験して泣きわめくよね。でも、大人にはその同じ針がほとんど感じられない。これは神の創造された世界での大変重要な原理なんだ」

「たぶん、これが以前あなたが私たちに言われたこと——**キリスト・ロゴス**(↓用語)は人類の痛みの重荷を自らに課し、それを無にすることができる。それはまた、人間がお互いの重荷を愛をもって背負い合うことができるようにしているのですね。それで、カルマの大部分は解消されて、ほんのわずかな部分の痛みのみが実際に体験されるだけなんですね」

「まさにその通り」

彼は絵を描き続けていたので、私は質問した。

「ダスカレ(↓訳注2-1)、痛みに関してついでに聞いておきたいのですが、喜びとか笑いとか幸せといったものは、痛みに対してどういう関係にあるのでしょうか？」

「そうだねえ、痛みは、それが消えると人はただの出来事としてそれを記憶しているだけだ。もちろん、まず最初に人はこういう痛みを引き起こした出来事から自分を遠ざけ、安堵するわけだ。そして痛みは、経験の一コマとなるわけだ」

「なぜ、多くのイコン（聖画像）で、キリストは喜びや笑い、悲しみもですが、こういったものを持っていないかのようにあらわされているのですか？」

突然、ダスカロスはカンバスから絵筆を離した。

「キリストに喜びや笑いがなかったなどと誰が言ったんだ？」

「多くのイコンではそのように表現されていますよ」

「それはただ、キリストをあらわした者がキリストに一度も会ったことがなかったか、あるいはキリストの人格を一切知らなかった、というだけだよ。もし君がその時代にイエス・キリストを実際に知っていた人に尋ねたなら、その人はきっとこう言うだろう。〈キリストは笑い、ユーモアがあり、そしてどこを探してもそう簡単には見つけることができないほど優しい微笑を持っていた〉とね」

私がダスカロスに出会った頃、彼は、イエスの時代に生きた自らの過去生について詳細に語ってくれたことがあった。その時の人生では、**最愛**の聖ヨハネ、すなわちヨハナンによって他の子供たちと一緒にイエスのもとへしばしば連れて行かれたので、彼はイエスの人格を知った、と言っている。

「もし、イエスに笑いも喜びもなかったら、結婚式や宴会のような催しに、たびたび彼が出席しているのはなぜだと思うかな？　こういう催しは、喜びに溢れた陽気な酒宴が付き物だ。もちろん、彼にとっては必ずしもそういうものは必要ではなかったと思うが。しかし、彼は参加し、仲間の幸せや喜びを分かち合った。それに、思い出してごらん。彼の最初の奇跡は、婚礼の祝宴で客たちが祝いを続け楽しめるように、ただの水をワインに変えたんだよ。イエス・キリストは、イコンにしばしば描かれているような厳しいピューリタンではなかったんだ」

ダスカロスは再び絵を描きはじめ、私が今度は口火を切った。

「キリスト教では苦悩という概念が大変に強調されています。一方、東洋の宗教にはマヤ(↓用語)という概念が見られ、これによると、苦悩というものは実際は幻想の迷いだということです」

「キリスト教の伝統にもその〈幻想〉の概念はあるんだよ」とダスカロスは応答した。

「たとえば、過去・現在・未来というものも一種のマヤといえるのではないだろうか。それがマヤであることを証明するために、まず、昨日や一昨日で君が気持ちのよかった時とか、怒った時のエピソードを思い出してもらおう。昨日、君が経験し、君の記憶装置の中に自在に思い出せるアナムネーシスというもの、それは一種のマヤといえるのではないかね？　昨日というものが今日君に与えてくれるのは、思い出せるアナムネーシスだけじゃないかね？　こういう観察に基づいて、インド人は経験の世界をマヤと呼んだんだ。そして、古代ヘブライ人はそれを非現実的で実体なきものと呼んだんだ。

とは言うものの……」と、ダスカロスはカンバスの細かい描写に心を集中させながら、話を続けた。

「正確にいうと、必ずしもそうではないんだ。物質界は非現実でも幻でもない。なぜなら、この世界はわれわれに教訓や経験を与えてくれているからだ。たとえば、われわれの霊的発達のための適切な教訓を引き寄せるんだよ。

だから、もしマヤが幻想や非現実を意味するなら、それでは一体、過去の体験、つまりアナムネーシスとして想起できる体験が蓄えられている場所とは一体何なのか、という疑問が出てくるんだ。もしわれわれがしっかり腰を据えて注意深くこの問題に取り組むと、われわれがマヤと呼んでいるものは、一般にいわれているような幻想的なものではないことに気づくだろう。なぜなら、マヤとか幻想と呼ばれているものは、潜在意識の中でアナムネーシスとして残っているからだよ。それに、もし経験の世界がただのマヤとか幻想でしかないのなら、その世界の事象が**宇宙の記憶**(↓用語)の中にどのようにして刻み込まれているのかね？　高い境地に達した師たちは、この記憶をいつでも取り出すことができるんだよ。

　何といっても、マヤの世界はすべての人間が絶えずつくり出しているエレメンタル(↓用語)の世界なんだ。そして、自分がつくり出したエレメンタルに責任を負うほどに、エレメンタルは実際に力を持ってくるんだ。潜在意識のどこかにエレメンタルを忘れてきてしまっているかもしれないが、人は遅かれ早かれそれに直面しなくてはならないんだ。そのエレメンタルをつくり出した張本人なのだからね。いいかい、マヤは物の感知や認知の一つの方法なんだ」

　ダスカロスは、部屋にある様々な物を指しながら言った。

「というのは、もしこれらの物がすべてただのマヤでしかないとしたら、神もまた、空想に耽り夢を見ているに違いないだろう。**絶対**(↓用語)は夢を見ているのではなく、瞑想しているんだ。そしてわれわれはその永遠の瞑想の中にいるんだよ。すべてが**絶対**ご自身の中で起こり、展開しているんだ」

　ダスカロスは絵を描きながら、語りつづけた。

「だから、この言葉、マヤをどのように使うか、それには気をつけなくてはならないんだよ。起こったことは出来事としては終わるが、エレメンタルとしては残っているんだ。そして何度も言っているが、エレメンタルの世界は幻想ではないんだ。なぜなら、エレメンタルはそれをつくったわれわれをその責任から解放してはくれないんだからね。キリストはマヤについて、つまり幻想については語られなかった。むしろ、人は自分の行動によく気をつけているようにということに重点を置かれた。〈自分が蒔いた種を自分が刈り取るであろう〉と彼は人びとに言われたんだよ。妄想とか幻想には直接言及なさらなかった」

ダスカロスは絵筆を置いて絵を眺め、「完成だ」と満足そうに言った。

「ダスカレ、コスタスが先日、話してくれたのですが、お若い頃、とてもすばらしい絵を描かれていたそうですね。しかし、それを焼かれてしまわれたそうですね」

「彼がそんなことを君に言ったのかい？」。ダスカロスは絵を見つめていたが、ちょっとショックを受けたという表情で私の方に目をやった。

「なぜ、そんなことをなさったんですか？」

ダスカロスは微笑みを浮かべながら頭を横に振り、彼のやや意外な行動について説明しはじめた。

「五十年ほど前、私は二十五歳ぐらいだったが、ある男がアブラハムが神への生贄《いけにえ》を捧げるところを絵に描いて欲しいと頼んできた。記憶をただせば、確か大修道院長が彼を私のところへ送ってきたんだ。その時、私は大変お金に困っていて、その人は絵を描いてくれたら二百ポンド払うと言うんだ。当時はちょっとした財産になったよ。描いた絵は本当にすばらしいできで、それまでの私の作品の中では一番よかったね。〈最高傑作〉と言う人もいたよ。アブラハムが自分の息子のイサクを神に生贄として捧げる準備をしているところを描いたんだがね」

ダスカロスは絵筆を洗い、絵の具を片付けはじめた。

「その絵を引き渡す時になって、私は気分が落ち着かなくなった。自分に対して強い嫌悪感を感じ、反感を持ったんだ。神（god）が父親に、息子を生贄に捧げることを要求するなんて、私はそんなこと、とても許せなかった。神がこんな不合理な命令をお与えになるはずがないと思ったんだ。アブラハムのこのエピソードは、愛そのものであられる神に対する侮辱なんだよ。この問題で悩んだ結果、私はその絵を破いて燃やしてしまったんだ」

「ダスカレ、アブラハムの意図は何だったと思われますか？　彼が生贄を捧げることを決意したということは、一体、アブラハムの頭の中にはどんな考えが巡っていたのでしょうか？」

「明らかに、アブラハムは彼自身の想像力で神のエレメンタルをつくった、といえるね。彼の神（god）は気まぐれな神（god）で、自分の民にいたずらを仕掛けるんだよ。年老いたアブラハムは、完全に正気を失っていたんだ。今日の心理学者ならこの事例を一時的な精神異常と判断するだろうね。幸いにも最後の時点で、彼の内なる自己（インナー・セルフ）が介入した。アブラハムは正気を取り戻し、叡知が打ち勝ち、哀れなイサクは救われたわけだ。アブラハム自身のほかに、彼を止めようと彼の手をつかんだ羽根の生えた天使(→用語)はいなかったな」と、ダスカロスは少しふざけ気味に言った。

「さて、アブラハムの生贄についてのキルケゴールの貴重な論文を、あなたは一笑に付しましたね」と私は皮肉った。「この思想家は、イサクを進んで生贄として捧げるアブラハムの態度は神に対する至高な信仰の行為であり、称えるべき服従である、と言っています」

ダスカロスは首を横に振ってたじろいだ。ソーレン・キルケゴールは十九世紀のデンマークの哲学者で、西洋のキリスト教実存主義者の中で最も強い影響を与えた思想家の一人であり、哲学者の中では有神論者にも無神論者にも尊敬されている人だ、と私は補った。

すると、ダスカロスは言った。

「キリストの教えの中には、そんなナンセンスはまず見つけられないだろう。神は、ご自分が創造された人びとを騙して遊んでいる天上の気まぐれな専制君主ではないんだ。キリストの教えには一切、不合理なことなどないんだよ」

「社会学者は、アブラハムの行為は権威主義的家父長制文化における価値観を象徴し強化している、と主張するでしょう。権威主義的家父長制文化は、いかにその権威者が非合理的であろうとも、それに関係なく権威者を最高の善として、それに従順に仕えることを賞め称えますからね。そして権威主義文化は、その文化を維持していくのに必要な構造があるわけですが、それに見合うような神話を創り上げます。この場合ですと、社会学は**真理の探究者**と同じ立場にあり、まったく両立しているんですよ」と私が言った。

「正直言って、あの絵の出来事以来、私はアブラハムやイサクのこと、そして宗教界があの狂気の沙汰の行為をどう取り扱っているかについて話すのは決していい気分ではないんだ」とダスカロスは言った。

「ほかにもアブラハムの絵と同じようなことになってしまった絵がありますか？」

「あるよ。同じ頃、別の人がミルトンの『失楽園』の模写を私のところに持って来た。白黒の印刷で、大天使(↓用語)ミカエルが大刀を振り回して、アダムとイヴを天国から追い出しているところなんだ。彼は、このテーマで絵を描いて欲しいと言ったんだ。結果はとても見事な絵が出来上がった。アダムとイヴが裸足で恐怖に満ちた表情で、お互いに手を取り合いエデンの園を去って行く場面だ。彼らの上では、威厳に満ちた大天使ミカエルが燃える刀をつかんで二人を追い出しているんだ。そして神については、彼らを王国から追放している怒れる宇宙の大君主のように、彼らを空から監視しているという具合に描いたんだ。この時もまた、描き終えた途端に、胸がむかむかしてきたんだ」

「それで、それをズタズタに破いてしまった……」と私は溜息まじりに言った。

「その通り。それから焼いてしまったのさ。このテーマ全体が私にとっては神への冒瀆に思えるんだ。大天使ミカエルは天国から誰をも追い出しはしなかった。彼は火の要素を司っているんだが、彼はわれわれの身体を暖かくしておくために、われわれの中で絶え間なく働いているんだ。そして神は、怒り妬む君主ではない。どうして私が反発したか、もう分かったかな？　私はこれも焼いたし、もう一つ、カインとアベルの絵も焼いた。こういうのは、私の良心や内なる自己、それに私が個人的に体験していることとも相容れないんだよ」

　ダスカロスが手を洗いはじめると同時に、私は言った。

「コスタスが先日教えてくれたのですが、アダムとイヴの状態は原型（↓用語）、つまり分離と物質の世界へと下降する前の、人間の魂の状態だということです。それで、より正確には、アダムたちイヴたちと、複数で私たちは語るべきだ、と言われたのです。

　なぜなら、この原型の状態は時空を超えていて、神の創造活動が続く限り何度も永遠に繰り返すことができるものだ、と言ってました。彼らが今もそこにいる楽園（パラダイス）とは、ちょうどある一つの魂が物質界へと下降する直前の、サイコノエティックの次元だ、と彼は言っていました」

「まったくその通り」

「また、こんなこともコスタスは言ってました。イヴがアダムに与えたリンゴは物質界の惑星（地球）を象徴し、物質界への彼らの下降はエデンの園からの追放ではなく、物質界に存在し体験を得たいという人間の魂の衝動の結果である、と。そして旧約聖書によると、神はアダムとイヴに〈動物の皮でできた衣〉――つまり肉体を与えたというのです。コスタスはヘビの役割を説明されませんでした。そのことには無頓着で、それは次の機会にと言われました。ヘビは何を象徴しているのか教えて頂けますか？」と私は言った。

「君は何だと思うかい？」。ダスカロスが皮肉っぽく苦笑しているのに私は気づいた。彼がこれから明かそうとしていることは、きっとショッキングなことなのだろうと想像できた。

「ヘビは頭と尾を持っているだろう？　そしてこんな感じに動くね」。ダスカロスは右手を使ってヘビが地上を這う様を真似ながら、さらに続けた。

「それはちょうど、頭と尾を持った精子が卵子を受精させるため女性の膣を上っていくのと同じだ。もう分かったかい？　ヘビは悪魔ではない。ルシファー(↓訳注3-1)の力を象徴しているのではないんだ。それどころかキリストは、われわれがハトのように無心でヘビのように賢くあれ、と命じられた。ヘビは命の本質の象徴であり、誘惑する悪魔などではないんだ。それにもう一つ。イヴのリンゴは物質レベルの地球を象徴するだけではなく、ミクロ世界のレベルでいえば、女性の卵子も象徴しているんだ。

創世記の神話は、キリストの**放蕩息子**の例え話に似ているんだよ。この**放蕩息子**たる魂が楽園を自分から進んで去り、地上での体験を得て、最終的には愛する父の宮殿へと戻る。このことだけを目的として、進んで物質界へ入って来たんだよ。

さて、もう分かったかな？　私がどうしてあのような絵に反発し、燃やしてしまったか。あのような絵は命や存在、また人類と神との関係の本質に関して間違った考えをあらわし、その偽りを継承させていたんだ」

「ということは、芸術は人びとが意識レベルをより高める手助けとなるべきで、ただ美的感覚にアピールするだけの作品であってはならない、とおっしゃってるのですね」と私は言った。

「そうだとも！」

私は、ダスカロスの絵について、メイン大学の美術学科の教授であり、私の友人でもあるマイケル・ルイスと論じ合ったことがある。彼はダスカロスに会い、その絵について吟味する機会があったのだ。彼は、ダスカロスの美術作品は美的アピールがあるかとか技術的に正確かという点で評価されるべきではなく、霊界と自在に往き来できる特権を持った者が何とかそれをカンバスに表現しようとしている、という観点で美術品として観賞され、高く評価されるべきである、と指摘した。マイケルはこのように私に言った。

「たとえば、僕はごく単純な文章以外、ギリシャ語がしゃべれないとする。その僕が、ダスカロスのような超意識を使ってこの場所と波長を合わせせることができるとする。この場合、たしかに言葉の限界はあるだろうが、僕は君にこの場所について語ることができるよね。表現は限られていたとしても、その限界を超えたどこかに深遠な体験と内容を受け取るだろうと思うんだ。ところが一方、ギリシャ語には流暢だが、霊的意識は持っていない人が表面的にはこの場所がどのように見えるか、僕たちに描写してくれたとする。前者の描写と比べた場合、その描写は遙かに見事なものだろうが、その流暢さをもってしても、前者の描写に込められた深遠な内容には欠け、その欠落を埋め合わすことはできないだろうね。たとえダスカロスの絵が対象を雄弁に表明していないとしても、情感や霊的な面では強烈な彼のヴィジョンを含んでいるように、僕には思えるよ」

また私は、ペトロヴナという女性のダスカロスの絵に対する反応も忘れることができない。彼女はイギリスの医学部門の学者で、透視能力を持った人でもある。彼女はダスカロスには会ったことはなく、私のオフィスにある大きな絵が彼の絵だとも知らなかったが、その絵に目をとめ、感嘆の念で立ち尽くしていた。その絵は白く輝く光を放ち、それが刺激となって彼女は別世界へ入って行けたと言うのであった。非科学的ではあったが、私は彼女の主張を確かめるため二人の霊能者に聞いてみたが、彼らも彼女と同じような反応をしたのである。キプロスを訪れた折りにこのことをコスタスに話してみると、ダスカロスの波動とエレメンタルが彼の絵には埋め込まれているので、しばしば彼の絵はお守りの役目も果たす、とコスタスは言っていた。

「さあ、休憩だ。コーヒーの時間だよ」とダスカロスは言った。絵筆や手をきれいに洗い、絵の具で汚れたスモックも脱いだ。

「しかし、その前にちょっと重要な仕事があるんだ」

私には、彼が何を言っているのかよく分からなかった。ダスカロスは絵を乾かすために、玄関のポーチに出した。それから平然と、本を焼くから手伝って欲しい、と私に頼んだのである。

「え！ 本を焼くんですか？」。私はまるで、コブラに噛まれたかのように飛び上がった。これまで彼の絵が辿った運命について話し合っていたので、それがきっかけとなってこの年老いた師の心の奥深くに押さえ込まれていた火遊びの願望が表面化してしまったのかもしれない、という考えがその時一瞬、私の頭をよぎった。彼は、このような常軌を逸した行動をとることを本気で私に頼んでいるのだろうか？ こんなにも神聖なタブーを私に犯させるなんて……、その時、ナチが本を燃やしているシーンが私の頭を一瞬かすめ、ぞっとした。

「はい、本をです、教授！」。ダスカロスは私の驚いた表情に気づき、最後の言葉を皮肉たっぷりに強調した。

「ほら、ここに本があるだろう？」と、彼のピアノの上に置かれた古くて黒っぽい堅表紙の本を指差して言った。

「これらの本がどれだけ多くの悪を引き起こしたことか、そりゃあ、君には想像もつかないだろうね。だから焼いてしまわなくてはならないんだ」

私は本を手に取った。どの本も慎重に手書きされた、アラビア語の原本だった。紙の色は長い年月を経て変色していた。重い本で、七百ページものモノグラフであった。

「これはみんな、黒魔術のテキストなんだ」と、ダスカロスは真剣な面持ちで言った。「だから心ない者の手に渡らないよう、焼いてしまわなければならないんだよ。数日前、あるエジプト人のホジャ（モスクの光塔から大声で合図する人）が私のところへ持って来たんだ。このホジャは、この本の魔法を使って多くの人びとに多大な苦しみを与えたんだ」

ダスカロスは体外離脱（↓用語）の最中に、このエジプト人が何をしているのか見つけたのだと言った。それで強烈なイメージと集中力を使って、この男がその魔術の本を持ってダスカロスの家へやって来るように無理に仕向けたのであった。

「この男はキプロスへやって来て、魔法や黒魔術を使って生計を立てていたんだ。私は彼に、金でも銀でもこれまで彼が成した財産をかき集め、ただちにエジプトへ去るように命じたんだ。その際、彼はこの本を私のところに置いていった。さあ、庭に出てこれを焼いてしまおう」

「ダスカレ、本当に焼いた方がいいと思われるんですか？」

詳細に筆記されたテキストをペラペラとめくりながら、心配になり私は聞いた。この本には、回教文化における魔術の実践に関して公開されていない秘密の情報がいっぱい入っているのが、私には分かった。たぶん、極めて貴重な人類学上の資料が入っているはずである。これを書いた者は、何十年とはいわないまでも数年の歳月を費やして魔術を実践し、それを書きとめたに違いない。私はダスカロスに、この書物を燃やすことに関してもう一度、考え直して欲しいと頼んだ。

「いいかい、キリアコ……」。ダスカロスはじれったそうに言った。「こういった資料は、ソクラテスの対話のようなものじゃないんだよ。悪魔のガラクタであって、燃やされるべきものなんだ。この本によってたくさんの人が苦しんだんだよ」。この本には悪魔や悪霊を呼び出すための魔術の公式が書かれているからこそ完全な消滅を願っていたのだ、と彼は説明した。

彼がガソリンとマッチを探している間、四冊のうちの三冊を庭に出しておくように私に頼んだ。彼は一番下にある四冊目の本は燃やさないように私に指示した。それはコーランであった。

「このような本を手に入れるため、何千ポンドもの大金を積んだ人もいたんだよ。そんなこと、信じられるかい？」

ダスカロスがマッチに火をつけると、ガソリンに浸された手書きの本は燃え上がった。それから彼は本が燃えるのを眺めながら、お祈りの言葉をつぶやきながら手を動かして、私には分からない象徴的な動作をしていた。一種の悪魔払いをしていたのだと、あとで私に説明してくれた。火と祈りは、魔術のテキストに宿っている悪魔のエレメンタルを焼き尽くす方法なのである。ダスカロスの観点からは、私が立ち会ってそこに見たことは、本の焼却などではなく、ヒーリングのための浄化の儀式だったのである。

学者は結果を顧みずに知識についての情報を集め、それを公刊することを第一の関心事としているが、そういう意味ではダスカロスは学者ではなかった。彼は何よりもまずヒーラーであり、彼の仲間であるすべての人が肉体的・心理的かつ霊的にも安らかであることを心掛けているのである。ダスカロスにとっては、あの本は悪魔的なものであった。利己的な目的のためにどのように魔術を行うかについての処方すら書かれている。このような知識は決してばらまかれてはならないのである。

それに反して、慎重かつ詳細に手書きされたモノグラフが炎に包まれていくのを眺めている時、結果も人の犠牲も関わりなく知識を尊ぶという教育が染みついていた私は強い不快感を感じたほどだった。知識は良いもので、それを積み広めていくことはすばらしいことなのだと長らく信じ込んできた私は、そういった信条を再検討せざるを得なくなった。ダスカロスの価値観からいえば、知識が破壊的な目的に使われないために知識を蓄積し、自然の秘密の鍵を開ける行為はそれを行う者が同時にそれ相応の霊的成長もしていなければならないということである。

近年、われわれの知識への追求はこの点をほとんど無視している。大学においてさえ、われわれは容赦なく自然の秘密の中に入り込み、しかもこの知識を管理する者が霊的に発達した者でなければならないなどという条件は一切ない。地球という宇宙船に住む科学者たちは、愚かにも出世と金と名声を求めて原子を分裂させ、想像を絶する様々な有毒物をつくり出し、五万個以上の核弾頭を製造している。それを放てば、母なる大地をハルマゲドンで燃やし尽くしてしまうことがいつでも可能なのである。これまではアシュラムやラマ僧院だけにあると考えられていた霊的静修[*5-1]や、霊的成長のために必要な何らかの修行を組み入れるべき時が、すでに大学に来ているのか？　これからの知識人は、外界についての知識を積む機会を与えられた時、自らの内界（心の世界）も探究し、それを熟成させることを求められるべきなのだろうか。科学者は、自然の秘密の奥義を伝授される時、適切な瞑想実践や霊的修行をして哀れみの心を養い、執着を捨て、愛を深めることを求められるべきなのだろうか。そして人類はその生き様を変えることなく、今日の状態が続いても、自らのテクノロジーと蓄積された科学的知識に圧倒されずにそれを切り抜けて行くことができるのだろうか。

魔術のテキストの灰の上でダスカロスが祈りと呪文を小声で唱えている時、こういった様々な疑問や考えが私の頭の中をよぎって行った。

ダスカロスは熱い灰の上にバケツ一杯の水をかけた。そして、「さて、コーヒーを飲む時間だね」と、手を擦

＊5-1　宗教的修行や黙想のために閉じこもること。

りながら言った。

　われわれは居間に入り、ダスカロスはコーヒーをじっくりと味わった。すでに、外では数人の人びとが彼に相談を求めて順番を待っていた。

第6章　宇宙の記憶

「悪行によって悪のエッセンスが生み出され、そのエッセンスが勝手に浮遊して罪のない人を苦しめたりすることがありますか?」――私は、アメリカの職場の同僚からのダスカロス(↓訳注1-1)宛ての質問を読んでいた。彼女の質問は、エジプト人のホジャの黒魔術のテキストに関して、ダスカロスが前日取り組んだこととうまく関連していると思った。

「それは絶対にない!」と、ダスカロスはきっぱりと答えた。「もちろん、悪の性向を持った人には影響を及ぼすことができるが、罪のない人に影響を与えることはできない。それでは、悪行とは一体、何なのかという疑問を持ったかな。悪行を実際に行うには、悪の思考と、感情的にそれに相当する気質を持っていなければならない。ということは、悪行を行う前にすでに悪をつくり出し、悪行に導く波動をつくり出したということだ。人が悪い考えや悪い気質を持っていると、それに似た波動と、それに相当する悪の形態を生み出すんだよ。だから、ここには悪を発するエネルギーとその形があることになるね。形はエレメンタル(↓用語)で、投入された強力なエネルギーで満たされているんだ。黒魔術師はこれを使っているんだよ。ある特定の形を持ったエレメンタルをつくり、それにエネルギーを充塡しているというわけだ。もちろん、黒魔術師だけでなく、一般に人間という存在は常に憎しみや怒りでこのような否定的なエレメンタルをつくっている。そしてそれを意識的に、あるいは半ば無意識的に行っているが、大部分の人は自覚のないままこのような想念の形（つまりエレメンタル）をつくり出しているんだ。透視ができると、動物の形をしたこういうエレメンタルが人びとから出ているのが見えるんだ。このエレメンタルは様々な大きさや色を持ったヘビやサルやクマなどで、実際に物質界には存在しないが、サイコノエティックの次元に存在しているんだ。こういったエレメンタルは、それと同じ周波数で波動している人たちには危険なんだ。善が善を引きつけるのと同じように、悪は悪を引きつけるからね。でも、罪なき無心な人は何一つ恐れる必要はないんだ。なぜなら、彼らの波動は、君の友達の言葉を借りて言えば、〈勝手に浮遊する悪のエッセンス〉とは異なった周波数にあるからだよ。

いいかい、人間はこのようなエレメンタルを、睡眠中に夢を見ている時もつくり出しているんだ。このことをよく覚えておくように」

「それはどうしてなんですか？」と私は尋ねた。

「夢を見ている間は欲望がずっと強力になるんだ。寝ている時は、目覚めて日常の事柄に心が奪われている時より欲望の支配力がずっと強くなっている。夜、眠りに就くと欲望が表面化し、現在の人格(↓用語)が悪のエレンメンタルをつくり、邪悪な夢を見るようになるんだよ。たとえば、子供に悪夢を引き起こしているのはこれなんだ」

「職場の同僚で、私の本の表紙をデザインした友人のマイケルが、本や映画など一般に芸術作品といったものはこういった種類のエレメンタルをつくり出しているのではないか、と言っているのですが……」

「われわれの頭の中に思考やイメージや欲望という形で次々と思い浮かぶものは、それが何であれ、すべてエレメンタルをつくり出している。そして実際に、エレメンタルは、人が本に書き下ろし映画や芸術作品を制作する以前にすでにつくられているのだということを指摘しておかねばならない。こういったエレメンタルを創造しているのは人の想念であり、感情だ。さて、美術品、宝石類、写真や絵画などの有形物は、意識的に、あるいは半無意識的にこういったエレメンタルによって磁気化され、そのエレメンタルのエネルギーがそれらに染み込むんだ。われわれが人びとを保護するお守りをつくるのも、この方法を使ってなんだ。この場合は善の思考エネルギーを染み込ませて、善のエッセンスを放つお守りにするんだ。同じに、高価な宝石の所有と関係した羨望や嫉妬などの否定的な感情は、強い破壊的なエネルギーのエレメンタルをその宝石に染み込ませ、それを所有している人に世間で言われているような悪運を引き起こすこともあるんだ。分かるかな、物体がその中にエレメンタルを虜《とりこ》にしているんだ」

「まさに、それはサイコメトリー[*6-1]の原理なんですね」

「まったくその通り。経験を積んだ師は、どんな物体でも自己の意識をその物体に合わせることによって、それに付着しているすべてのエレメンタルとコンタクトが取れるんだ。たとえば、図書館や研究所で働いている学者が長年かけてもその秘密を暴くことができない古代の銅像に、高い境地に達した神秘家が心を集中すると、その秘密を分かってしまうんだよ」とダスカロスは説明した。

「また、同じ原理で一定の場所とか地域が肯定的あるいは否定的なエネルギーを持っているのですね」

「そうだ。たとえば、私が気づいたことで、よく事故が起こる場所はエレメンタルが作用しているんだ。**真理の**

＊6-1　ある物体に触れてそれと関係のある人物についての事実を見抜く超能力。

探究者たるわれわれの仕事の一つは、こういう場所へ行き、そのエレメンタルを取り除くことなんだ。それでは、どのようにするのか。そのエレメンタルと反対のエネルギーを発すると、そのエネルギーが中性化され、エレメンタルは、**宇宙の意識**とか**宇宙の記憶**(↓用語)、あるいは人によっては**アカシック・レコード**(↓用語)といっているところへ退くんだよ。前にも言ったように、エレメンタルは一度つくられると決して抹殺されることはないんだ。われわれがこのようなエレメンタルを取り除く時は、エレメンタルのエネルギーを取り除いているんだよ。だから、エレメンタルは不活性でその形は宇宙の記憶の中にいつまでもそのまま残っていることになるんだ」

「このような場所を訪れてこういったエレメンタルのエネルギーを取り除く時、攻撃される危険があるのではないですか？」と私は尋ねた。

「当然、あるよ。しかし、それは私を傷つけられると思うかい？　いいや、できないんだ。もちろん、この種の仕事は気持ちのいいものじゃないよ。こういうエレメンタルが私を傷つける場合は、私が誰かに憎しみや不満という悪い感情みたいなものを持っている時なんだ。だから、**真理の探究者**はいつも注意して潜在意識の中の否定的な感情とか思考の浄化を行わなければならないんだ。さもないと、彼らの内にある否定的なエレメンタルのエネルギーは、周囲の取り除くべき悪のエレメンタルを逆に引きつけてしまうことになるんだ。だから、こういう仕事をする前に、私や一緒に働く者たちが自らの内に微塵も否定的な感情がないことを必ず確かめるんだよ。これで、心清き者が黒魔術や悪の呪いや悪魔の影響などを心配する必要がないという理由が理解できただろう」

「しかし、犯罪や凶悪事件などが原因でつくられた否定的なエレメンタルから、完全に守られるほどに心の清い人は実際、どれほどいるものでしょうか？　そして、このようなエレメンタルは、ごく普通の、つまり悪人ではないが心がそれほどには純真でもないような人を攻撃することができますか？　たとえば、幽霊屋敷のようなところに住むと、その屋敷にたまっている否定的なエネルギーに苦しめられるようなことがありますよね」

「それは言えるが、いずれにせよ、どのような苦しみを経験するかは人が自らの内につくり上げた否定的エネルギーの量と強さいかんによるんだ。私の経験からいえば、お互い悪口を言い合いながら、長いあいだ喧嘩してきた数人の羊飼いたちは、自らの想念や行動で、君の友達の言葉の通り〈勝手に浮遊する悪のエッセンス〉をつくり出した。一日のある時間になると、彼らが喧嘩した場所一帯の磁気が強まり、このエレメンタルが現われ、活性化しやすくなる。そこで、誰か別の人間がその場を通過する時、他人に対して否定的な感情を抱いていたとすると、羊飼いたちによってつくられたエレメンタルがこの人を攻撃し、苦しめることになろう。しかし繰り返すが、どんな苦しみ方なのかは、身体の痛み、無力感、苛立ち、頭痛という具合に実に様々だ。ところで、こういったエレメンタルは至るところにあるんだよ。**真理の探究者**や透明なヘルパー(↓用語)の義務は、そういうところへ行ってエレメンタルを取り除く――つまり、エレメンタルのエネルギーをなくしてしまい、その場からエレメンタルを追い払うのだ。われわれは体外離脱(↓用語)でサイコノエティック体(↓用語)を使って、このような場所へ旅をして働いているんだ。このやり方だと簡単で、ずっと安上がりなんだ」

　ダスカロスはくすっと笑って続けた。

「それに向こう側から働く方が、より効果的でもあるんだ」

「その方がどうして簡単なのでしょうか?」と、私は不思議に思って尋ねた。

「なぜなら、肉体(↓用語)の外で働いている時は、より強力な力とエネルギーを呼び寄せることができるので、このようなエレメンタルのエネルギーを取り除くのがもっと簡単になるわけだ。さあ、次の質問に行こう」と、ダスカロスは私が質問リストを調べるのを待って言った。

「これは予言に関してですが――、この友達は、未来を予言することは可能なのか、そしてもし可能であれば、人間に自由はあるのかと尋ねています」

ダスカロスはニコッと笑みを浮かべ、話しはじめた。

「**真理の探究者**としての私個人の体験に基づくと、何一つとして前もって決定づけられているものはない、という結論に至っている。これについては繰り返し言っているね。未来を予知するということは、起こり得ること、つまり可能性を予測しているに過ぎないんだ。何かが起こるかもしれないし、起こらないかもしれないんだ。その原理は、科学者が現在の事実とそれを取り巻く環境に基づき、未来のことをある程度予測することと同じ仕組みなんだ」

その後、ダスカロスは、コスタスや彼から私が何度も聞いてきたことを繰り返した。それは、人間は一瞬一瞬に未来の歴史を書き換えているということである。つまり、未来は未決定のままなのだ。その理由は、人間は自らの選択によってそれらのエレメンタルをつくる自由を持っているからだ。そして実際は、このエレメンタルが未来というものの性質を形づくるのだ。したがって、誰かが未来に何が起こるかを予言する時、実際その人は何をしているのかというと、これまでにつくられてきたエレメンタルの現在のあり方に基づいてこれからの出来事の展開を見ているということになる。しかし、人間はその予言を無効にしてしまうような新たなエレメンタルをつくる自由があるということなのだ。

「私が個人的に確信を持っていることだが、カルマ(↓用語)を正確に予言できるのはせいぜい二、三日以内だ」

「それは、どうしてなんですか？」

「このような短期間だと、おそらくカルマの力が十分に発達してしまっているから、実質的にその出来事のコースを変えるためにできることは何もないということなんだ」

「その点をもっと具体的に、何か実体験を挙げて頂けますか？」と私は頼んだ。

ダスカロスは数秒考えてから、話しはじめた。

「ずいぶん昔のことだが、ある朝、仕事に出かける用意をしていた時のことだ。完全に目覚めた状態で、ソックスをはいてベッドに座っていると、突然、このようなヴィジョンを見たんだ。私はその当時、政府の印刷所のライノタイピストとして働いていたが、その職場近くに自分がいるんだ。私は町の時計台のところで自転車から降り、ユーカリの森の中にある政府の建物まで、残りの道のりを歩いて行くところだった。その時、手押し車を押している男が目に入った。私にはその男がとてもはっきり見えた。実際、彼の顔に傷があることまで気づいていたんだよ。彼の手押し車にはガラスのカバーが付いていて、クルリア（ビスケット）とチーズを売っていた。時計台の下にやって来るとすぐ、その男は大声で〈できたての暖かいクルリアだよ〉と宣伝していた。その時、別の男が反対側から自転車に乗ってやって来るのに私は気づいた。この男は手押し車の男に近づくと、自転車から降り、その男に向かって叫びはじめたんだ。〈このろくでなしめ、やっと見つけたぞ！〉。すると〈お前こそ、ろくでなしだ〉ともう一方がやり返し、騒々しい喧嘩が始まった。自転車の男が手押し車を蹴って横倒しにしたので、ガラスが粉々に割れ、クルリアとチーズがアスファルト道路のあちこちに散らばった。行商人はかんかんに怒って、大きな台所用のナイフをつかんで今にもその男を刺そうとしていた。すると、近くにいた役人が駆けつけ、行商人の腕をしっかりと押さえて叫んだ。〈一体全体、気でも狂ったのか！　彼を殺そうとでも言うのか？〉。〈この野郎を殺させてくれ、あいつが俺に何をしたか見てくれ〉と行商人は叫んだ。その時、一方の男は自転車に乗ると急いで立ち去って行った。そこで私のヴィジョンは終わったんだ。私は頭を振って笑い飛ばした。

早朝、服を着ようとした時、なぜこんなシーンが私に見えたのか皆目見当がつかなかったんだ。

二十分ほど経ってから、私は自転車に乗って仕事場へ出かけた。ヴィジョンに現われた例の場所に着くと、私は自転車を降りた。そうするとすぐに、私が三十分前に見たヴィジョン通りに事が展開しようとしているんだ。手押し車の男、そしてその男の顔の傷が見えた。暖かいクルリアと叫んでいるのも聞いたし、その他のこともすべて同じなんだ。そして次に、自転車の男がまったく同じ服を着て同じ動作をしているのが見えた。私はそれを眺めながら、次は何が起こるのかがはっきり分かっていた。なぜ分かるかというと、この場合はカルマが完全に成熟してしまっていたから、実質的に何も変えることができないんだよ。私はそのシーンを眺めながら、ナイフを持った行商人を制止するのは一体、誰なんだろうと考えた。ヴィジョンでは、この人の細かいところまでは見ることができなかったんだ。さらに事を眺めていたら、なんとその人は職場の同僚だったんだ。〈ああ、あれはコンスタンティニデスだったのか〉と私はつぶやいた。もちろん、もし私がヴィジョンの細かいところにまで集中して見ていたら、その男のことも誰だか分かっていただろうね。とにかくその後、警察官が来て、私は職場へと向かったんだ」

「そのヴィジョンを見ていた時、あなたは完全に目覚めていたのですか?」と私は尋ねた。

「もちろん。君に言っただろう、私はソックスをはいていたんだ、と」

「人が一、二時間以内に起こることを予知できるのなら、たとえば一世紀先に起こることも予言できるのではないですか?」と再び私が尋ねた。

「いいや、できない」とダスカロスは強く主張した。

「では、すべての予言、たとえばいろんな本が出ているノストラダムスの予言などは、文字通り未来の予言として取り上げられてはならないのですね」

「さっき言ったように、私個人の体験に基づくと、三日先の未来はすべて可能性以外の何物でもない」

「ヨハネの黙示録はどうなんですか?」

「あれも皆、可能性だ」とダスカロスは繰り返した。

「ああいったことは、もし……ならば起こるだろうということだ。このもしという条件が付いているんだよ。人間は自由意志を持っているね。カルマをつくっているのは他でもない、この自由意志なんだ。だから、自由意志が介入することによって、いつでもカルマの方向を変えることができるんだよ。しょせん予言というものは、当たるかもしれないし、当たらないかもしれない、という程度のものなんだ」とダスカロスが答えた。

そこで私はさらに質問した。

「この原理は一人ひとりの個人には当てはまりますが、社会全体とか歴史的な情勢には当てはまらないという風に言えますか?　つまり、人間は自由意志を持っていますが、それと同じような原理と法則の下で、歴史的な構造にも作用しているのでしょうか」

「多くの人びとが意識転換をした時には、彼らの国や集団のカルマを変えることができるんだよ」とダスカロスは応答した。

「もちろん、いろいろな可能性があります。現在のカルマの状態に基づいて、予言者が九〇パーセント起こる可能性がある出来事を予見したとします。その場合は、可能性がほんの数パーセントの場合とは大いに異なりますよね」

「うん、そうだ。分かるよ」とダスカロスは同意した。

「予言された出来事が起こるか起こらないか、その可能性の程度を決めているのは何ですか？」と私が質問した。

「その出来事に関連したエレメンタルの強度、エネルギー、そしてその勢いだ。エレメンタルのエネルギーが強いほど、その出来事が起こる可能性はより大きくなるんだよ。

私個人としては、おそらく起こるであろうと未来を予言することには、それが何であれ、反対だ。とくに恐ろしい出来事にはね」

「なぜですか？」と私は尋ねた。

「なぜなら、未来を予言することによってそのエレメンタルに人がエネルギーを注ぐようになり、その結果、この出来事が起こる確率をいっそう高めてしまうんだ。だから、もともとは偽りの予言であっても、新たなエレメンタルをつくり出し、誤って予言された事柄を大変な力とエネルギーで実際に生じさせる可能性があるんだ」

「つまり予言自体がそれを引き起こしてしまうんですね」

「その通り。これは、人びとがその予言を信じ、予言のエレメンタルを潜在意識下に植え付けはじめると起こるんだ」

そこで私は指摘した。

「この現象は社会学で認められています。学者はエレメンタルについては語りませんが、アメリカの社会学者であるW・I・トーマスは、現実についての誤った定義が、その通りの結果を招く、と指摘しています」

ダスカロスはうなずき、話しはじめた。

「その通り。人びとがいったん信じ込むと、パワーを与えられるのはエレメンタルなんだ。このようなエレメンタルにエネルギーが注ぎ込まれれば注ぎ込まれるほど、それが起こりやすい状態になるんだ。われわれは今、必然性じゃなくて可能性のことを話していること、そして個人であれ集団であれ、カルマはいかなる時にも変えられることをよく覚えておくように。ここに人間の自由の本質があるんだ」

それからダスカロスは、旧約聖書から一つの例を出した。ヨナが、ニネヴェはその住人が積み重ねた罪ゆえに神に滅ぼされるだろうと予言した話である。ニネヴェの人びとは悔い改め、その都市は大事に至らずにすんだのだ。最後の土壇場で人びとの意識が変わり、都市は破壊されなかった。ダスカロスは言った。

「心を変えたのは神ではないんだ。人びとが意識を変えることで、集団的にカルマを変えたのだよ。それゆえにニネヴェは破壊されなかったんだ」

「しかし、ヨナのヴィジョンは真実ですよね」と私はあえて言った。

「もちろん、そうだ」

「つまり、彼らの集団的な意識転換がなければ、ニネヴェは破壊されていただろうということですね」

「当然だ」と答えて、ダスカロスは続けた。

「しかし、彼らは意識を変える自由を持っており、そして彼らは見事に変えたんだ。新しい原因をつくり、新しい結果を得たわけだ」

「ではダスカレ(↓訳注2-1)、先ほどのあなたのヴィジョンについてですが、三十分ほど前にこれから起ころうとしていることを見通されましたね。あの土壇場の時点で少なくとも論理上はカルマを変えることができると結論できないのでしょうか?」と私はさらに尋ねた。

「私があのヴィジョンを見た時、最初の男はもうすでに手押し車を押しはじめており、もう一人の方は自転車に乗っていたんだ。カルマのパワーがこれほどまでに十分発達してしまっては、何をしてもそれを変えることはできないと私は思うんだが」とダスカロスは笑いながら答えた。

「あなたはなぜ、あのようなヴィジョンを見たのだと思われますか?」

「そんなこと言っても、君、一体誰がその理由を本当に分かると思うかね? この次元において少しあとでそれを経験することになっていたから、前もって見たのかもしれないね。あるいは、高次元からの力によって私に与えられたレッスンだったのかもしれない」

「体験されたのは、一種の体外離脱ですか?」

「いいや、私は体外離脱はしていなかった。私の意識はベッドのすぐ傍にあった。ソックスをはいて勤務に出かけようとしていた矢先だったんだ。どちらかというと、あれは一種の意識投影だよ。ヴィジョンの最中、私の意識はベッドと町の時計台の付近の両方にあったんだ。いったん透視能力を発達させると、こういった体験をするんだ」

ダスカロスは、数秒ほど話を中断した後、未来の出来事を予知した個人的な体験を再び語りはじめた。

「何年も前の話だが、第二次世界大戦の始まった頃のある日、叔父がヴェルディの『アイーダ』をラジオで聞きながら夕べを一緒に過ごそうと、私の家族全員を招いたことがあった。その時、叔父は私に〈スピロ、お前はこのプログラムに絶対興味を持つよ。だから必ず来るんだよ〉と特別なメッセージを送ってきた。私はその前に一度、ヴェルディの『アイーダ』を聞いたことがあったが、すっかり魅了されていたので、その日を楽しみにしていたんだ。

クリスマスの二日後で、雨が降っていたのを覚えている。叔父の家は、市の壁の外でベイラクタレスの近くにあった。椅子に座り、プログラムを聞こうと落ち着くと、私の心の中に声が聞こえた。〈さあ、立って、行くんだ！〉。〈でも、行くってどこへ？〉と私はその声に聞いた。〈行くんだ！〉とさらに強く聞こえ、私は立ち上がり、レインコートを着て帰る支度を始めた。〈この雨の中をどこへ行くんだい？〉と叔母が怪訝にそうに尋ねた。また声が聞こえた。〈行くんだ！〉。〈『アイーダ』を聞くんじゃないのかい？〉と叔父が部屋の反対側から尋ねた。〈叔父さん、何だか知らないけど、気分が悪いんだ〉と私は答えた。実際、気分があまりよくなかったんだ。それから雨の降りしきる中を歩いて家へ向かった。当時、われわれはパンテオン通りに住んでいた。ところが声は、一キロ半以上も遠回りの道へ行けと命令するんだ。それで私は堀へ続く階段を降り、それから階段を登って壁の反対側の旧市外に進んで行った。私が家へ帰ろうと辿った道は、よく考えてみると変だった。とくに雨だったし。〈キリエ・エレイソン、何だか訳が分からないなあ〉と私はつぶやいた。当時、私は若かったし、比較的経験も浅かったから、声の指示の意味はまったく理解できなかったが、とにかくその通りに従ったんだ」

と言って、ダスカロスは話の核心に入っていった。

「さらに歩いていると、市長のオフィスの近くに、酔っぱらった英国軍人が水たまりになったアスファルトの路上に横たわっているのが見えたんだ」。ダスカロスは、酔っぱらいの兵士の真似をした。

「〈歩道に彼を引っ張り上げなさい〉と声が命令するのを聞いた。私はかがんで、できるだけ彼を引っ張った。〈馬鹿者！〉と酔っぱらいは唸って、私をひっぱたこうとした。そして、足は濡れたアスファルトの道路にだらっと落としていた。彼を立たせるのは不可能だった。また、声が私をせかして、早く歩道に彼を引き寄せるように言っているのが聞こえた。一生懸命頑張って、やっと何とか彼を道路から歩道に引っ張り上げた。まだ雨は降っていて、英国軍人はびしょ濡れだった。私の体も雨がレインコートに染み込みはじめていた。彼を道から引っ張り込むとすぐ、軍のトラックが音を立ててわれわれの傍を飛ばして行った。そこで〈そういうことだったのか〉と私は独り言をつぶやいた。もし彼が道に横たわったままだったら、あのトラックは彼をぺしゃんこにしてひいていただろう。ちょうど急カーブだったし、十二月の暗い雨の夜に道路に横たわっている男を、運転手が見つけるのはまず不可能だったに違いない。

そのトラックの運転手はわれわれのところを通り過ぎる一瞬、二人を見ていたんだ。彼はトラックの向きを変えてこちらにやって来ると、われわれの隣りに車を停め、降りて近づいて来た。どうやら、運転手はその酔っぱらいを知っているらしく、叫びながら、空しくも立たせようとしていた。彼は私が誰で、何が起こったのかを聞いてきた。運転手はとても悲しそうだった。〈すみませんが、あなたの住所を教えて下さい〉と彼に英語で聞かれたので教えてあげた。同乗の二人もトラックから降りて、その酔っぱらいを乗せるのを手伝っていた。〈ああ、哀れな奴だ、可哀そうに〉と私は思った。彼が軍の裁判にかけられることは間違いなかった」

ダスカロスはさらに話を続けた。

「四日後の夜、ドアをノックする音が聞こえ、ドアを開けると、例の運転手と私が道から引っ張った男が立っていた。私が助けた奴は大変やつれた様子で頭を垂れていたが、元気がなく悲しそうだった。運転手が私に言った。〈彼の命を助けて頂いたことへの感謝を申し上げに来ました。実は、こいつは僕の友達なんですよ。ロンドンが爆撃され、彼の両親と妻が殺されてしまったんです。あの晩は、その挙げ句の状態だったんですよ。彼の子供はその時、彼の姉妹と一緒に別の町にいて助かりました〉

もし私が内なる声に耳を傾けずに、ヴェルディの『アイーダ』を聞いていたら、あの英国人は友達の車に押し潰されて殺されていたことだろう。神の摂理は不思議な形で働くもんだね」

ダスカロスは少しのあいだ沈黙してからつぶやくように言った。

「私の人生には、こういう経験がたくさんあるんだ。私が奉仕できるように声があるところへと導くんだよ」

「一体誰が、このような指示を与えているのだと思われますか？」と私が尋ねた。

「私にもそれは分からないが、スピリットなる存在がいる。彼らは異次元から今にも起ころうとしている出来事を前もって見ているんだ。その時、もしカルマが許すのなら、このスピリットは自分と似た光を発し波動を持っている者を捜し出し、その人とコンタクトを取ってメッセージを与えるんだよ。いま君に説明したケースでは、このようなことが私に起こったに違いないんだ」


ダスカロスの家を去った後、私はベニス風の壁に囲まれた旧市街に向かって散歩することにした。

私は、ダスカロスと話し合った時間の観念、予言やカルマの本質について思い起こしていた。ダスカロスは自らの体験と調査に基づき、科学者が「予知」と呼んでいるものの本質について一つの説を出している。数人の霊能者が未来の出来事を実際に予言する能力を持っていることは、研究で実証されている。たとえば、物理学者ラッセル・タルグやハロルド・プットフは数人の霊能者を研究し、一人の実験者が目的なしに町をドライブして行き当たりばったりに場所を選び、その場所を霊能者が予知できたことを証明している。だが、これらの研究者を悩ませたのは自由意志の問題であった。もし未来が予知できるのなら、どうして人間は自己の選択に関して責任を負わねばならないのか。もし未来が前もって定められているのなら、なぜ人間の自由など語れるのか、と。

ダスカロスは、彼の世界観に基づいて彼自身の体験から論理的な答えを導き出した。つまり、未来というものは、カルマの機が熟し切った極めて短い期間においてのみ予言が可能で、長期間にわたっての予言は不可能だということである。人間は、遠い未来に予言された出来事を実際に起こらないように変えてしまうエレメンタルを創造することができる。つまり、人間は究極的には自由に自己の運命を決定できるということだ。「予知」に関するこれらの実験は、すべて数分か二、三時間以内の出来事についてのもので、数カ月とか数年にわたるものはまず一つもないし、当然、数世紀などというのは問題外である。

ヨハナン(↓用語)の予言の体系を知る上で最後まで謎だった部分の答えは、コスタスがリマソールで生徒や信奉者と会合を行っている時に明らかになった。私がダスカロスに会って一週間後の月曜の午後のことである。

その日は、深刻な精神的問題に悩む男性にコスタスはかかりっきりだった。この男性はエレヴナ(↓用語)の会員ではなかったが、つい最近あるグループに入り、コスタスによると、このグループで適切な指導もないまま極めて危険な瞑想の訓練を行ったという。その結果、自分で状況をコントロールする能力もない状態で太陽神経叢《そう》のチャクラ(↓用語)が開いてしまったのである。クンダリニー(↓用語)のエネルギーがコントロールできず、脊柱を上下しはじめたのだ。それ以前の彼はいわゆる平均的な人間で、政府機関に勤め仕事も普通にこなしていたが、幻覚症状が起こりはじめ物事に集中できず、失職の危機にあり、今にも精神病院へ入れられてしまいそうだということであった。

コスタスの説明では、太陽神経叢のチャクラが開くと低次元の悪魔的エレメンタルがそこを攻撃し、取り憑こうとするらしい。こういうことが起こるからこそ、コスタスは、弟子たちが霊能力を獲得するために彼らの潜在意識を試験的に試すなどということはしないように、常に繰り返し警告してきた。むしろコスタスは、否定的なエレメンタルを潜在意識から清め、霊的自覚の発達を促す方がどれだけ重要であるかを強調する。彼が繰り返し言っているのは、霊能力は霊的自覚と平行して成長していかねばならないということである。霊能力は、**真理**の**探究者**がそれを会得してヒーリング目的だけに使うようになった時点で開発されるべきものなのである。

コスタスのこの会合における講義の話題は、宇宙の記憶についてであった。コスタスは次のように話しはじめた――われわれが考え得ることや成し得ることは、何でもこの宇宙の記憶、すなわち宇宙の潜在意識の中に記録されている。われわれが潜在意識と考えているものは、実はこの宇宙の記憶の集合体の一部なのである。したがって、いかなる発見も実際は永遠の中ですでに発見されていて、その知識を引き出しているに過ぎないのである――。

二十分ほどの定例の講義を終え、精神集中のための瞑想をいくつか行った後、コスタスは参加者全員が議論できる場をつくった。

コスタスはある質問に答えて、次のように言った。

「どんな想念であれ、想念として人の潜在意識から出てくるものをその人の自己意識が邪魔をして損わない場合は、この想念と思われているものは、その一部始終がすべてある現実をあらわしているということになります。われわれは深遠な難しい問題に入っています」

参加していた五十人ほどの弟子たちが好奇心に満ちた面持ちで聞いているのに気づいて、コスタスは微笑んだ。

「いいですか、もし個人のいま現在の自己意識が空想とか想念として潜在意識から出てくるものを損わないような時、つまりその想念を歪曲しない場合には、その時その人が表現している事柄は真の現実そのものであるということです。そして私が〈現実〉という時は、仔細な細かい表現まですべて含めて言っているのです」

「どのようなことをおっしゃっているのか、具体的な例を出して頂けますか?」と三十代の女性が尋ねた。

「SF小説を書いている作家の仕事を例に取りましょう。概して空想として彼らが書いているものは、隠されている現実から生まれてきたものです。それは創作した人の潜在意識から来ていて、その人の意識と気づきの状態を通して生まれてきます」

私が進んで意見を述べた。

「その作家の意識の状態は、本物の現実としての現実がその人の潜在意識からわき上がってくる時、それを歪曲し歪めて映す鏡みたいなものですね」

「まったくその通り」と応答してコスタスは続けた。「そして、まさにそこなんですよ、覚者がこのように歪曲しているものを見抜くことができるのは。歪曲をするものの背後に、真の現実に根差した原因というものがあることを忘れないように。真に無から創造されるものなんて、何一つないのです」

コスタスは、自己の潜在意識の中に入り込んで行ける能力を土台にして、われわれは現実にずっと近づけるのだ、と主張した。潜在意識はそれ自体、宇宙の潜在意識の内にすっぽりとはまり込んでいるのである。

「事実、〈私の潜在意識〉とか〈あなたの潜在意識〉というものは、一切ないのです」と言って、コスタスは続けた。「なぜかと言いますと、天地創造の中にあるあらゆる宇宙、あらゆる世界、そしてあらゆる次元の物体のすべての粒子、細胞、そして原子の中に、宇宙の潜在意識が宿っているからです。したがって、時空内でのある動きや行動に対してある惑星に住んでいる人が影響を受けて、その人の潜在意識がその影響された結果をあらわしたとします。その時、その動きや行動は必ずしもその人のいる惑星で起こっているとは限らないのです」

「もっと具体的に話してみましょう」と、コスタスは数人の参加者が彼の抽象的な説明について行けないのに気づきながらも話を続けた。

「前世紀に、SF作家のジュール・ヴェルヌは、人間が月に着陸したり海底を潜水艦で旅をする小説を書きました。当時、人びとはこれはすべて空想小説でありつくり話として読みました。しかし実際は、ジュール・ヴェルヌは宇宙の記憶の中から一つの現実を表面に浮上させたわけです」

「しかし、ジュール・ヴェルヌはちゃんと机に向かってその小説を書きましたよね。つまり、彼の作品がひとりでにできたのではなく、その物語を書く前にいろいろと構想を練ったということです」とある者が指摘した。

「当然、彼の潜在意識の中から出て来たものを、彼の意識を通して形にしたのです。子供も含め、すべての人が空想とか想念として表現したものは、それが何であれ、その背後には何らかの現実があるのです。さて、すべてのことが記録されている宇宙の記憶の中に人が入り込み、そこから情報を引き出し現実として表現する時、その表現の歪み具合はその人の意識と気づきのレベルによって異なります」

「コスタ、宇宙の記憶とは実際にどういうことなのか定義して頂けますか?」と年輩の女性が尋ねた。

「宇宙の記憶は、そこにすべてのことが記録されているところです。それは、あらゆる宇宙でのすべての動きの一つひとつがその中に刻印銘記されている記憶の倉庫なのです」

「ジュール・ヴェルヌは、どの宇宙の記憶からSFを持ち出して来たのですか?」と彼女が再び質問した。

「どちらのというものではありませんよ」と、コスタスは彼女の質問を正した。

「宇宙の記憶はただ一つあるのみです」と、コスタスははっきりと言い切った。

「彼は、自らの前世からその知識を持ち込んだのですか?」と彼女が尋ねた。

「いいえ。その必要はないのです。これまで繰り返し言ってきていることですが、ある一定の動きが時空内で発生するや否や、それは**全創造界**における**マインド**(↓用語)のすべての粒子や細胞、そして原子の上に記録されるのです。これが宇宙の記憶なのです。〈すべての宇宙〉の中で、百万回、十億回、あるいは無限に繰り返され起こっていることであっても、すべて宇宙の記憶の中に記録され、常にそこにあるのです」とコスタスは答えた。

「**永遠の今**という概念が意味を持つのもこのことからなんですね」と私が一言述べた。

ここで、誰かがそれに付け加えた。

「コスタ、言い換えれば、すべての発明——たとえばレーザーといったようなものは常に存在しており、宇宙の記憶そのものの中ではすでに発見されているということですね。したがって、ある特定の発見とか発明がなされる時、何が起こっているのかというと、誰かが宇宙の記憶に繋がり、そして永遠の中にすでに現存しているものを発見するのですね」

「その通り！　すべての宇宙において、いまだ発見されていないものなど、まったくないのです。永遠に静止した状態の中で、いつも完璧であるのです。つまり、不完全な始まりなどというものは決してないのです。なぜなら、**絶対**(↓用語)つまり神がご自身の中で瞑想されていない時など、一切ないからです」と説明し、コスタスはさらに続けた。

「このような中で**キリスト・ロゴス**(↓用語)のわれわれの惑星への到来というものを理解しなければなりません」

そしてコスタスは「キリストはいつこの惑星にご自身をあらわされたのでしょう？」とわれわれに問いかけてから彼自ら答えた。

「宇宙世界の中にキリストが現われて来るということは、**絶対**の静止状態の内にすでにあるのです。キリストは、人間の意識がキリストの出現を可能にし、その出現を意味あるものと解釈できるレベルに到達した時点で、惑星の文明の中にご自身をあらわされたのです」

コスタスはさらに続けて、イエス・キリストは、それまでの過去の獣的無意識と**神との一体化**(↓用語)の超意識との間の狭間に当たる時点で、われわれの惑星に現われたのだ、と言った。

「この神との一体化は、すべての**スピリット・エゴ**(↓用語)である**プニューマ**(↓用語)が**人間**の**イデア**(↓用語)を通過し周期的に螺旋を描いて輪廻転生へと旅立ち、必ずやって来る最終段階であり、宿命なのです」

コスタスはさらに補足した。

「イエス誕生の数世紀前に、誰かが宇宙の記憶のこの無動静止状態の中を洞察したとすると、歴史的に重大な局面である、この惑星へのキリストの出現をその人は予知することができた、ということです」

「一体、そんな人がいたのかなあ？」と私が大きな声で言った。

「もちろん」とコスタスは答え、話しはじめた。

「ブッダは、神との一体化という最高位の状態に至って最大限にこの現実を表現できるというところまでは到達してはいなかったが、崇高なレベルに到達されていたので、この真実を述べることができたのです」

私は、ブッダが実際にこのような予言をしたということをどのように彼が知ったのか、コスタスに尋ねた。私は仏教に関しての専門家ではなかったが、これまでこんな主張は聞いたことがなかった。コスタスは、この情報源はいかなるものにも書かれてはいないが、高次元の師がこの知識をダスカロスと彼に与えた、と言っている。

コスタスは威信に満ちた表情で言う。

「ブッダは、およそ五百年以内に**ロゴス**が降りて来て、人間の肉体を持って、その姿をこの世にあらわすだろう、と予言しました。つまり、われわれの惑星の平均的な意識状態はある一定レベルに到達し、その時点で神の理性のあらわれである**ロゴス**のこの世への出現が可能な状態となり、その結果、**ロゴス**が出現するということがブッダは分かっていたのです。ブッダは**〈第三天国〉**に到達していました。そこで、彼は人間の姿を超越したのです。ブッダがこの自己意識に到達したことは決して偶然ではありません。その状態に入ってから、ブッダはこれから起ころうとすることを予知し、それに関して弟子に指示を与えたのでした。新生の**神人**に敬意を払うため、ベツレヘムへ旅をするように、東方の**三博士**を促したのもこの予言なのです」

コスタスはさらに続けた。

「**絶対**の無動静止状態の中には**キリスト・ロゴス**が生まれ、十字架にかけられることが永遠に存在しているのです。さて、この無動状態からその姿を時空内にどのようにあらわしてくるのか、というと、人それぞれの意識のレベルによって異なってきます。それぞれ独立した存在の人間は、人間のイデアを通過した後、様々に異なる意識レベルに到達するのです。どういう風になっているのか分かりますか？」と、コスタスは熱心な弟子たちを鋭い目つきでちらっと見回しながらも、笑みを浮かべながら尋ねた。それから手を伸ばし、部屋の中をぐるりと指差しながら言った。

「こういった現実すべてが宇宙の潜在意識の中に記録されているのですよ。これがみんな無動静止状態の中にあるのです。そして、その惑星の一定の人間の集団意識があるレベルに到達した時、そこに記録されている現実が現象となって表面に現われてくるのです。集団意識が、ある特定レベルに到達すると、その無動状態の中に在る特定の現われるべきものとしてピックアップされたものが始動し、表面化する。望むなら再度と言ってもいいのですが、それが許されるわけです。

今、まさにこの瞬間、われわれがすることが何でも、たとえばこんな動き……」と言って、コスタスは目の前のテーブルの一方の角からもう一方の角へと鉛筆を動かした。

「これも宇宙の記憶の無動静止状態の中に刻印されているのです」

「コスタ、そういうことであれば、たいていの人がこんな疑問を持つのではないでしょうか。つまり、何もかも前もって計画されるということが可能なのではないか、ということです。いったんその無動静止状態に入ると、たとえばブッダのように、数世紀先に何が起こるかを見越すことができるでしょう。これは一種の予言ではないですか？　そうであれば、他の予言、つまり起こるかもしれないし起こらないかもしれない単なる可能性として私たちが聞いている予言というものと、ブッダのそれとはどのように異なるのでしょうか？」と私は指摘した。

「ブッダの言ったことは、時空内での出来事をただ予知するという意味の予言ではありませんでした。彼は人類の進化の構造的転換期を予知したのです。高い境地に達した師は、数学的正確さで、人類の進化が完成に向かってどのような段階を追って行かねばならないのかということを断言できます。それはすでに定められている段階であり、この大枠としての青写真の中で、時空内の事象は展開していくのです」

「それは他の惑星にも通用することですか？」と、部屋の後ろにいた人が質問した。

「もちろんです。しかし惑星にもいろいろあり、ある惑星ではこの地球でわれわれが場所を移動するような移動の仕方はしていないのです。たとえば、ロバに乗って旅をしているのです。彼らのテクノロジーはいまだ原始的で、集団意識はわれわれのようには発達しておらず、もしかするとこれから車輪を発見しなければならないでしょう。進化の道では、われわれよりずっと先にいる惑星もあります。テクノロジーに関しては、未来を明かすことはあまり賢明でない場合もあります。たとえば、われわれ人類は、意識は今の段階であっても、時期尚早に進んだ知識を使って自らを自滅に追い込むようなこともあり得るからです。もちろん、**神の慈悲**のあらわれとして神のご加護があるということも忘れないように」

「人間意識の成長の段階は、進化の原型的骨組みですね。そして、この骨組みはあの無動静止状態の中にあり、そしてどこであってもこの段階は同じなんですね」と誰かが質問した。

「まったくその通り。これが**神の計画**です」というコスタスの答えに続いて、それをより明確にするため、確認するように私が述べた。

「高い境地に達した師は、神との一体化に至る人間の進化の段階を数学的正確さで予言できるが、一つの段階から次の段階へと歴史が展開する時、その詳細については予言することはできない。ここに、人間が自らの自由意志を展開していく場があるということですね」

「その通りです」とコスタスは答え、私はさらに続けた。

「ナザレのイエスの身体の中に、**キリスト・ロゴス**が肉体を持って現われて来たことは、時間と空間という枠内に閉じ込められたこの惑星の中での歴史的な出来事であったばかりでなく、この地上での人間意識の進化における構造上の転換期でもあったということで、キリストは、人類がこの惑星で集団として成長を遂げた場合に必然的に人間の姿を持って生まれて来た、とおっしゃってるんですね」

「キリストが人間としてこの世に降りて来た事実は、歴史的事象の展開の中で詳細に記述される一つの歴史的な出来事だけではなかったのです。それは、どの惑星であれ、人類の進化が展開して行く時に必然的に到達する一段階なのです。前にも言ったように、それは永遠に在り、**絶対**の中での無動静止状態の一部なのです。人類の集団意識があの当時の霊的発達レベルに到達した時、神（**ロゴス**）の降臨が人類に贈り物として与えられ、その結果、人類が自からの到達するところは自分自身が神（gods）となる、ということを悟るようにしたわけです」

他にもこの話題では質問が挙がった。活気に満ちた会合は夜中の十一時まで続いていた。

コスタスはキリストが肉体を持って現われたことの重要さを主張した。これを聞いて私が思い出したのは、ドイツの科学者で透視能力者でもあるルドルフ・シュタイナー（→用語）の著書『Christianity as a Mystical Fact』（神秘な事実としてのキリスト教）の中に書かれていることであった。私はあるいは懐疑的な人間かもしれないが、コスタスやダスカロスがシュタイナーを知っているとは思えなかったし、ましてや、彼の著作を読んでいるとは考えられなかった。それゆえ、人間意識の進化のためにキリストがその時期に重要な役割を果たしたという彼らの主張は、その本からの知識によるものではないことは明確だった。最も重要なことは、この二人の師によって示されているヨハナンの全般的な宇宙の仕組みについての教えに、この主張が論理的に符号するということである。とくに彼らのこの主張は、私が明らかに矛盾しているのではないかと思っていた点、つまり一方では未来は可能性以外の何物でもないということと、バプテスマのヨハネ同様にブッダも正確に**ロゴス**の到来を予言したというこの矛盾を明確に説明してくれたのである。

　このパラドックスの解決は、二つの異なった予言の違いをはっきり見分けることにある。一つは、これから起こるかもしれないし、起こらないかもしれない可能性としての予言であり、もう一つは、師が宇宙の記憶の無動静止状態の中に入ることによって受け取った予言だということである。その無動静止状態の中で、師は進化の過程でこれから先に起こる原型的段階を完全に知るのである。**キリスト・ロゴス**が人間の姿を持ってこの世に降臨したのは、このような段階の一つなのである。

第7章　ある師の覚醒

私は一九八七年の八月の終わりにメインに戻り、教壇生活を再開した。そして、夏の間に収集した研究資料に取り組みはじめた。その後、長期滞在を予定し、クリスマスの時期に再びキプロスに戻った。私は大学から一九八八年の春の学期の休暇許可をもらった。その結果、エミリーや子供たちと八カ月間、島に滞在できる得難い楽しみが与えられたのだ。ダスカロスとコスタスの世界をさらに深く探るには、またとない機会であった。

われわれは大統領選挙をほんの数週間後に控えた時期にキプロスに戻った。一九八八年の一月には政治熱はピークに達し、クリスマスの飾りに取って代わって、候補者を宣伝する旗やポスターが町中を彩っていた。キプロスに生まれ育った師たちも、周囲の政治に関わる興奮に無縁ではなかった。その時期の人びととの会話といったら**絶対**(↓用語)の属性についてなどとは縁遠く、ほとんどが候補者の特質や、辛辣な言葉にあふれた激しい選挙選に関するものばかりである。

神秘家やオカルト、その他どんな集まりでも、会話の中心は政治であった。トルコ人は自分たちの強大さを触れ回り、機を逃さずギリシャ人の不安を一層かき立てているのであった。ギリシャ側に面するペンダダクティロス山脈の斜面に、トルコ系キプロス人は彼らが一方的に宣言した国家（ギリシャ人によれば擬似国家）の巨大な国旗を掲げている。しかもその斜面には、一〇マイル離れていても確認できるとてつもなく大きな文字で、「トルコ人であることはすばらしいことだ」と、大胆不敵で挑発的な文言が書かれている。

ダスカロス(↓訳注1-1)はトルコ系キプロス人を愛し、機会があればいつでも彼らに愛を示していた。彼は、トルコの侵入は偶然ではなく、国家のカルマ(↓用語)の清算である、と主張していた。彼は、「実際、敵はトルコでもトルコ系キプロス人でもなく、われわれなんだ。取り組まなくてはならないのは自分自身なんだよ」と繰り返し言っていた。

トルコ系キプロス人は、ダスカロスが自分たちに愛情を向けてくれていることに対して愛をもって報いた。実際、このことを証明する機会に私自身も何度か遭遇している。私の友人で、キプロスの国連外交官を数年務めた人物の話である。トルコ側で持たれたパーティーで彼は、あるトルコ人政治家に、ダスカロスについて聞いたことがあるかどうかを尋ねたという。その時のことを彼は、次のように私に語ってくれた。

「この政治家は沈黙したままだった。それで〈この男がしていることにおそらくあなたは反対なんですね？〉と、外交官に尋ねたんだ。すると、〈いや、とんでもない〉と答えてから、〈その反対ですよ。あの人は私の親戚の命を救ってくれたんです。三十年ほど前のことです。私のいとこはあと二、三週間の命だと宣告されました。ところが、ダスカロスは彼を治したんです。彼は今も生きていますよ。本当に稀有な方です〉と話してくれた」

それにもかかわらず、ダスカロスはギリシャ人の敵の一人と見なされているのである。しかし、この政治家は、その会話の終わりにこう言ったという。「この島には真に思いやりある人はあまりいませんが、ダスカロスはそのうちの一人ですよ」

ダスカロスはなぜ、トルコ人に愛されているのだろうか。それに対するダスカロスの答えは実に単純明快である。「君が人を心から愛していれば、その人が君を愛するのはとても自然なことだよ」。ギリシャ系キプロス人はトルコ人同胞を心から愛せるようになったとき初めて、自分の問題を解決することができるんだ、とダスカロスはしばしば言っていた。それはまた、トルコ人にも当てはまることだ、と彼は言うであろう。これができない場合、カルマが何度でも自分たちを同じ状況に置くことになる。なぜなら、それによって人は学び、今は無知ゆえに許せない敵と見なしている相手を愛するのである。カルマというものはそのように働いているのだ。激しい憎悪を生み出している人たちを似たような歴史的状況の中に繰り返し集め、この心理的な変容が人間の意識の中で起こった時、憎しみの歴史的状況を超越できるのである。したがって、もしダスカロスがトルコ系とギリシャ系のキプロス人に教えを伝える機会があるとすればおそらく、このような境遇でこの世に現われて来た人たちにとって、トルコ侵略によってもたらされた悲劇と苦難が変容と霊的成長のためのすばらしい機会となっている、と言うであろう。

私はコスタスに会うため、その朝六時にはリマソールに向かっていた。コッキノホリア地域への小旅行に、彼と一緒に行くことにしたのである。そこは島のジャガイモの生産地で、コスタスはいつものように商売の集金のためにいくつかの村を訪れることになっていた。私は、これは彼と一日ともにでき、エレヴナ(↓用語)に関する問題について話し合えるまたとない機会だと思った。この小旅行には、コスタスのリマソールのグループに最近入会したばかりの友人のアントニスも加わった。アントニスは、四十五歳で建築家として成功をおさめ、現実的で頭の鋭い人であった。また、哲学書や科学書を貪るように読んでいた。コスタス同様、ファマグスタからの難民でもあり、英国で教育を受けていた。彼は、姉妹がコスタスの古くからの門下生であったことから、姉妹を通してエレヴナの哲学に触れ、コスタスとダスカロスの教えに興味を持つようになったのであった。

アントニスは、コスタスと長く会話ができることを楽しみに、多忙なスケジュールを割いてわれわれに同行するため一日休みを取ったのだ。われわれは朝七時半頃にリマソールを出た。アントニスが進んで運転を引き受け、コスタスは助手席に座った。私は後ろに座って、朝日の輝きと紺碧の地中海を楽しんだ。前日の雨で大地はこの上ない爽やかさにあふれていた。

われわれはしばらく、今度の選挙の行方など、この地域の政治情勢についての会話を楽しんでいた。その後、難しい問題に入るには、リラックスした雰囲気で始めるのがよかろうと、私はコスタスにいくつか個人的な質問を向けてみた。

「コスタ、ダスカロスのグループのメンバーにはどのようにしてなったのですか？　また、ヒーリングやサイコノエティックの能力はどのように発達させたのですか？」

車はリマソールの郊外に出て、他の都市とを結ぶ新高速道路を走っていた。コスタスはまるで質問を予期していたかのように話しはじめた。私はコスタスと知り合って十年ほどになるが、彼が自分自身についてこんなに語ったのは初めてである。

「キリアコ、僕は子供の頃からこのような事柄に興味があったんだよ。まだ小学生の頃、催眠術についての本を手に入れ、内容はほとんど理解できなかったが、心ひかれるものがあった。そこに書かれているエクササイズや瞑想訓練を一生懸命にやったんだ。たとえば、ある一定の物体に心を集中する訓練を定期的に何時間も続けてやったんだよ」

「子供の頃から、そんな訓練を習慣にしていたのですね」とアントニスは驚いて尋ねた。

「そうだよ、アントニ。小学生だった。実際、ある日、母が部屋に入って来て、僕がベッドに座って壁の角に向かっているのを見つけ、僕をまじまじと見つめた後、僕に近づいて来たんだ。そして、こういった類いの本が僕の目の前にあるのを見つけると、僕の背中を数回叩いて、こんな本に二度と触れるんじゃない、と警告したんだ」と言ってコスタスは、くすっと笑った。

ダスカロスから聞いたことには、コスタスの両親はダスカロスのファマグスタグループのメンバーで、ダスカロスはよく子供のコスタスを膝に乗せて抱いていた。ある日、コスタスに気をもんだ母親が彼を叩いていると聞き、ダスカロスは眉を吊り上げて、「君は師を叩いているのが分からないのかい?」と母親に言ったという。

アントニスと私が大変興味を示していたので、コスタスはさらに話を続けた。

「さて、僕にとっては夢が第二の人生のようなものだった。実際に自分に何が起こっているのか、分かっていなかったんだ。皆も僕と同じような体験をしているものだと思っていたんだよ。

小学生の頃から自分がただ思うだけで、物を動かせることが分かった。糸で物を吊るし〈振り子のように左右に動く〉と心で念じるだけでよかったんだ。こういうことは、ごく当たり前だと思っていた。心を集中し、指先に載っている空のマッチ箱を動かしたりもした。僕の手はまるで、マッチ箱を引っ張る磁石のようだった。もちろん今は、こんなことをするのは許されていないけどね」

「どうして許されてないのですか?」とアントニスが尋ねた。

「人びとの反感を買うからね」

「プライベートにならどうですか?」とアントニスがさらに尋ねた。

「しかし、何でわざわざそんなことをするのかな？　もうそれが可能なことだと僕には分かっているんだよ。ヒーリングのために使わなくてはならない貴重なエネルギーを無駄使いするわけにはいかないし、糸からぶら下がっている物を動かすよりも、ヒーリングの方がずっと高い能力が必要だ。このようなことは、若気の至りでさほど自覚のないままにやってしまっていた、ということだよ」

さらに、コスタスは彼の人生について簡単に話してくれた。

「僕の両親がダスカロスと大変親密で、**真理の探究者**のグループに属していた関係で、ダスカロスのことは小さな頃から知っていたんだ。僕の家族は何か問題があると――問題といっても病気とかのことだが――とにかく、まずダスカロスに相談した。しかし僕は高卒後、イギリスの大学に入った頃には、もうこのようなことには興味をなくしていたんだ。イギリスから帰国して数年たった一九七二年になって、このような霊的な事柄に再び興味がわき、ダスカロスの集会に出席したんだ。ダスカロスは七年間活動を休止していて、ちょどその年にグループの活動を再開したばかりだったんだよ。何か問題があって、ヨハナン（↓用語）からダスカロスに指示が出ていたらしい。

初めてダスカロスの集会に出席した日、帰宅後、僕は居間の肘掛け椅子に座った。妻と息子はすでに眠っていたので、テレビをつけたが、興味をひく番組もなかったのでスイッチを切り、しばらくそこに座ったまま、今日のダスカロスの講義をあれこれ思い出していたんだ。すると突然、意識は完全に目覚めたままで、異次元に移行した。目の前のテレビや壁も消え、僕は燦然と星のようにきらきら輝く光の中に入って行った。なんという光だろう！　それはとてもこの世のものとは思えなかった。三次元では、人はこのような光を決して経験できないんだ。僕の感じた歓喜は想像を絶するもので、言葉ではとても言いあらわすことができないよ」

「その状態は、どのくらい続いたのですか？」と私は尋ねた。

「正確には思い出せないが、かなり長い間、そこにいたに違いない。それからゆっくりと徐々にこの次元に降りて来た。その時、僕は、三次元の波動の中でゆっくり固体化していく物体の様子を見た。壁が具体的な形を取っていく様が見えはじめ、家具やテレビやその部屋にあったものすべてに同じことが起こっていた。そして僕は、ゆっくり降りて来て、自分の身体に到着した。しかしここで重要なのは、自己意識としての僕がどこか他の場所に移ったのではなく、すべてが同じ場所で起こったということなんだ。僕がその日受けたばかりのダスカロスの講義を熟考し瞑想しはじめたら、この体験が起こったんだよ」

「いつでも自在にこういう状態に入れるというようになったのは、いつからですか?」と私は尋ねた。

「そういった能力は、ゆっくりと二、三カ月かけてマスターし、それからは望む時はいつでもその波動に入ることができるようになった。実は、初めて経験した次の日からすぐに試してみたんだよ。家族が眠るのを待って居間に行き、同じ肘掛け椅子に座り、あの状態に入ろうと努めたら、なんと驚いたことにそれができたんだ!」とコスタスは意気揚々と私たちに語ってくれた。

「どのようにしたんですか?」と私が尋ねた。

「実際、それについては説明のしようがないんだよ」とコスタスは微笑んだ。

「たぶん、ダスカロスに秘密の瞑想訓練を伝授されたのでしょうね?」

「いや、あの初期の段階では、そういうものはいっさい教えてもらわなかった。そうだねえ、たぶんあの体験は、自然に起こった、と言えるだろうね」

「この段階では、他にどういうことがあなたには起こっていましたか?」とアントニスは、もうすっかり興味をそそられたかのように質問した。

「僕にとっては夢の生活が大変重要になってきて、それがより実体を持った現実となってきたんだ。もちろん、すでに話したように、いつも鮮明な夢の体験をしていたし、他にも奇妙なただならぬ出来事を体験していたよ。でも、こういうことが何なのか、昔はそれがまったく説明できなかったんだ。僕にとってはそれは日常茶飯事だったので、とくに注意を払わなかったんだ。たとえば、僕の夢はあまりにも鮮明で、まるでもう一つ平行して人生が展開しているという感じだったんだ。しばしば、夢の中の出来事と、日常の出来事との区別ができなかった。だから、他の人もみんなこういう体験をしているものと、かつては思っていたんだ。後になってエレヴナと関わりはじめてから、夢を見ている間に体験していることの意味が分かるようになった、というわけだ」

「あなたは夢の中で生活していたとおっしゃいましたが、実際にその時はどういうことをなさったんですか？」と私は尋ねた。

「夢の中でも完全に意識があって、僕が願うことが何でもできるんだ。言い換えれば、夢の中で完全に理性を持った存在だということだ。どこかへ行こうと願うと、行けるし、夢には繋がりがあり首尾一貫している。人間の本質などを研究しているうちに、多くの人の場合、夢の中の人生ではエピソードから他のエピソードへと飛び回っているということが分かってきた。これは夢の中でサイコノエティックの風に吹き飛ばされているんだ」

「どうしてそうなるのでしょう？」とアントニスは車を停めて、羊の一群を見送りながら尋ねた。

「これらの波動の中での物の動き（事象）は想念によって起こるんだ。想念を思い通りにコントロールできない場合、それは文字通り想念のなすがままということなんだよ」

「ダスカロスから伝授された瞑想を実践した結果、夢の中の人生を発達させ、その中で意識を持っていられるようになったのですか？」

「いいや」とはっきりと答えて、コスタスは続けた。

「これは今までにも経験していたことなんだ」

「ではこういう能力は、前世から受け継いできたものなんですね」とアントニスが述べた。

「もちろん。こういう体験は、僕の内にあったものがただ出て来ただけだよ。これは今生において与えられた訓練の結果ではないんだ。事実、僕の内から知識がほとばしり出るので、ダスカロスはそれを抑えようと努めていたんだ。その話はダスカロスに聞いてみるといいよ」とコスタスは言って、笑いながら私の方を見た。

「どうして彼は抑えたのですか?」と、私は少々不思議に思って質問した。

「なぜなら、ほとばしり出る知識や記憶を僕が処理しきれないのではないかと彼は心配したんだ。たとえば、僕が〈誰々さんに会いました〉——この次元には住んでいない人のことなんだが——と彼に言うと、彼は驚いて、〈どこで彼に会ったんだ?〉と僕に聞いたんだ」

「どうしてダスカロスはその人を知っているんですか?」と私は尋ねた。

「うん、彼もたまたまその人を知っていたのさ」とコスタスは答えて、くすっと笑った。

「ある日、〈これこれしかじかという人の人生を始めています〉と彼に言ったら、〈へえ!〉と彼は言ったよ。これに関しては、ダスカロスはいっさい僕に手を貸したりしなかった。しかし、ひとりでに起こりはじめた」

「ダスカロスはあなたの成長の手助けをしなかった、と言っているのですか?」と私は尋ねた。

「いいや、彼は手伝ってくれたよ。彼が当時、僕に教えてくれたことによって、僕に内在していた知識を喚び起こしてくれたのさ」とコスタスは説明した。

「では、ダスカロスの教えはあなたにとって触媒の役目を果たしたということですね」と、思いきって自分の意見を言ってみた。

「その通り。知識が楽に出てくるようになったんだ。しかし、その知識はすでに僕の潜在意識に内在していたんだ。今の段階では、スイッチを入れさえすれば知識がどっと出てくるんだ」

「それは、どうしてなんですか？」と私は尋ねた。

「なぜかというと、キリアコ……」と、コスタスは再び私の方へ向いて話を続けた。

「僕が様々な前世で自分のものにしてきた知識は、今生でもあらわすことになっているんだよ。しかし、それは僕の潜在意識の中にあるんだ」とコスタスは、胸を指差しながら言った。

「じゃあ、どうしてそのスイッチを入れないんですか？」

「スイッチを入れたくないからさ」とコスタスは微笑みながら答えた。

「それは、どうして？」と、私は執拗に迫った。

「それは、今生での僕の社会的責任、妻や子供や家族に対する責任を果たすのを邪魔するからだ。彼らのことを考えなくてはならないだろう。分かるかい？」

《コスタスが過去生を呼び起こさない理由について、ダスカロスは別の見方をしている。コスタスがしばしば彼、自、身、の力を押さえているのは、彼にこの世界から去って欲しくないからだと、ダスカロスは言ったことがある。〈彼なんだよ、私をこんな袋の中の囚人にして閉じ込めているのは〉と老いた身体を指差しながら言っていた。〈あれは、ただ、私にここにいて欲しいと思ってるんだよ〉》

コスタスは話を続けた。

「たとえば、われわれはペルーで送った数々の前世で大変な能力をあらわしていた。本当に、あの山脈（アンデス）の中には、数々のピラミッドも含めて巨大な未発見の遺跡がいくつもあるんだよ」と、コスタスは確信を持って語った。
「それはすべて、近代の高度な技術をもってしても、複製不可能な方法で花崗岩に刻み込まれているんだ。それも、物質でできた道具とか技術を使って彫り込まれたんじゃないんだ、本当だよ」と、コスタスは皮肉を込めた調子で言った。

それから、今日のペルーのことやその文化について語った。この惑星のどこよりも、ペルーはとくに彼が多くの前世を体験したところでもあると言った。

「ペルーの知識は今、キプロスにあるのさ」とコスタスは半ば冗談まじりに、笑いながら言った。

「このペルーの数々の前世と今日の人生とで、一つ違うところは、今日ではわれわれはキリスト教というレンズを通して知識をあらわしているということだよ。これが今日の僕の人生に付け加えられたわけさ。しかし幅広い知識とか能力ということになると、当時の方がすぐれていてつまり、正確に言えば、今よりも当時の方がもっと知識や能力を外に表現していたんだ」

「それであなたの今生での使命は、この知識をキリスト教にもたらすということですね」とアントニスが述べた。

「まったくその通り。ダスカロスもすでに行っていて、これが僕の責任でもあるんだ」

私はさらに言った。

「コスタ、たぶんダスカロスにしてもあなたにしても、ペルーでの前世の時よりも、今日の方がずっとすぐれた叡知をあらわしているのでしょうね」

「まったくその通り」と、私の方を振り向いてコスタスは答えた。

「当時、われわれはマインド(↓用語)の技術的な面での知識をあらわし、現在はそれは示していないかもしれない。でも、より高い自己意識と霊性の段階でわれわれは活動しているんだよ。生まれ変わるごとに、人はどの前世よりも、よりすぐれた状態に進歩するんだよ。そして現在、僕たちはどんな知識をあらわすにも、キリスト教のレンズとフィルターを通してるんだよ。この点が大いに違っているんだ」

「私が思うところによると、おそらくこのフィルターは能力は奉仕とヒーリングにのみ使用されねばならない、と規定しているのでしょうね」と私は言った。

「まさにそうなんだ。ここが大きく違うところなんだよ」

彼が教えている知識は今生で学んだことではないと、繰り返しコスタスは述べている。むしろそれは知識の源から自ずと出るもので、彼とダスカロスは完全に波動が合っていて、一方が教え、そして知っていることは、すでに他方も知っている、と彼は言う。

「コスタ、講義をしている時、その内容については完全に認識しながら話をしているのでしょうか。それとも、認識をしていないことでも内にある知識が言葉となって出てくるのですか?」とアントニスが尋ねた。

「これはしょっちゅう起こることだが、今生で僕の口から出てくる事柄で、初めて聞いたことや知ったことは山ほどあるんだよ。だいたいは、自分が注意を向けていなかった問題を誰かが質問した時に起こるんだ。答えがひとりでに出て来るんだ」

われわれは、目の前を過ぎて行くオリーブの木におおわれた丘を眺めた。しばしの沈黙のあとで私が尋ねた。

「現在の意識状態に到達するまでに、どんな段階を通って来ましたか?」

「意のままに自分の身体を離れられること」とコスタスは答えた。

「何か特別な体験がありましたか？　たとえば、あなたを覚醒させたような体験とか」と再び私が尋ねた。

「初期の体験の一つで、時間というものの中に入り、火のように燃えていたわれわれの惑星を体験したことだ」

「それを体験している時、意識は完全に目覚めていたのですか？」とアントニスが尋ねた。

「あの状態を説明できる言葉はないね。完全に意識があったか、という問題だけではなく、遙か上のレベルでの出来事なんだよ。僕は超意識の状態にあったんだ」

「実際にその時代に戻った、ということですか？　あるいは、それは記憶かヴィジョンなのですか？」とアントニスは、彼特有の懐疑的な調子で尋ねた。そして、「それは十億年も前でしたよね」と付け加えた。

「ただ、潜在意識に入り込めばいいんだ。そうすれば、そこにあるんだよ」と、コスタスはゆっくりと強調するように言った。

「惑星が火の玉であった時期、あるいはそれ以前にあなたは存在していたと言ってるのですか？」と再びアントニスが尋ねた。

「僕が存在していたかどうかはどうでもいいことなんだ。実際、その当時、僕が生きていたということをあとで確証したけどね。繰り返すが、あの時代を洞察するのに人は必ずしもあの時代に存在していなければならないというわけではないんだ」

「どうすればそんなことができるのですか？」と、アントニスはコスタスの主張をどのように受け止めたらいいのかよく分からないという感じで尋ねた。

「ただ、惑星の潜在意識に入り込めばいいんだよ。すべてが君の中にあり、君はすべての中にあるということだ」と、笑いながらコスタスは答えた。

「しかし、われわれの惑星が燃えている状態で、あなたはどのように存在することができたのですか?」と、頭を横に振って、信じられないといった感じで笑いながらアントニスは尋ねた。

「いいかい、アントニ……」と言ってコスタスは、一見つじつまの合わないような話の詳しい説明に入った。

「以前、講義したように、地球は今日あるより、ずっと大きかったんだ。最初この惑星はマールトゥク(Maar-touk)と呼ばれた」

「それは何語ですか?」と、アントニスはちょっと皮肉を込めて尋ねた。

「この名前は惑星の波動の音そのものなんだ。それは言語の問題ではなく、波動なんだよ。マールトゥクに住んでいた人間は、自然の秘密の鍵を開けてパワーを手中に収めた。彼らは驚くべき霊能力を発達させたが、自己意識は発達させなかった。その結果、不覚にもその惑星を爆発させてしまい、地球はより小さな燃える天体となったんだ」

「残りのマールトゥクはどうなったんですか?」とアントニスは尋ねた。

「われわれの太陽系を回っている小惑星となった」

今日、地球に住んでいる多くの人びとは、惑星マールトゥクで経験を積んでここに再生して来ている人たちだ、とコスタスは言い、科学者たちの見解とはまったく反対で、マールトゥクの爆発後、地球上には人間の生活活動が組織立って存在していた、とコスタスは主張した。つまり、焼け付くような溶岩が惑星のあちこちで流れていた爆発後のある時点で、人間の生活活動が展開し発達する。当時の人間の生活活動は、地盤の固まったオアシスで行われていた。いったん様々な前世が彼の意識に浮かんでくると、こういった状態の惑星をも思い出した、と言うのである。

「事実、われわれは皆、マールトゥク人なんだよ」と、軽く笑いながらコスタスは言った。

「何かあなたの前世について話してくれますか？」とアントニスが頼んだ。

「それはちょっと控えさせてもらうよ」と、コスタスは微笑んで答えた。

実は、私がコスタスに出会った頃、彼は自分の過去生について鮮明に思い出したことを、少しだけ私に話してくれたことがあった。しかし、彼が実際誰であったかというようなことは、ほとんど話してくれなかったが、一度だけ、ダスカロスと同じくイタリアでルネサンス時代の画家だったことは口にしていた。今生では「線一本引くことすらできやしない」とも彼は言っている。彼は今生では絵筆を取り上げようともしなかった。なぜなら、今生での彼の使命を果たすため、彼に内在している画家を覚醒させたくないからだというのである。

「コスタ、人が前世の記憶を取り戻す手助けをすることにどうしてそんなに強く反対なさるんですか？」と、アントニスはデリケートな問題に切り込んだ。

この問題についてはコスタスは大変強い考えを持ち、明確な立場を取っていた。事実、ダスカロスが人びとの前世についてその人たちにヒントを与えているのを、彼は何度も厳しく批判していた。それは許されていないことだとコスタスは厳しく師に詰め寄った。ダスカロスは、たぶん自分が間違っているんだろうと認め、その点では議論にならなかった。しかし、ダスカロスはカフェイン同様に、悲しくもこの習癖についはまり込んでしまうのである。この人は、いつの人生で、どこの国で、自分と親しかった人などと、口を滑らせてしまうことがあった。彼はそのような人に出会うと、つい自分の情熱をコントロールできなくなるのだ。前世の話をするということはその人の利己主義を刺激し、わき立たせるだけだ、とコスタスは私に言っている。

アントニスは、ヨーロッパでインド展に行った時に体験した奇妙な感覚が前世と何か関係しているのではと思ったことから、コスタスに何かヒントを与えてもらえるかどうかを尋ねた。

「いや、それはできないんだよ」と、予測通りの答えが返ってきた。

「もし僕がそれを君に明かしたら、君の潜在意識から記憶が表面化し、その前世に関連した感情をすべて君は取り込んでしまうかもしれないんだよ。いいかい、アントニ」と、コスタスは優しく彼の肩を叩いて続けた。

「人は準備ができた時にだけ過去に戻るんだよ。それは自然に起こることだから、急がないことだ」

「でも、いいじゃないですか、コスタ、言って下さいよ」と、アントニスはふざけた調子で言った。「僕は、どうしてあのような気持ちを感じたのか知りたいんだ」

「いいかい、新たに生まれ変わった人生はどの前世よりもすぐれているんだ。過去世を顧みるということは、より低いレベルの意識と自覚に戻るということなんだよ。だから、霊能力を発達させる前に自己意識のチャクラ(↓用語)に取り組まなければならないんだ。霊能力のセンターを時期尚早に活性化してしまうと、現在の人格(↓用語)を無茶苦茶にすることがあるんだ」とコスタスは答えた。

「それは、なぜですか」とアントニスがた尋ねた。

「われわれのためによかれと、**絶対**の法がわれわれが思い出すことを防いでいるからだ」

神の慈悲が、過去の混乱に満ちた思い出にわれわれが妨げられることなく霊的に成長できるように、前世の認識や記憶のドアを閉じているのだ、とコスタスは論じている。人為的にこういう思い出を表面にもたらすことは、忘却の法をみだりに書き換えているに等しく、活動休止となっている前世のエレメンタル(↓用語)がより強力なエネルギーとなり、再び再生し前面に出てきて、現在の人生を悩ますかもしれないのである。霊的な進化がある一定レベルに到達すると、過去生の記憶の回復が現在の人生に否定的な影響を与えるようなことはまったくなくなるのだ。過去生のエレメンタルはもはや、今生の人生に対して脅威とならないのである。その人はカルマをきれいに清算し、そのエレメンタルのエネルギーを取り除いたのである。

「過去生への退行がヨーロッパやアメリカでは、はやってますよ」と私が指摘した。

「それは危険なことになりかねないよ。ありがたいことに、透明なヘルパー(↓用語)がいて、人びとに介入し、悪いことが起こるのを防いでいるんだ。前世で君が一体何者であったか、それを僕から聞くことは決してできないよ。もし僕がそれを言ったら、僕は法を犯していることになる。そして法を犯している僕は一体、何者だ? 法の前では僕は無に等しいんだよ。君自身が霊的成長に一生懸命つとめ、その結果、記憶の回復ができた場合は別だが、もし僕が、君はある過去生でこういう人だったと告げたら、何が起こるか分かるかい? 君は、まず確実にその人物の癖や振舞いを取り入れるようになる。僕が言うその人物が仮に有名な人だった場合を想像してごらん。まず君がしそうなことは、その人物についての本を何冊か手に入れ、読むことだろう。君が自分で気づく前に、君はその人物のように振舞いはじめることになるのがオチなんだ。だから次のことをよく覚えておくように」

コスタスは一瞬、感慨深い様子で沈黙した後、話を続けた。

「前世のいかなる人物の意識も、それが今日の君の意識よりも高いレベルにあったということはないんだよ」

「この世に生まれてくるたびに、その背後には目的がある。そうですね?」と言って、アントニスはコスタスを横目で見た。

「その通りだ」

「もしなんらかの理由で、その当時学ぶはずのレッスンを学び損ねたら、おそらく前世に戻ることは、どこで間違いをしでかしたかを見出す方法かもしれませんね」とアントニスが指摘した。

コスタスは笑った。

「いいかい、もし君が学ぶはずのものを学び損ねたらね、それから来る痛みやカルマの借りを逃れる方法はまったくないんだ、本当だよ。だから、そのために過去生に戻る必要なんかないんだよ！（今生か）未来にその清算をするはずだからね。それももちろん、君がその意識を変容しない場合のことだ。君の内で君を拘束している過去生のエレメンタルの意識の波動を変えると、カルマはもう君に影響を及ぼすことはできないんだ。そういう具合に事は作用しているんだ。まさに、これをわれわれは**真理の探究者**としてやろうとしているんだ。いったん君の自己意識の波動を上げると、過去生の記憶は現在の人生に影響を及ぼすことがなくなるんだ。そうなると、過去生の体験の中で君を拘束している法から解放されるわけだ」

われわれはすっかり会話に夢中になってしまい、気づかないうちに、ラルナカの郊外にあるローマ時代の水路の遺跡を通り過ぎていた。コスタスは街に商用があったので、アントニスと私は海辺のコーヒーショップで彼を待つことにした。

《一九七四年のトルコの侵略以前、コスタスはファマグスタ地区のシェル石油会社の販売代理人であった。トルコ軍がファマグスタを占領後、彼はその代理業務も不動産もすべて失ってしまったが、侵略を逃れたファマグスタ地区のほんの二、三の村だけ、ガソリン販売所を続けていた。しかし、これらの販売所のために働き続けることは、利益がないだけではなく、しばしば赤字になるので経済的に重荷になっている、と彼から聞いたことがあった。にもかかわらず、最終的にファマグスタが返還されることを願って、これらの販売所の独占権を保持しているのであった。〈トルコの侵略はあなたの霊的発達を促進したのではないか〉という私の意見に、彼は賛同しなかった。トルコの侵略以前に彼の覚醒はすでに始まっており、もし彼が経済的に安定していれば、〈すべての時間をエレヴナに捧げ、富のほとんどをエレヴナに引き渡していたであろう〉と言った。〈しかし〉と彼は苦笑し、溜息をつきながら言った。〈そうはならなかった。僕はこのカルマを忍んでいかねばならないんだ〉》

私とアントニスが一時間ほど哲学的な会話を楽しんだあとで、コスタスが戻って来た。われわれは再び、侵略から免れたファマグスタの海岸沿いの村に向けて出発した。そこは土壌豊かな赤土にちなんで名付けられた、コッキノホリア（赤い村）として知られていた。

右手に海を眺めながら、ラルナカの北を走っていた。デケリアの英軍基地を横切り、トルコの支配地区とを分かつ**グリーン・ライン**(↓用語)の上を辿っていた。

私は、コスタスの師としての覚醒についての話題を再開しようと、エレヴナやダスカロスと初めて関わった頃の霊的成長の分岐点と思われるような体験について尋ねた。彼はちょっと間を置いてから、完全に目覚めてベッドに横たわっていた時に起こった、ある日の出来事を説明しはじめた。

「突然、僕自身の一部が自分の身体の少し上にあり、別の一部は天井の近くにあった。これらの身体は僕の肉体(↓用語)とまったく同じ形で、完全に発達した身体だった。僕が別のと言った方の身体の半分は屋根の上にあり、もう一方の半分は屋根の下にあった。そして屋根の上の景色が本当に見えたんだよ。僕の肉体も含め、この身体全部が同時に見え、僕はそれをも観察していたんだ」

「もし、このような経験を心理学者に説明したら、あなたは、ありとあらゆる精神病のレッテルを貼られたことでしょうね」と私は明るく言った。

「ナンセンス」と、コスタスは従来の心理学的思考を笑い飛ばす調子で言った。

「こういうのは超意識レベルでの自己意識の体験なんだ。様々なタイプの超意識があるが、これはそのタイプの一つに当たるんだ」

「コスタ、あなたが述べたそういう体験、つまり法悦状態や過去生の記憶、惑星の潜在意識下に入りその燃え盛る状態の目撃、体外離脱（↓用語）、さらに複数の場所に同時に存在することなど、すべてが霊能力としてあなたに備わっている、ということですね？」と私が指摘した。

「そうだ。しかし、初めの頃は僕の意識でコントロールできないまま、こういう体験が自然に起こってしまうという感じだったんだ。でも、多くの訓練を重ねるにつれて、こういったことや様々なサイコノエティックの意識状態を完全に支配する能力を発達させたんだよ。たとえば最初は、自分の体外離脱に対してまったくコントロールできなかった。自分自身、身体の外にいて、ただそれを天井から見下ろしているだけなんだ。初心者は身体と密に繋がってるから、それがないところにいるのが難しいんだ」

「僕は、ダスカロスがインナー・サークル（↓用語）に新たに入ってきたメンバーに、初めは身体からあまり離れないようにと指示しているのを聞きましたが、それはなぜですか？」と私は尋ねた。

「それは、危険が伴うからだ」と、コスタスは私の方に向いて微笑みながら答えた。

「その場合、自分の安全や他人のために知らなくてはならないことがあるが、初心者の時はそれがまだ分かってないんだ。こういった別の波動の中で作用している、根本的に異なる法則に、まだ慣れていないからなんだ」

「もちろん、様々なサイコノエティックの次元の法則のことですね？」と私は言った。

「そうだ。しかし、主として物質界のレベルに大変近い波動でのことだ。僕の個人的な体験を挙げると、最初に意識的に行った体外離脱でちょっと難しい状況に陥ったんだ。僕は間違って、サイコノエティック体（↓用語）が物質界の法に縛られていると考えてしまったんだ。もちろんそうじゃないわけだが、サイコノエティック体は密度がずっと薄いから、物質界を貫いて行けるんだ。僕はある晩、身体を離れ妻の横で寝ている自分の体を見た。それから部屋を出ようとしたが、その時、自分は壁を通り抜けて行けるということを忘れて一生懸命ドアを開けようと努めた。念力でサイコノエティック体の波動を下げ、ドアを本当に開けられるようにした。もし誰かが見ていたら、きっとドアがひとりでに開くのを見たことだろうね。それは本当にゾッとするような体験だったと思うよ。それでも僕は、最終的には自分が何をしているのかに気づいてドアを閉めたが、それがまた大きな音を立てて閉まったものだから、妻を起こしてしまったのではないかと心配したよ」

「コスタ、もしあなたの奥さんのレニアがその時あなたを起こしたとしたら、どういうことになっていたのですか？」とアントニスが尋ねた。

「僕はただ、素早く自分の身体に戻ったことだろう。それで他には何も起こらないさ」

「そして奥さんは、あなたの体外離脱にはまったく気づかなかったということでしょうね」

「その通り。気づかなかっただろうね」

「では、いったん身体を離れると、どういう危険に遭うのですか？」とアントニスがさらに尋ねた。

　コスタスは微笑んで一瞬、間を置いた。

「奉仕の使命で体外離脱をしている時、他の人間によって攻撃される危険があるんだ。こういう人間は、君たちとは違って、善とは反対側のものに縛られているんだ。ふだん肉体の中にあるはずの自己意識がその肉体を去る、つまり体外離脱をした、ということにこのような人間が気づくと、彼らは体外離脱をしている人を攻撃してくる可能性があるんだ」

「そんなこと言われたら、僕は本当に恐ろしくなってしまう」とアントニスが不服そうに言った。

「とんでもない！　どんな恐怖心も持たないことだ。僕自身、恐れたことは一度もないよ。ただ、自分が何をやっているのか十分に気づいているように、ということなんだ」

コスタスは、体外離脱の間、どのように自分を守っていくのかを説明した。

「身体を離れる前に必ず肉体を守るエレメンタルをつくるんだ。それには自分に強い自己暗示をかけるんだ。たとえば、〈私がいない間、私の身体には何事も起こらない〉と自分に言い聞かせるんだよ。それから、重大な奉仕のために長い旅に出かける時は、少なくとももう一人誰かと一緒に行くことを勧めるね。僕はだいたいダスカロスと一緒に行くが、必ずしもこの次元の人でなくてもいいんだよ。体外離脱をするとすぐ威嚇的なエレメンタルに直面し、手に負えないと感じた時の最後の砦は君の体なんだ。それに急いで戻りさえすればいいんだ。それで君は安全なんだ」

「ちょっと発見したことがあるんだよ、何だと思う？　アントニ」と、後ろの席から身を乗り出しながら、私が不意に言葉を挟んだ。

「こういう教えに通じれば通じるほど、いつもの僕ならパニックを引き起こしたかもしれないような状況に対しても、あまり恐れなくなってきたんだよ」

そう言って私は、数日前に見た鮮明な夢の詳しい説明に入った。

「自分が夢の中にいることに気づき、夢の中で起こっていることに影響を与えることができるんだよ。ほかでも似たような体験をしたけど、自分が身体の外にいると完全に気づいているが、これは自分がそうしようとして起こったことではないんだ。それは本当に気持ちがよかったよ」

こういった体験の方が、私の意識の中では、三次元での存在よりも、より強烈でリアルなものに見える感じがすると説明して、夢の話をした。

「突然、とても醜くて威嚇的なエレメンタルが僕の前に現われ、われわれの悪魔のイメージをすべて満たしていた。以前なら、僕をぞっとさせ、心臓はドキドキし汗をびっしょりかいて、身体からはすべてのアドレナリンが出てしまったことだろう。ところが、それが起こらず逆に僕は笑い出してしまったんだよ。そして、悪魔にこう言ったんだ。〈僕を怖がらせようとしても無駄だぞ。ダスカロスがお前のような者にどう対処するか、それを教えてくれたからね〉。それから私は悪魔に指を差し、自分でも驚くほどの落ち着きようで、〈イエス・キリストの御名において、お前自身が否定的なエネルギーから肯定的なエネルギーに変わることを命じる〉と言ったんだ」

「そしたらどうなったんだ?」と、アントニスはコスタスと一緒にくすくす笑いながら尋ねた。

「悪魔は溶けはじめ、彼がいた場所には最も美しい花が一つ咲いたんだ」と私は答えた。

われわれは自分たちの夢についてしばらく話していた。その後、アントニスは、コスタスがサイコノエティックの能力を発達させるためにどんな方法を使ったのかを尋ねた。

「その方法は、君自身の内からわき出てくる知識そのものだよ」とコスタスは、曖昧な返事をして微笑んだ。

「もちろん、僕の場合はダスカロスだけでなく、物質界には住んでいない師たちからも手伝ってもらった」

「それはどういう人たちですか。話してもらえますか?」と、好奇心を抑えきれずアントニスが尋ねた。

「君も知ってるように、そのうちの一人はヨハナンだ。彼がエレヴナを監督しており、**真理の探究者**のグループを統轄しているんだ。彼がわれわれを導き、いつもわれわれの傍に立っているんだよ」

　コスタスはダスカロスと同じように、彼からあふれ出る知識は最愛のヨハネ、すなわちヨハナンによって与えられた知識だと何度も言っている。ダスカロス同様、コスタスは霊的にある状態に到達し、彼もヨハナンの媒体となって、その神秘的な叡知を世に広めているのであった。それゆえに、コスタスは塗油により聖別され、エレヴナの師としてダスカロスと同格の立場にあり、彼の後継者なのである。コスタスは話を続けた。

「もちろん、ヨハナンは人間じゃなかった」

「では、彼は一体、何者だったんですか？」とアントニスは眉を上げ、信じられないという様子で尋ねた。

「実は彼は大天使(→用語)で、この惑星での**ロゴス**(→用語)の出現を容易にするため、人間の姿で降りて来たんだよ」

　ヨハナンは普通の人間ではなかったので、他のすべての人びとが霊的な部分を完成させるために霊の旅路につき、何度もこの世に人間として生まれてくる(→用語)のとは異なっていた。ヨハナンにはその必要はなかったのだ、とコスタスは説明している。彼は最初に物質界に降りて来た時、すでに完成されていた。アントニスがそのことに関しての詳しい説明をコスタスに求めると、コスタスは、この問題の詳細は近い将来に、と答えた。それに代えて、コスタスのチャクラが覚醒しはじめた結果、異次元においても完全に意識を持って生活することができるようになり、多くの師や透明なヘルパーたちと出会った話に移った。

「向こう側で最初に出会った師の一人にインマヌエル兄弟がいる」とコスタスは言って話を続けた。「僕が初めて彼に出会った時、こんな風に彼は自己紹介してきたんだ。〈私は師インマヌエルである〉。僕は、過去生でインマヌエルと関係があったことがあとで分かった。彼は、ベニス時代（十六世紀）にファマグスタでカトリックの神父として在世していた。当時、ギリシャ人は彼をマノスと呼んでいた。それ以降、彼はこの世に生まれてはおらず、向こう側から人類に奉仕しているんだ」

「彼は今、どんな風に見えますか？」とアントニスが尋ねた。

「最後の人生でカトリックの神父だった時とまったく同じような外見をしている。事実、今も茶色い神父の長服を着ているんだ。何度も会ったが、そのたびに、僕が彼に最初に会った時のその姿で現われるんだ。もし君が彼の仕事を聞いたら、〈私はカトリックの神父です〉と彼は答えると思うよ」

「彼は誰に奉仕しているのですか？　一人の人にですか、それとも大勢の人にですか？」とアントニスが尋ねた。

「とんでもない。彼は人類の霊的成長のため惑星全体に奉仕しているんだよ」

「彼は今、どこにいるのですか？」

「彼は至るところにいるんだ。われわれが彼を思い、話しかけると、いつでもそこにいるんだよ」

それからコスタスは、人類に奉仕をし、コスタスの旅路の手助けをしている別の師たちについて話した。彼は、カトリックの神父ドミニコの名前を挙げた。ドミニコ神父はコスタスが定期的に会っている人で、ダスカロスの霊的指導者でもある。

リオペトリ村に着くと、コスタスの仕事が待っていたため、会話は中断された。その後、アイヤ・ナパやパラリムニの観光地も含めていくつかのコッキノホリアの村に立ち寄った。

コスタスがアイヤ・ナパでもう一つの商取引を終え、ラルナカへ向かう道中、アントニスはコスタスの体外離脱の体験についての話を持ち出した。体外離脱によって物質界の別の場所を訪れ、そこでの出来事を見ることもできれば、物質界よりも高い波動の異次元を訪れることもできる、とコスタスは言う。

「あなたが体験していることが真に実在する世界であり、あなたの想像や空想でもなく、また幻覚でもない、ということをどのように証明できますか？」とアントニスが尋ねた。

コスタスは、こういう波動に入った時は、ただ分かるんだ、と答えてその理由を述べた。

「それはちょうど、君と僕とキリアコは実在する人間で、今というこの時、お互いに話し合っているのかどうかと、いま君が僕に聞くようなものなんだ。自分で分かってる時は分かるんだ。それから、僕はいつも自分の体験の信憑性を確実にするために、ダスカロスと体験をチェックし合っているんだ」

「それについて、最近の事例を話して頂けますか？」と私は尋ねた。

その時、遠くの方にラルナカが見えはじめた。コスタスは私の方を向いて言った。

「ところで、自分のことをこんなに話したのはこれが初めてだよ」

「すばらしいじゃないですか」と私は叫んで、コスタスの肩を叩いた。アントニスも夢中で私に加勢し、コスタスの意識が住んでいる異国情緒たっぷりの、珍しい世界についての説明を求めた。

コスタスはちょっと微笑んで間を置いた後、ダスカロスと一緒に体験したことを話しはじめた。それは二人が体外離脱をして、トルコのある町を訪れた時のことである。

「われわれは行方不明のギリシャ系キプロス人を捜していたんだ。トルコの侵略以来、彼は行方不明になっていた。トルコのどこかでまだ生きているのではないかという思いで、われわれのところにその父親が息子の写真を持ってきたが、実際、その写真の彼のオーラから彼が生きているのを見抜いたんだ。それである晩、体外離脱をして彼の情報を集めることにした。そしたら驚いたことに、彼は、キプロスの侵略に参加したトルコの将校の娘とトルコで結婚していたんだよ」

「コスタ、それは本当ですか?」と、私は信じられない気持ちで尋ねた。

およそ二千人の行方不明者の問題は、ギリシャ系キプロス人にとっては最も深刻な問題であった。私も親しい親戚の一人が行方不明のままである。

コスタスは、これがその珍しい一例だよ、と言う。そして続けた。

「本当だよ、僕はこの目で見たんだから。この男性はトルコ人になりきっていたんだ。彼はそこでの生活に満足していて、自分の父親のところへ戻る気がなかったんだよ。父親とはうまくいってなかったんだ。

彼らを訪れたのは夏だった。大きなベランダでみんなで食事をしていたよ。とてつもなく大きな家で、まさに大邸宅だったよ。彼の妻は大変裕福な家柄だったようだ」

「その体験は潜在意識から出てきたにすぎない、と疑ったことは、まったくないんですか?」と私は尋ねた。

「とんでもない。君、彼らはベランダで食事をしていたんだ」とコスタスは強調して言った。

「あなたはその夜、ダスカロスと一緒にいたのですか? それともあなたはリマソールで、ダスカロスはニコシアにいたのですか?」と私は尋ねた。

「僕はあの晩、彼とニコシアにいたんだ」

「それで、あなたたちの体験を照合した結果、同じだったということですね?」とさらに私が言った。

「もちろんだ」と言ったあとでコスタスは、こういった確認や照合を常にダスカロスと行っているので、彼らの並外れた体験の信憑性についていっさい疑う余地がないと言った。さらにその頃にはもはやこのような体験は日常茶飯事で、身体を離れ他のレベルや別の波動の場へと意のままに訪れることができるようになっていたとも言っていた。

「いま君たちに話しているこの瞬間においても、さらにどこか別のところでも、完全に意識を持っていることができるんだ」と彼は主張した。

「今というまさにこの瞬間に、アポストロス・アンドレアスを訪れ、その中に入って行き何が起こっているか、それを見ることができると言ってるのですか?」とアントニスは尋ねた。

カルパシア半島の東端にあるアポストロス・アンドレアス僧院は、キプロス人にとって大変重要な意味を持つ。その土地の伝説によれば、聖人のイコン(聖画像)によってヒーリングや普通では考えられないような奇跡的な出来事がたくさん起こっているのだ。その聖人の奇跡的なパワーで、ギリシャ系キプロス人もトルコ系キプロス人も治癒されたといわれている。アポストロス・アンドレアスは、ギリシャ系キプロス人にとって統一国家としてのキプロスの領土保全と完全無欠を象徴しているのである。そして、一番重要な、トルコ軍退去の希望も象徴しているのである。つまり、難民が彼らの祖先の故郷である村へと帰還する自由の象徴でもあるということだ。僧院もカルパシア半島も侵略の時、至るところがトルコ軍に荒らされ、ギリシャ系住民のほとんどは島の南部に逃れた。私にとっても、カルパシアの侵略は大変な損失であった。なぜなら、私の人生で最も懐かしく楽しかった数々の思い出が、その地域にまつわるものであったからだ。長いカルパシア半島は開発から逃れ、無類の自然の美しさを保っていたので、シュノーケルで海中を散策し、魚を獲り、ハイキングをする、私のお気に入りの場所であった。

「ねえ、アントニ」と、コスタスはくすっと笑って言った。「僕はこの惑星で行きたいところはどこにでも行けるんだよ」

「二、三分でアポストロス・アンドレアスにいる、と言ってるのですか?」とアントニスがさらに尋ねた。

徹底した合理主義者であり、まだエレヴナに来たばかりの彼にとって、コスタスの話を理解するのは難しいことであった。

「二分て、何のこと?」と、コスタスはアントニスを冷やかした。「やり方を知っていれば、あっという間にもうそこにいることができるんだ。そのような時間はいらないんだよ」

「ファマグスタを訪れて、自分の家を見たいという気になったことがありませんか?」と私は尋ねた。

「不幸にも、もう試してみたよ」

「どうしてそれが不幸なことなんですか?」と、私は疑問に思い尋ねた。

「そういうことをするのは許されていないんだ。奉仕のためにそこへ行くことと、個人的な理由や好奇心でそこへ行くこととは別の話なんだよ」

「では、もし肉体とともにファマグスタを訪れる方法を見つけそこを知った場合とは、どういう点で違ってくるのですか?」と私はさらに尋ねた。

「いいかい、キリアコ」と、コスタスは微笑みながら続けた。「主に三次元で自己をあらわしている時は、**真理の探究者**として自分がいる次元の法に仕え、その法を助長しなければならない。高次元のパワーを使う唯一、道理に適った使い方は、ヒーリングと奉仕のためだけなんだ。それ以外はパワーの乱用だ」

「しかしあなたの場合は、体外離脱の旅はいわば天性のようなもので、さほど努力もせずに自然に起こることですよね。そのような場合、普通のやり方では近づきようもないあなたの家に何が起こっているのか見るため、ファマグスタを訪れることに一体誰が傷つくというのですか。それは確かに個人的な好奇心を満足させるだけのものかもしれないが、この程度のあなたの好奇心のために傷つく人なんてどこにもいませんよ」と私は言った。

「言いたいことは分かる。誰にも迷惑をかけはしないだろうが、本来は自分のものでないエーテル・エネルギーを使ってるんだよ。このエーテル・バイタリティー（生命力）は**ロゴス**に属するもので、**ロゴス**は〈この世の罪を負う者〉だ。自分の好奇心を満たすために、**ロゴス**から借りていいものだろうか？　僕は自分がそれをしたことを認め、後悔している。自分の人間としての弱さであった。しかし、今ではもう十分に分かっているからこんなことはしないんだ。実をいうと、僕は磁石のようにファマグスタに引きつけられてしまったんだよ。よく、占領地区をあちこちうろついたものさ。それからもう一つ、初期の過ちを告白させてもらうと、ファマグスタの上で一生懸命に働いたんだ」

「それは、どういう意味ですか？」

「何度も体外離脱状態でその都市の上空に行き、自分の心で強力なバリアーをつくり、それで傘のように都市を被ったんだ。僕はそのエレメンタルにエネルギーを注ぎ、その都市には誰も人が住みつかないようにした」

「なるほど、本当に上手にその仕事をなさったものですね」と私はからかった。

トルコの全占領地域の中で、ファマグスタは比較的もとのままで残されていた。他の町や村ではすべて、トルコ政府はトルコ系キプロス人かアナトリア・トルコ人を放棄されたギリシャ系の人びとの家に移住させたが、ファマグスタは依然としてゴーストタウンのままであった。そこにはキプロスにいる国連軍の小派遣団とトルコ軍のパトロール以外住民はおらず、町は何の活気もなかった。もしキプロス問題に何か進展があれば、まずファマグスタがギリシャ系キプロス人の住民に返還されねばならない、と外交筋の間で語られていた。このような国際的な圧力もあって、トルコ政府は、住民のいない大きな町に植民させることができないままでいるのだ。このため、コスタスやその他すべてのファマグスタからの難民は、最終的な帰還に対して大きな希望を抱いているのであった。

　コスタスは、周囲の政治的な混乱の影響も受けず、それを気にもしないというタイプの神秘家ではなかった。彼もダスカロスも、一般市民の関心事や情熱から自分を隔てて、瞑想に耽ったりすることはなかった。それどころか二人とも、国家主義者が台頭した時、激しい怒りを持ってその渦中に飛び込み、彼ら自身の観点と自己意識を持ってそれに取り組んだのであった。事実、島が一九六〇年に独立してから、英国で工学を学んで帰って来たばかりのコスタスは、カルパシア半島の村の市民防衛組織でリーダーの役割を果たしている。当時は国家護衛団もなく、トルコからは侵略の脅威が常にあった。実際に侵略が起きた時、トルコ軍のトラックが町に乗り込んで来たが、コスタスは最後まで残っていた一人であった。彼は、その悲劇的な事件の最中に、いまだにミステリーとして残っている体験をしたのである。それは、トルコ軍機が町を爆撃し、いくつかの海岸沿いのホテルを破壊している時のことであった。

「僕は浜辺の傍の壁のところにいた」と彼は語りはじめた。「爆撃している飛行機が海の方から飛んできた時、もしそこに居続けたら、僕は確実に殺されていた。壁の反対側以外、命を守るために逃げる場所などどこにもなかった。しかし壁は高すぎて、それを飛び越えるのは物理的には不可能だった。だが、無理やり飛び越えようとしたんだ。そしたら、本当に驚いたよ！」と、このエピソードをわれわれに話している最中にも、コスタスの驚嘆ぶりが伝わってきた。「何かの力が僕を押し上げて、僕は反対側で危機を脱することができたんだよ。その時の弾丸といったら、まるで雨のように至るところに落ちていたんだ」

　その当時の彼には、この奇跡的な命拾いが一体何だったのか、さっぱり分からなかったのである。これは彼が師として完全に覚醒する二、三年前の出来事であったからだ。「今振り返ってみると、あの時はなにか高次元からの力によって救われたに違いないと思うよ」と言ってから、コスタスは、この人生でずっと彼についている様々な師や彼を導いている者たちの名前を挙げた。

われわれは家路に向かって進み、コスタスはさらに話しつづけた。覚醒の初期の段階で、彼は様々なサイコノエティックの実験を行っている。それは、彼の自己意識が発達するにつれて入っていくようになった世界や教えが本当なのかどうか、それをこの実験を通して確かめたのだという。

「丸一年、ほとんど何も食べなかった。僕の身体を、直接、光で養ったんだ。

その頃は医者の義父が一緒に住んでいた。もしそのことを彼が知ったら、とても信じられなかっただろうね。僕はほとんど食べずにいたからね。たまに西瓜をちょっと食べたかな。彼の医学的な観点からすると、僕はとっくの昔に死んでいるはずだろうね」とコスタスは言った。

「あなたがしていることを彼に告げましたか？」と私は尋ねた。

「いいや。ダスカロスとかエレヴナに関する事柄は秘密にしていたんだ。僕がなにをしていたかについては、僕の妻だけが知っていた。義父はそれを受け流し、僕が何か茶番劇でも演じているものと思い、こっそり家かレストランで食べているのだろうと思い込んでいたよ」

コスタスは穏やかに論じた。

「人がある特別な瞑想でエーテル・ダブル(↓用語)にエネルギーを与えることができたら、ほとんど食べないで生きていくことが可能なんだ。さらに言うと、ほとんど完全に断食していたあの時期に、一オンス（約28g）すら体重を失わなかった。実は、今よりもあの時の方が体重は重かったんだ」

このような離れ技は、昔からヨギや修道士や神秘家たちによって行われてきたことだ、と彼は言う。それはサイコノエティックの訓練や修行ができているか、つまり意志が物を支配できるかの問題なのである。

コスタスの話を聞いて、私は自分が一度、ダスカロスにした質問を思い出した。人類が進化を突き進めるにつれて、やがては世界中の人が菜食主義者になるのか、と質問したのである。ダスカロスは、われわれの進化の行き着くところは〈光食者〉になることであり、野菜という手段を通したり、あるいはまたそれよりもさらに間接的な手段である動物の肉の摂取を通してではなく、人類は最終的には生命力を与えてくれるエーテル・エネルギー、つまり光を直接吸収することによって身体を維持することになるんだ、と答えてくれた。

「断食を続けるのをやめた理由は何ですか？」と、アントニスがコスタスに尋ねた。

「これはするべきことじゃないって分かったんだ。まず第一に、僕と一緒に住んでいる人の気持ちを損なった。この場合は義父だよね。不必要に問題や疑いを引き起こした。それにもちろん、そうこうしているうちに、エレヴナを通して、霊能力はヒーリングのためにだけ使用されるべきだと自覚するようになったんだ。好奇心のためとか、他人を感心させるためには決して使ってはならないんだ。それから第二の理由としては、僕が日常生活を送るのに深刻な問題が出てきた。身体の中に入ったままでいるということが僕にできなくなったんだ」

「それはどういう意味ですか？」とアントニスが尋ねた。

「あまりに頻繁に身体の外に出てしまい、危ないことに遭うんだ。たとえばある日、ニコシア－リマソール間を車で運転していた時のことだ。突然、自分が車の上を漂っているんだよ。僕の身体はロボットのように車の中で運転しているんだ。しかも、その状況を自分でコントロールできないんだよ。本当に事故を起こしたかもしれない。その時、この実験はもうやめなければならないと気がついたんだ。こういう生き方や実験は、世を離れてひっそりと住んでいる行者とかヨギのすることなんだ。彼らは、車を運転し、機械があるという現代社会の真只中に住んではいないからね。その日以来、定期的に食べはじめたわけだ。その時、〈もう十分だ〉と独り言を言ったもんだ」

それから、コスタスは声に皮肉を込めて、定期的に食べたばかりではなく、体内の余分なエネルギーを少し燃やすために時おりパイプもふかした、と述べている。余分なエネルギーが彼に問題を引き起こしていたのだ。余分なエネルギーがある一定レベルに達すると、その余分なエーテル・エネルギーのために、望むより長く身体の外にとどまってしまうのだ。しかし、喫煙は悪習で人間の生命力を燃やす、とコスタスは強く主張する。

「でも、僕の場合は、自分を地上に引き止めておくための方法なんだ。だから、体外離脱を完全にコントロールできると感じるまでは、時おり、短期間パイプを吸うんだよ」

これについては、ダスカロスには別の説明があった。彼がこっそりと私に話してくれたことによると、時おりパイプを吸うコスタスの道楽は、彼のアメリカ・インディアンとしての前世からの名残りの習慣なのであるという。「彼の顔を見てごらんよ、アパッチのように見えないかい?」と、ダスカロスは私にコスタスのいる前で陽気に言ったことがある。

コスタスが一カ月ほど、おびただしくパイプをふかし、それから一、二年はまったくパイプに触れることなく過ごしていることに私は気づいていた。その後また短期間の喫煙を始め、再び楽々と禁煙状態に戻るのである。彼の場合はタバコ中毒ではなく、三次元世界にしっかと足を着けるために意図的に喫煙を行っていることを、われわれに公言している。もちろん、彼はそのような自分の習慣を誰にも勧めなかったし、弟子には、エーテル・バイタリティーを自由に駆使するためにはタバコは避けるように、と熱心に勧めていた。

今でも覚えているが、ある朝早くコスタスが私のニコシアの家にやって来たことがある。その日はインナー・サークルの会合が予定されていたが、彼は時間よりもずっと早くやって来たのであった。彼が言うには、その前日、彼を動揺させるような体験をしたのだと、私にこっそり打ち明けた。

「台所にいると突然、自分があちら側にいるのに気づいたんだよ。これは自分が意図して向こうの世界に入ったのではないので、問題なんだ。なかなか肉体に戻れなくて、それで妻と娘がテレビを見ていた隣りの部屋へまで機械のように身体を移動して行ったんだ。それから椅子に座り、テレビを見ている振りをしていた。もう、必死で身体に戻ろうと頑張って、やっとのことで戻ることができたんだ」

コスタスが当惑したのは、意図もしないのに体外離脱が起こったということだった。その原因を私が尋ねたら、彼は、おそらく自分は働き過ぎで疲れていたので三つの身体の連携が崩れ、そのため肉体も心も頭も休息が必要だったんだろう、と答えている。さらに、もし誰かに同じようなことが起こったとして、その人が秘教の修行や哲学を学んだり訓練も行っていない場合、たぶんその人は精神分裂症を引き起こすのではないか、とも言っている。だからこそ、素人が霊的な事柄を試すことに対して反対しているのだ、と結論づけている。

それからコスタスは、アントニスと私に、「まったく義父は気の毒なことに」と話しはじめ、くすっと笑った。

「彼が患者の心臓の状態を調べるための高価な機械を買ったことがあるんだ。そして彼は機械を試すために、まず僕に実験台になる気があるかどうかを尋ねてきたので、僕は快く返事をしたんだ。彼は僕の身体のあちこちに機械の装置を取り付けて、スイッチを入れた。僕は少しからかってやろうとして、心臓の鼓動が不整になるようにしたんだ。ある時点で心拍を完全に止め、次には物凄いスピードにしたりゆっくりにしたり、とね。気の毒に、彼は欠陥のある機械が送られてきたものと、とても心配していたよ」とコスタスは笑いながら言った。「彼は機械を軽く叩いて、すべてのワイヤーが正しい位置にあるかどうか機械の下を調べながら、苛立ち、溜息をつきながら、首を横に振っていた。僕は少しやり過ぎてしまったと気づき、からかうのをやめたんだ。心拍を正常に戻した。それでやっと義父の心は安らいだわけだ。機械にはなにも欠陥は見つからず、彼は大きな溜息をついていたよ。もちろん、僕がしたことは明かさなかったよ」

彼は実際にこのようないわゆるいたずらやサイコノエティックの実験を行っていたわけだが、今となっては遠い昔のことで、いったん自己意識を発達させてからは、霊能力はすべてヒーリングのために使っている、と再度われわれに誓っている。

すでに午後の四時半近くになっていた。ラルナカにちょっと立ち寄り、ダスカロスのインナー・サークルのメンバーの二人を訪問した。一人はシスター・マロで、ダスカロスの長年の親友であり、もう一人はシスター・ハリクリアで、インナー・サークルに入ってまだ間もない四十歳くらいの人で、彼女の家でたっぷりと茶菓、軽食のもてなしを受けた。彼女の家は聖ラザロ教会の近くにあり、リマソールに発つ前にその教会まで歩いて行き、ロウソクを灯してきた。ちょうど夕べの祈りが始まったばかりで、そこには数人の年老いた礼拝者と旅行者の見物人もいた。この旅人たちは、九世紀頃ロシアの王子によってラザロを称えて建てられた、この建築的にも芸術的にもすばらしく荘厳な教会を称讃しながら見とれていた。ラザロはイエスによって死の世界から蘇った後、イエスに関わる奇跡の証拠をすべて隠滅しようとしていたパリサイ人によって迫害されたという話がある。そのためラザロは必死の思いでキプロスに逃れ、そこで余生を過ごしたと言われている。伝説によると、ラザロはキプロスでは厳粛で真面目な人柄であったということだが、それは彼が死から蘇ったことで自分の運命《さだめ》を深く認識していたからだった。その聖人はラルナカで二度目の埋葬をされ、その場所にロシアの貴族が教会を建てたのであった。

旅の最後の行程に向かってわれわれが車に戻った時、日はすでに沈んでいた。クラシックファンのアントニスは、ヴィヴァルディとモーツァルトの作品をいくつかカーステレオで聴かせてくれた。少しの間、とりとめのない談話をして過ごしたが、黄昏どきの空の色と音楽に心を奪われ、次第に沈黙していった。私も音楽を聞きながら後部座席に心地よくもたれかかっていたが、頭を休めることはできなかった。新たな師となったコスタスの、覚醒への過程の体験談が頭の中をぐるぐると巡っていたのである。

コスタスの個人的な体験についての説明には、疑問の余地はなかった。彼とはずいぶん長い付き合いになるが、私自身、彼のエネルギーの力を十分経験してもいる。彼がその力を他人に与えヒーリングを行うのも見てきているし、またコスタスがわれわれの頭に軽く触れるだけで信じられないほどのエネルギーがわれわれの身体全体を満たすのを多くの人が体験している。こういった類いの体験は、いわゆる心理学的論法とか精神分析的論法によって解ける性質のものではないことを私は十分に承知していた。私の推論では、おそらくコスタスは初めに超理性的な認識状態を垣間見たことから覚醒の旅路を始めたのであろう。コスタスの初期の頃の体験は、アブラハム・マスロウが「極致体験」と名付けたものに類似している。しかし、コスタスは、ダスカロスの助けや、彼がいう眼に見えない師の助けもあって、こういった高い意識状態をマスターするほど自己を発達させ、自由自在にそこへ入っていけるようになったのだ。こうして彼は師となり、ダスカロスの後継に指名されたのである。

「超理性領域の知識」という考えは古くからある。何世紀にもわたって、とくにインドやチベットの賢者たちは、瞑想によって発見された様々なレベルの意識を識別し極めて詳細に描写している。密教を実践するこの人たちは、これらのレベルは理性的な状態よりも遙かにすぐれ、現実の極めて豊かな知識であり、他方、理性のレベルはその下の非理性的な意識形態よりも遙かに優れていると見なしていた。カナダの医師リチャード・モーリス・バックは一九〇一年、科学的唯物主義の全盛期に、『宇宙の意識』(Cosmic Consciousness)という大胆な作品を発表している。知性主義が伝統である西洋に、革命的ともいえる太古からのこの思想を導入したのである。心理学の主流派や、とりわけ私自身が学んできた社会学は、現実については機械論の概念に魅了されており、バックのような思想家の洞察については無視か軽視するかのどちらかだった。偉大な社会学者の間にあっては、ハーバード大学社会学部の創始者であるロシア人、ピティリム・A・ソロキンがひとり、彼の言葉で言えば「(意識の)さらに上の意識レベル」という意識の実体に気づいており、それに敏感に反応していた。創造性というテーマを考察して、ソロキンは次のように書いている。

人間の人格において、潜在意識(すなわち無意識)と意識の二つのレベルと並んで、三番目の層——「さらに上の意識」——があるのが認められてきている。それは潜在意識とか無意識というものではなく、「さらに上の意識」のエネルギーであり、これこそが文化の全領域……科学、哲学、法律、倫理、芸術、技術、政治、そして経済……におけるすべての偉大な創造や発見や発明などの大本であることが認識されつつある。超感覚知覚作用とか念力のようなもの、偉大な神秘家たちの「さらに上の意識」の宗教体験のようなもの、予知、計算の天才少年、ヨギのサマディ(三昧)状態や禅僧の悟り、認識や創造的直観、このような現象はすべて潜在意識的なものでも無意識的なものでもなく、「さらに上の意識」であり、それそのままとしては生命力や知性などの低いレベルの形態に還元することはできないのである。——『Higher Creativity』(高度な創造性）ハーマンとラインゴールド。

バックやソロキン、そしてティエルハード・ド・シャルダン、さらに現代ではケン・ウィルバーといった思想家は、神秘家とかインドで神の権化（アヴァター）と思われているような人たちが何世紀にもわたって教えている、高次の意識や啓発のレベルに全人類は最終的には到達する、と唱えている。まず、ウィルバーが著書『A Sociable God』（社交的な神）で論じているように、人は——コスタスがアントニスと私に説明したのと同様に——例の高次元にある「さらに上の意識」（コスタスの言葉で言えば〈超自己意識〉(→用語)）の状態を一瞬、垣間見るのである。あたかも「パラダイスをちょっぴり味わう」ようなもので、それは、人類がより高次のレベルの存在で永遠の啓発を受けるため自らの能力を使うようにと促しているのである。もしこのような論議が成り立つとすれば、コスタスとダスカロスの場合はすでにその状態に到達し、初期のこのような絶頂の体験が日常的なごく普通の意識となっているのであろう。実際、彼らもそのように言っている。

私はこのような考えにすっかり浸っていた。車は早くもリマソールの郊外の海岸沿いを走っていた。シートに真っすぐに座り直し、窓を少し開けて海のそよ風を胸一杯に吸い込んでから、いま自分の考えていたことをコスタスに話した。彼は微笑んで、同意するようにうなずいていた。

「こういった理性を超えた状態のことにはまだまだ無知な人が多く、あなたがわれわれに説明したような体験を狂気と混同したり、〈理性に欠けた、馬鹿げたこと〉と見なしている」と私は言った。

「このレベルの意識に到達した時、人は理性を放棄したりはしないんだよ。それどころか反対に、理性が高まっているのが分かるよ。とにかく、理性を超えていく前に、まずそれを発達させねば駄目だ。そうでないと、重大な危険に陥る可能性があるからね」とコスタスは言った。

コスタスが人びとを密教的知識の奥義に触れさせることに関して極めて用心深い理由の一つは、このことなのである。一度、エレヴナの叡知を彼の十八歳の息子に教えたのかどうか私が尋ねた時、「少々、時期尚早である」との答えが返ってきた。「彼が自立することが先決だ。まずこの三次元の世界にしっかり根を下ろし、それができれば彼の現在の人格に混乱をもたらすことなく、高次の知識に到達できる立場にいると言っていいだろう」とコスタスは言っている。

これと同じ理由で、彼のグループの女性の十二歳になる息子に、神秘主義的思想をもてあそび、それに手を出すことのないよう、コスタスは戒めたことがある。透視や超能力の兆しを見せていたその少年は、まずこの地にしっかりと足を着けることが必要だからだ。早まって霊的な事柄に夢中になり、彼の三次元的な成長・発達との間にギャップが生じる可能性があるからである。これと同じことだが、インナー・サークルの一員としての私にコスタスが一度、次のように言ったことがあった。

「密教的知識の追求とか神秘主義が決して狂気に導く許可証になってはならない」

第8章 発見

ストア（↓用語）での午後の講義が終わると、ダスカロス（↓訳注1-1）は例によってユーモアたっぷりの会話を楽しむため、親しい仲間の集まりに加わった。インナー・サークル（↓用語）のメンバーであるアスパシアとハリクリアがコーヒーとお菓子を用意する間、コスタスはダスカロスの頭に手を置いていた。コスタスは目を閉じ、心を集中した後、深呼吸してダスカロスの消耗したエネルギーを回復するために、彼にエーテル・バイタリティー（生命力）をあふれんばかりに注いだ。コスタスは十分ほどそれを続けてから、「今日の講義は、ちょっと真剣過ぎましたね」と言った。

これまで時おり、私はコスタスとアスパシアがこの手当てをするのを見ている。この手当てによってダスカロスはリラックスすることができ、二、三回深呼吸すると、ただちにエネルギーを取り戻すのである。彼の表情からはすっかり疲労が消えていた。

それから四十五分の間、ダスカロスは冗談を言い、グループの一人リサのコーヒーカップの底に残ったコーヒーの粉の具合から「占い」をして、熱心にこの地域のことや国際情勢を分析した。それから突然、前日に体験したことを興奮した様子で語りはじめた。

「サイキック界（↓用語）は大きく分けて七つの大レベルで構成されており、それぞれのレベルの中には七つの小レベルがある。その七つのレベルのうち下の三レベルは、われわれが普段、地獄と呼んでいるところだ。そして、この三つのレベルのすぐ上のレベルはカトリックでは煉獄《れんごく》と呼ばれるサイキックの場で、いわゆる不安定な魂（↓用語）はそこで回復を図る。また、このレベルの上には相対的な意味で極楽といえるレベルがある。もちろん、これらのレベルも相応の小レベルを持っていることをわれわれは教えているんだ」と言い、ダスカロスは話を続けた。

「先日、われわれとは別のグループに属している透明なヘルパー（↓用語）と一緒に仕事をしていて、私はしばらく自分がどこにいるのか分からなかった。隣接している小レベルの特徴は観察できたが、とにかく、自分が一体どこにいるのかということになるとまったく見当がつかなかったので、私はこの透明なヘルパーに尋ねた。このヘルパーは人間ではなかったよ（彼は慈悲の奉仕者としての大天使（↓用語）の階級から来ているに違いない）。〈私たちは今、どの小レベルにいるのか教えて頂けますか？〉。〈そうですねえ、あなたはどこだと思いますか？〉と応答してきた。もちろん会話は心と心で交わされたんだ。そこで私は〈煉獄界の次のどこかの小レベルにいるのではないですか〉。すると彼は〈その通り。でも、その小レベルのどこにいると思いますか？　今日はあなたがまだ気づいていないことを学べますよ。あなたは様々な小レベルで働いてきましたが、それらの間に微妙な違いがあることに気づいていなかったのですよ〉。そこで私は、謎に包まれたような気持ちで尋ねた。〈それは、どんな違いですか？〉。すると彼はこう言った。〈あなたがいま働いているこれらの小レベルは、互いにほんのわずかの違いがあるだけで、大変似通っています。だから、それぞれの小レベルがさらにその下位のカテゴリーの七つの小-小レベルで構成されているということにまで、あなたは気づかなかったのです〉。私が驚いていると、彼はこう言うんだ。〈いいですか、サイキック界のレベルと小レベルの数は全部で四十九ではないんですよ。それはあなたの想像以上なのです。あなたはここに出入りし、実に楽々と仕事に取り組んでいますが、そこのレベルが微妙に細分されていることにはまったく気づいていませんでしたね。それぞれの小レベルがさらに七つの小-小レベルでできているのですよ〉。そこで私は尋ねた。〈それぞれのレベルに属する七つの小レベルは、なぜ同じく七という数で小-小レベルに分類されているのですか?〉。〈これは法則で、常に七なのです。あなたがいま生きている世界でも、七という数はお馴染みですね。たとえば、七色とか七音階がありますね〉と彼は言ったんだ」

「ダスカレ(→訳注2-1)、この体験でサイキックの次元のレベルと小レベルについての教えを改訂しなければならなくなりましたか?」と私は尋ねた。

「いや、われわれが教えている四十九のレベルと小レベルというのはその通りなんだ。この大天使が私にはっきりこう言った。〈確かに主要なレベルが七つあります。それはあなたもよく知っていますね〉。それから彼は、はっきりとこの大きく分けられたそれぞれのレベルにはさらに七つの小レベルがある、と言った。〈この小レベルのことも、あなたはそこで働いていますからよくご存知ですね。しかし、その小レベル自体がさらに細分されているのです。あなたは、潜在意識では知っています〉と彼は言った。

この透明なヘルパーは、より微細な部分にもっと注意を払うように、と私に教えてくれたんだ。それはちょうど、何層もある建物がアパートであるということは分かるが、そのアパートにどれだけの部屋があるかというのは正確には分からない、というようなものだよ」

「それでサイキック界には、各小レベル自体の中に七つの小-小レベルがあるということがはっきりしたのですね?」と私は言った。

「そうだ。しかし、ひょっとすると私がまだ気づいていないだけで、さらに細分されているかもしれないよ。

さて、私はこの透明なヘルパーに次のような質問をした。人が愛する相手と一緒になり、心の平安を見出せるように、われわれがその人をエスコートし、愛する人のいる高次のレベルに上がって行くお手伝いができるかどうか、と。すると彼は〈いいえ、それは不可能です〉と答え、続けてこう言った。〈しかし、彼に愛された人が、より霊的に進んでいて、彼より高次のレベルに住んでいる場合、彼女は願えばいつでも低次のレベルにいる彼を訪れることができますよ〉

そこでわたしは次のように尋ねた。〈人は、どのレベルまで行くことができますか? いろいろなレベルを移動する時、普通の人にはどんな制限がありますか?〉。すると彼は言った。〈制限ですって? そのようなものはありませんよ。人があるレベルから別のレベルに移動するのを防ごうと、そこに監視人を置いている神など、どこにもいませんよ。人びとがどこへ行くべきなのかを決めているのは、その人のサイコノエティック(↓用語)体の質なんです。海面から魚が飛び出るのを見張る監視人がいますか?〉と彼は聞いてきたので、私は〈いませんね。でも魚はなぜ飛び出ないんでしょう?〉と言うと、〈それは、海中にいるのが魚の本質だからです。もしあなたが低次のサイキックレベルから人を連れ出して、それより上のレベルにその人を置くと、その人は気分が悪くなり、心地よくは感じられません。その人の波動がそこのレベルの波動に合わないのです。実際、外には何の制限も障害物もありませんよ。人の意識にどれだけパワーがありどれだけ成長しているかなんです。あらゆる世界のすべてのレベルや小レベルが、すべての人間に開かれています。限界は彼らの成長のレベルにあるのです。人をあるレベルのところから、それよりも高いレベルに置くということは不可能です。彼らはそこに適合することができず、再び自動的に下に移動するでしょう。引力とか、同じランクに自己を置く同位化作用みたいなものが働き、彼らが最も心地よく感じられるようなレベルや小レベルに彼らを連れて行くのです。その環境の波動と完全に調和できるところに彼らを連れて行くのは引力です。そして、より上昇したいと彼らが願うほど意識が発達すると、あらゆる機会が与えられます。そこには、人間の魂をより高いレベルに導く通路を塞いでいる者など、誰もいません。しかし、より高いレベルへ移動するためには、それを願い、より高い波動と調和できるように自分を調整しなければならず、それができるのは自分自身にほかならないのです。繰り返し言いますよ〉と天使(↓用語)は私に言って続けた。〈現在、最も恐ろしい地獄にいる者たちでも、一番高次のパラダイスに上昇する選択権が目の前に与えられているのです。そして、いつかはそこに到達しますよ。自我の魂を持つ者として誰一人、見失われたり拒否されたりはしないのです。それは、これまでもこれからもないでしょう〉

さて、これは私にとってすばらしいニュースだった。それは、どの自我の魂も決して消え失せないということなんだ」とダスカロスは興奮し、満足げに言った。

「しかし、どうしてそれがすばらしいニュースなんですか？　すでにそのように私たちに教えているではありませんか」と言って、私は他の人たちを見た。彼らも私と同じように混乱している様子であった。

「そう、君の言う通り。しかし、ヒトラーやナポレオンやスターリンのような自我は、聖霊性(↓用語)の中に消滅させられてしまうのかと心配していたんだが、彼が私の心配と疑いを晴らしてくれた。彼は、人がいかに悪魔的であろうと誰一人、消されてしまうことはない、と再度、断言してくれたんだ。実際、私がヒトラーや他の人のことを質問すると、彼はこう言った。〈彼らの自我は消されてしまうことはありません。ただ、非常に長いあいだ眠らされているだけです。そして、目覚めると一歩だけ上に移動するでしょう。彼らの上昇、成長と言ってもいいのですが、それは遅々としていて、とても疲れを感じさせるのです。たとえば、あなたはどのようにして飛ぶかを知っていますから、疲れませんね。しかし飛び方を知らず、一歩ずつ歩かねばならない者にとっては大変わずらわしいことなのです。二歩、三歩、そして四歩、それからさらに歩を進めて上に到達するのは、大変しんどいことなんですよ〉」

「ダスカレ、あれほど人びとを独裁的に支配し、破壊的な役割を果たしたヒトラーのような人は、実は成長発達した古い魂で、それが霊的進化の過程で道を誤ってしまった、と仮定することができますか?」と私は尋ねた。

「それについては研究したことがないので、答えることはできないよ。自分が個人的に体験し、それが真実であることを確かめ確信を持たない限り、憶測でものを言いたくないんだ。たとえ深く研究し観察したとしても、私が間違っている可能性があるからね。少し前に話した場合のように、より微妙な細かい点に気づかないでいるかもしれないんだ。サイキックの次元において、さらに細分された部分を発見した時は本当に驚いたからね」

ダスカロスのインナー・サークルのメンバーで、若い医師、ロイゾスが仮説を述べた。

「ダスカレ、おそらく人間の数と同じだけ、サイキック界の小レベルもあるのではないでしょうか。そして、それぞれが自分が行くべきところへ辿り着くのでしょう」

「ねえ、ロイゾ」とダスカロスはきつい調子で言った。「われわれは早合点してはいけない。師というものは、何でも探究し体験することによって試し、それを分析してから結論に至るんだよ。これに関してはさらに研究する必要があるね」

それから、ダスカロスはソクラテスの金言を繰り返した。

「私には一つだけ確かなことがある。それは、私は何も知らないということだ」

ダスカロスがこの言葉を言い終えた時、ちょうど電話が鳴り私がそれを取った。パフォスからシオファニスがかけてきたのだった。彼は震えた声で、ダスカロスをお願いしたい、と言った。

「でもシオファニ、ここ何年もわれわれが教えてきたことは何なのかね?」。ダスカロスは彼の長年の協力者であり、この優しい七十歳の友人を慰めようと力強い声で言った。

「ねえ、シオファニ、忘れるんじゃないよ、死なんてないんだよ。お願いだから、泣く必要なんかないんだよ。隣りの部屋に行ってソファーに横になりなさい。ほら、君の家を訪れるといつも私が休むソファーがあるだろう。君の気持ちが落ち着くようにしてあげるから、いいかい?」

受話器を置くと、何が起こったのかダスカロスはわれわれに話してくれた。シオファニスは南西にある港町のパフォスに着くなり、彼の七十三歳の姉の死を知ったのであった。

「今朝のインナー・サークルの会合の時、そのことを彼に予告しようと努めたんだが……」と、コスタスは思い出したように言った。「実際、いつもの講義ではなく、シオファニスが帰宅した後の出来事に対して心の準備が出来るように会合を進めたんだ」

ダスカロスとコスタスは、これからシオファニスに何が起こるのかを知っていて彼にメッセージやヒントを送っていたが、シオファニスはあまりにも姉を愛していたので、それを会得することができなかったんだ、とコスタスは私たちに言っている。実際、ダスカロスはその日、シオファニスの姉の具合がよくないことを彼に告げていたのであった。事に気づかないまま、シオファニスはパフォスへの三時間ほどの帰路の後、ダスカロスが言わんとしていたことが分かったのであった。

ダスカロスは、亡くなったシオファニスの姉のドーラと親友であるにもかかわらず、少しも悲しんでいる様子はなかった。反対に、死というものは実体のないものだと哲学的に考え、年老いた人の死はまったく自然であることを強調した。

「これから行って、何が起こっているのか見た方がいいだろう」と、ダスカロスは少々心配そうな声で言った。「ドーラには助けが必要かもしれないな」

ダスカロスは目を閉じると、頭を心地良く後ろの方に反らせて腕を組んだ。沈黙して、そこにいた者——シアノ、コスタス、そしてアスパシアのインナー・サークルのメンバーであるわれわれ五人——は、ダスカロスの顔を見つめていた。

十分ばかりわれわれは沈黙していた。ダスカロスは深いトランス状態に入り、口は半ば開いていたが、私は彼の呼吸をほとんど感じることができなかった。われわれは皆、ダスカロスは体外離脱(→用語)状態にあり、パフォスを訪れてドーラを助けていることを知っていた。彼は突然目を開け、背を伸ばすと、その体験を語りはじめた。

「彼女は大丈夫だ」と、ダスカロスはいつもの権威ある調子で言って、続けた。

「彼女は自分の状況が分かっていなくて、それでこう言うんだ。〈ダスカレ、ずいぶんお久しぶりですね。こんなに突然、どのようにして来られたのですか?〉。それから彼女は、一日中気分がすぐれなかったが今はもう大丈夫だ、と言ったんだ。それで、私はこう言ってやった。〈さあ、おいで。君は疲れているよ。眠って少し休みを取るといいよ〉

身内の者たちの嘆きで彼女の意識に不安が生じていたから、私が付き添って彼女の身体（死体）を家から離れさせ、あるサイコノエティックの場へと送り届けたんだ。

残された者がヒステリックに泣いたりすると、死んだばかりの者はしばしば混乱を引き起こすんだ」

そのため、ドーラが平安を見出すには、ダスカロスがこの世とドーラとの繋がりを完全に断ち切らねばならなかったのである。

三十分後、シオファニスはダスカロスに感謝の電話をしてきた。ダスカロスが指示した通りに休息すると、彼の気分は回復したのであった。

ドーラの一件で、死後の状態についてダスカロスと討議する機会が与えられた。私は、ドイツの神秘家で科学者でもあるルドルフ・シュタイナー(↓用語)の本を読んでいて、そこに書いてあることとダスカロスの教えとの類似性を強く感じている、と述べた。ちょうど私が読んでいるところが、サンスクリット語の「**カマロカ**」(↓用語)（Kamalo-ka）という言葉で、それは死後の状態に関するものである。

私は、この問題をダスカロスと話し合うために急いで車で家に戻り、シュタイナーの本を持って来ることにした。引き続きこの話題で彼が議論してくれることを願いながら、三十分そこそこで私は再び戻って来た。

彼の家に入ってみると、他の人たちはもういなかった。ダスカロスはソファーに横たわり目を閉じたまま、携帯用のテープレコーダーでロシア語のグレゴリオ聖歌を聴いていた。音量があまりにも高かったので、私が居間に入り彼の反対側の角にある肘掛け椅子に座ったことに気づかない様子であった。

ダスカロスはすっかり瞑想状態に入っていた。私は彼を眺めながら、彼はおそらく愛するロシアの地に戻っているのだろうと思った。スコットランド人とギリシャ人との混血である両親（彼の祖父は両者ともスコットランドの国籍を捨て、ギリシャ人の女性と結婚した）を持ち、ギリシャ系キプロス人として生まれたが、とくにロシアとの結び付きを感じ、ロシアをこよなく愛しているのであった。

ストアにある彼の小さな図書館には、古いロシアのモノグラフが数冊あった。今生のすぐ前の前世では彼はロシアの作家であり、その強烈な体験の記憶は今も自分の意識の中に生々しく残っている、と私にこっそりと打ち明けてくれたことがある。ダスカロスが髭の生えた十九世紀のロシアの作家で、史上の混乱の真只中にありながら、熱情にあふれて存在の大いなる神秘を深く探究している姿を空想することは、私には簡単であった。

二十分ほどでロシア正教の典礼は終わり、テープレコーダーがカチッといって切れた。そのあと間もなくして、ダスカロスは目を開けソファーの上で身体をまっすぐに伸ばすと、私がいるのに気がついた。

私は、死後の世界についてシュタイナーの教えのいくつかのポイントをまとめながら、前の話を再開した。

「シュタイナーはこう言っています。人は煉獄、別名カマロカに入ると、直前に生きた人生についての再評価の過程を通ります。自我は終えたばかりの人生の三分の一ほどの間、カマロカにとどまります。この間、自我はまだ果たせなかった願いとか切望を抱いて、そのことで苦しみます。ここでの試練の後に、アストラル体は浄化つまり浄罪の過程を通過し溶けて消えてしまいます。カマロカでは、われわれが他人に対してしたことをすべてその他人の立場で経験します。たとえば、殺人者は被害者の観点から自分がしたことを経験する、とシュタイナーは言っています」

「まったくその通りだ」とダスカロスはうなずいた。

「カマロカの後、シュタイナーは、自我はスピリットの領域に入りカルマ(→用語)の負債を払い自分の悪行を正すため次の人生を選択することができ、われわれは自らの両親やどういう環境のもとに生まれるかも選択できるのだ、と言っています」

「必ずしもそうじゃないんだ」とダスカロスは言って、続けた。「どこに再生するかを選ぶのは、現在の人格(→用語)ではなく内なる自己（インナー・セルフ）としての自我なんだ。われわれの自我の魂は、初めてこの世に誕生した瞬間から最終的な解放に至るまで、**絶対**（↓用語）がわれわれに割り当てた守護天使とともに物質界へと同行するんだ。前にも言ったように、われわれはこの天使が自分自身であるように感じるんだ。そして、この天使は自らの良心のすべての面を見ることのできる鏡でもあるんだ。ゆえに、われわれは自分の行いにも気づくことができる。また、それは壊すことも置き去りにしてゆくこともできない鏡なんだ。好むも好まざるもこの鏡はいつもそこにあり、われわれの思考や感情や行動がその鏡に写し出されるのを見ずにはいられない。人が誰かを殺すと、その人は必ず自らの死の目撃者となるんだ。誰かを殺した途端に、自らを殺害することの契約書にサインしたことになるわけだ。シュタイナーの言う通りだ。人は剣で生き、剣で死ぬのさ。この法則は、物質界でもサイコノエティックの次元でも通用しているんだよ。分かるかな？　サイキック界で法を犯すと、その負債はサイキック界で支払い、物質レベルで法を犯すと、物質レベルでそれを清算するんだ」

「ということは、サイキック界に入ったあとでもカルマをつくり得るとおっしゃるのですね？」

「もちろんだ」

「その場合は、物質界ではなくサイキック界で清算しなければならないということですね？」

「その通りだ」。ダスカロスはうなずきながら、さらに説明を続けた。「もし君の考えや感情が物質界で悪業を行った場合、君が負債を払うところは物質界なんだ。何もかもそれがどのレベルの現実に属するかによって分類されているんだ。たとえば、もし君が物質界のレベルである人を殺そうとしてナイフを取り出したが、それを止められたか、あるいは実行が不可能だったとする。このような場合でも君はすでに罪を犯したことになるんだよ。イエスは〈女性を肉欲で見る者は、すでに姦淫を犯したのだ〉と言っているが、まさにそれはいま話していることなんだよ。サイコノエティック界では、この自分の否定的な感情と思考に向かい合わねばならない。それに、たとえ君が殺さなかったとしても、君の憎しみが破壊的なエレメンタル(↓用語)を生み出し、その相手が同じ周波数で波動している場合、物質界で影響を与えることができるんだ。この場合、サイコノエティック界では君はすでに殺人者であり、君が実際にその人を(肉体的に)殺したかどうかは関係ないんだ。〈何一つ秘密にできるものはない〉とイエスが言ったが、君は負債を支払うことになるんだよ」

「感情は物質界に形を与えられて現われてはいませんね。それをどのようにしてサイキック界で支払うのでしょうか？」

「しかし、サイキック次元内で感情は形を持って現われているんだよ」とダスカロスは真剣に答えた。「君も知ってるだろう、サイキック界は異なるレベルの波動にある物の世界なんだよ」

「それは、感情と思考で人が生み出したエレメンタルはサイキック次元で人に付きまとうというわけですね？」

「そういうことだ。ところで、エレメンタルがそうするのを誰が許していると思うかね？」

ダスカロスはまるで大変な秘密を明かすかのように、頭を前に突き出し質問を続けた。

「自我の魂としての君自身なんだ」。彼は人差し指で私の心臓のところを差しながら言った。「分かるかな？ 君の未来の再生を決定するのは、現在の人格としての君ではないんだ。何度も言っているように、われわれ人間は二つの部分から成っている。一つは現在の人格で、罪深く理性を持たず、そして自業自得に陥っている。そしてもう一つは、純粋で完全な叡知に富む内なる自己だ。後者が現在の人格を軽く撫でながら〈ほら、痛みを感じるでしょう？ でも私は何もしてあげられませんよ。あなた自身のためにも、痛みを感じることが必要ですね〉と言ってるんだよ。自我として君の内なる自己も、現在の人格が逸脱して引き起こした悲しみを経験することになるんだよ」

「同様に、イエスも人類の逸脱に対して悲しみを経験されたんですね」

「その通りだ。だから、君を物質界に再生させているのは、四大《しだい》（火・風・水・地の要素）の大師たちと協同である君の自我の魂ということになるんだ」

「ということは、それを決めるのは内なる自己だけではないということですね？」と私は尋ねた。

「もちろんそうだ。一体どんな権利があって、四大の師たちと前もって協力もせずに、自我の魂だけで物質界に干渉を持つことができるのかね？　世界を構成している基本物質である四大は、ただ放り出されたままそこにあるのではなく、それはその師を持っているんだ。君たちが自己表現できるように、肉体（→用語）を与えてくれるのは他でもない、この四要素の師であり、われわれは大天使と呼んでいる。それは、ガブリエル、ミカエル、ラファエル、そしてウリエルだ。君が高度に進化すると、これらの大天使と繋がり、四つのうちの一つになるんだよ。その時初めて君自身でこの基本物質を自由に駆使することができ、物質化現象や非物質化現象をマスターできるんだ。なぜなら、このような現象を行うために君に必要なのは、この基本物質なんだ」

ダスカロスはしばし沈黙した後、話を続けた。

「現在の人格はそう簡単に正気になってはくれないんだ。それが適切に理路整然と考えるようになりはじめる前に、内なる自己によって繰り返し平手でピシャリとやられなくてはならないんだ。現在の人格は狡猾な弁護士のようなもので、自分の行動を正当化する傾向があり、それをしているうちはその人の霊の旅路の進歩は望めないんだよ。これで分かったかね？　どうして私が自己分析と自己克己にあれほど重点を置くのか、が。この二つがちゃんとできるようになれば、今まで無理してやらねばならなかったことが喜んでやれるようになり、痛ましいカルマの体験をしないですむようになるんだ。瞑想の実践と自己分析は君の進化を早めることになるんだ」

私は推論を述べた。

「このような現実に気づいて、それに接する機会が与えられるようになると、人は自然に自分の考えや行動を吟味し観察するようになり、自分のことをより客観的に評価できますね。つまり、徳のある人間になるということですか」

「現在の人格が最終的に気づき、こう言うんだ〈私は認めます、罪や過ちを犯し――〉と」

「しかし、〈私は認めます〉と言うだけでは十分ではないですよね」と、私は口を挟んだ。

「そうなんだ。その状態に到達するとは、私の内なる自己に任せますということを意味し、〈あなた（内なる自己）が正しいのです、私を鍛練して下さい〉と認めることなんだよ。しかし、内なる自己はどのようにして君をそのような気づきに到達させることができるのか？　それは、君が傷つけたか、あるいは不正を行ってしまったその相手の立場に君自身を置いた時なんだ。このやり方で、君の魂の自我は、現在の人格としての君が正気になり罪を犯したことを認められるように手伝ってくれるんだ。もしそういうサポートもなく、君が現在の人格の利己主義的な立場から物事を見ている限り、決してそれを理解することはできず、霊的な存在として進化しないことになる。どうなっているか分かるかい？　これは内なる自己が低レベルの部分である現在の人格を罰しているというようなものではなく、むしろ覚醒させる方法なんだよ。**最も慈悲深きお方**(→用語)は、罰なんてものは考慮されないんだ。われわれの霊の旅路を高く進めていくことに役立つレッスンのみを考慮されている」

「相手の立場に立つという、その立場の転換がサイコノエティックの次元でどのように起こるのか、具体例を挙げて説明して頂けますか？」と私は尋ねた。

「話すのは簡単ではない。これは透明なヘルパーの仕事だからね。サイキックの世界はしょっちゅう、こういう状況に出合うんだ。たとえば、誰かが自分を殺そうとあとをつけている感じがするので助けて欲しい、と言う者と出会う。しかし、実際に付きまとっていると、彼がその時感じている者は彼自身が以前殺した人だということが、透明なヘルパーには分かるんだ。それでは、殺人者を悩ますために殺人者に付きまとって、殺害された者のエレメンタルを送っているのは一体、誰だと思うかね？」

ダスカロスは少し間を置いたあとで、再び優しい声で語りはじめた。

「それは、殺人者の内なる自己で、彼自身なんだ。このような場合は被害者は罪のない人であって、自分が殺されて復讐をするといったタイプの人ではないと言えるだろうね。もちろん、被害者が復讐の念に燃え、殺人者に付きまとうエレメンタルを発するという状況もあるんだ。しかし、私が研究した事例においては、ほとんど復讐のエレメンタルを出すのは被害者ではなく、自らにそういうエレメンタルを送る殺人者自身なんだ」

「殺人者自身とあなたが言う時、その人の良心の源である内なる自己のことをおっしゃっているのでしょうね」

と私は言葉を挟んだ。

「もちろんだ。しかし、殺人者がこのことから学び、心から悔い改めた場合、彼のカルマの重荷から解かれ、犠牲者の苦しみを彼自身が味わう必要はなくなるんだよ。これは重要な点なので、この点によく注意を払わなくてはいけないよ。もし君が過ちから学べば、人を殺害したことを理由に君が殺害される必要はなくなったのだ。〈剣で生きる者は、剣で死ぬべし〉という法は絶対で、取り消し不能であると私も初めは思っていたんだ。しかし、サイコノエティックの次元でさらに調べ、体験した結果、必ずしもそうではないということを発見したんだ。しかし、これによってこの法は通用しないとか、誤っているというのではないんだ。法は超越し得るということを意味している。教訓を学ばず、正気に戻らなければ、君は剣で死ぬんだよ。君の犠牲者が君を最終的に自らの手で殺すようなタイプの人でないかは、どうでもいいんだ。もし、君の犠牲者が霊的に高いところにある人で復讐をしない人であり、君の方は自分の犯した行動が一体何であったのかまだ悟れない場合、君は外科医の手によって死ぬなんてこともあり得るんだよ。しかし繰り返して言うが、君の霊的成長のためにその教えを受けるのが当然だという場合には、そういったことが起こるんだよ」

ダスカロスはさらに続けた。

「しかしながら、君の意識のレベルがある段階に到達し、自分の過去の行為の邪悪さに気づき、徹底的に本心から変容をしたとすると、神は君から重荷を取りあげ、過去の行動について細かい事柄の記憶から君を解放し、君のその行動体験の本質だけを残すようにするんだ。そうすると、次の再生で君は、たとえば腕の立つ外科医になるかもしれない――つまり再び剣（外科医のメス）で生きるということだ――。この場合の人生においては、君は人の命を救うわけだ。つまり、剣を手にして人を殺す代わりに、人を治癒させるわけだ」

「ということは、カルマの法は絶対で、変えることはできないというのではなく、それは克服され得るものだとおっしゃってるんですね？」

「その通りだ。カルマは自然の法則だね。しかし、それは他のすべての法と同じように、より高次の法を通して超越される。これこそがキリストの教えなんだ。キリストが懺悔を唱道されたのもそれが理由なんだ。もし、カルマが揺るぎ難く容赦なき法であれば、キリスト教は捨て去られ、〈互いに重荷を背負い合いなさい〉という教えは無意味なものとなるだろうね。

カルマは因果の法則(→用語)で、物質界も含めた創造界の全領域で見出され、物質が四要素の凝集と愛の法によって創造されると、その物質はそれ自体が持っているカルマの形態に支配されることになるんだ」

「あなたのおっしゃっていることが理解できたかどうか、自信がないんですが」

「じゃあ一つ、岩のカルマを例に取ってみよう。水と泥土とある温度との合成が、これから話す岩をつくり出したということにしてみよう。この岩のカルマは、ある一定量の水や土や火などが持っているカルマの結果から生じたものだ。この観点から、ある数学的計算（地球の自転、温度、雨量など）に基づいて、われわれはこの岩の未来のカルマを予見できるんだ。つまり、これは百年、二百年、五百年、あるいは千年以内に分解して消えてしまうだろうという風にね」

「物理の法もカルマの形態だとおっしゃってるんですか?」と、私は少し驚いて尋ねた。

「まったくそうだ」とダスカロスは強調して答えた。「しかし、別の法もある。それは、思考や判断を司るマインド（↓用語）、つまりヒューマン・マインドの法で、より高い次元の法だ。私はこの岩の法則を研究し、千年たつとこの岩は自然に消えてしまうという発見もできるが、もし私が一本のダイナマイトを使えば、数秒にしてそれを爆破してしまうこともできる。千年たてば自然に消える岩が思考によるヒューマン・マインドの介入の結果、数秒にして消滅させられるわけだ。千年のカルマが、あっという間に克服されるのだ。今や新しい現実と新しいカルマがつくり出された、ということになる。もちろんこれは、私がカルマを廃止したのでも、私の周りにある無数の他の岩のカルマを消してしまったわけでもないんだよ。同様に人間の知性はジェット機を発明し、一時的に引力の法則を克服し、数時間にしてキプロスからロンドンへ飛ぶことができるようになる。しかし、もしエンジンが止まってしまうと、飛行機は墜落してしまう。引力の法則は一時的に克服されてはいるが、それをなくしてしまうことは不可能である。引力の法則もカルマであり、それは存在しつづけるんだよ。

この二つの例から、マインドは物質レベルでのカルマに影響を与え、それを変えることができるのだ。同様に、人間の意志という形態をとって、その個人のカルマを物質レベルだけでなくサイコノエティックのレベルでも変えることができるということが分かるはずだ」

「どのようにそれがなされるのか、具体的な例を挙げて頂けますか？」

ダスカロスはしばらく考えてから、背をまっすぐに伸ばし話しはじめた。

「そのことで私自身が調査した例を挙げよう。キプロスで最も腕の立つ外科医の一人が私の弟子で、彼はとても熱心な人だった。数年前に亡くなったが、私はいまだに彼と連絡を取り合っているんだ。彼の一つ前の人生は、十九世紀のオーストリアの政治家だった。彼はギリシャ人の敵で、オスマン・トルコに反対するギリシャ革命家たちの敵でもあった。ギリシャ人に対する彼の敵意は大変なもので、彼は国外追放されたギリシャ人革命家を逮捕し、処刑する手助けをしていた。さてこの場合、カルマがどのように作用しているか気づいたかな？　今生で彼は、キプロスにギリシャ人として生まれ、トルコ人に直接ぶつかることになったわけだ。彼はドイツとドイツ文化に取り憑かれ、人は彼を〈親独家〉と呼んでいた。ドイツで医学を学び、キプロスに戻って外科医となった。ギリシャ系キプロス人であったにもかかわらず、ドイツからキプロスの名誉領事に任命されたんだよ。

ある日、講義のあとで彼と一緒にパーティーに出席するため、リマソールへ向かったんだ。私がマカリオス（大主教でキプロスの第一代大統領）に初めて会ったのもそのパーティーだったんだが、その外科医はマカリオスの友人でもあったんだ。それで、その夕べのひとときに、彼は大主教に輪廻転生を信じるかどうか質問を投げかけたんだ。大主教の答えは、〈ねえ君、すまないがその質問に答えるのは避けさせてもらえないか〉ということだった。当然、彼は用心深く慎重だったんだな。なんと言っても大主教だからね。すると、この医者がこう言ったんだ。〈ねえスピロ、おそらくあなただったら、私に教えて下さると確信できることがあるのですが……。まず、実際に輪廻転生を私は受け入れているとお伝えしておきましょう。いくつか体験があり、それが真実であるか確認したいのです。しかし、あなたとお話しする前に、隣りの部屋に行って、過去生らしき記憶を書きとめておきたいと思います。そうすれば、あなたが何をおっしゃっても、私は影響を受けないでいられますからね〉
それから、彼は隣室に行って次のように書いた。〈私はドイツ人かオーストリア人であり、ギリシャ人の敵であった。覚えているわけではないが、ギリシャ人を河で溺れさせたりして、とにかく彼らに敵対するようなことをたくさんしたような気がする。キプロスにギリシャ人として生まれたことは私に対する罰で、今はちょうど罪の償いをしているような感じである。神に、変死で人生を終えるようにだけはしないで下さい、と祈っているが、それは自分が変死するのではという恐れがあるからだ〉
彼が書き取ったものを私に見せる前に、私は彼の潜在意識に入り、この一つ前の人生で彼がオーストリア人であるのが分かった。私が〈君はギリシャ革命の敵だったね〉と言うと、彼は〈今のところはあなたと同じだ〉と答えた。〈君はトルコびいきで、いまだにそうだね〉と私が言うと、〈それのどこが悪いんでしょうか?〉と彼が聞いてきた。〈いいや、何も悪くはないよ。君がトルコ人を兄弟姉妹と見なし、そう感じているだけであって、政治に対するトルコびいきということでなければね。私だって、君が敬愛しているのと同じくらいトルコ人を人間として敬愛しているからね。いや、ひょっとするとそれ以上かもしれないな〉と答えた。すると彼はこう言ってきた。〈それは認めますよ〉。こういう具合に会話は続き、私は彼の立場について詳しい説明を続けた。〈さて、君は外科医となり、ナイフで人命を救い、それは剣で生きているということだ。しかしそれは君が剣で死ぬということではなく、君が前世でしてきたことに対するカルマの罪滅ぼしのようなものとして行っている善行なん

だ〉

私はこの時初めて、人が過去の悪行に似た方法で良いことを行えば、その悪行をカルマのリストから消せることを発見したんだよ。つまり、人がその悪行から学ぶべきことを学んだ場合、その見返りとして同じような悪を被る必要はなくなるというわけだ」

「このカルマの法則を最初に発見したのは、あなたなのですか？」と私は尋ねた。

「他にも発見した人がいるに違いないし、これから先もこの法則を発見する人がいるだろうね。私自身の体験から得た発見としては、あれが最初なんだ。その後もこの法則の裏付けのために、他の人たちの人生をより観察するようになり、彼らの輪廻転生を研究しそれを再確認したんだ。だから、これは事実だという確信があるんだ。もちろん、このような事柄は私が知る限りにおいてはどこにも書かれてはいないよ。また、この法則が教会の賛美歌の〈最も慈悲深き神、罪人を許されるお方〉という歌詞にうまく当てはまっていると思えるんだ。人は善行を通して借りを返すことができるというように、ね。そこで私の推論だが、これはキリストによってわれわれに与えられたメタノイア（→用語）の目的であるに違いない、と考えたんだ。さもなければ、贖罪《しょくざい》とか悔い改めの意味はどういうことになるのかね？　カルマはまったく複雑なメカニズムを持っていて、以前にも言ったが、私はカルマについてほとんど分かっていないんだ。もっともっと研究して学ばなくてはならないものがたくさんあるんだよ」

「しかし、あなたがカルマについていま説明されたことに、私は本当に畏怖の念を感じました」と私は言った。

「いいかい、私だって畏怖の念にかられるんだよ。さらに付け加えると、実際どのようにカルマが作用しているのかという詳細については、天使にさえも知られていないんだ。ここで話していることは、命とか人生そのもののことなんだ。分かるかい？

そこで、友人のこの医者はアドバイスを求めにやって来て、〈私は何をしたらいいですか?〉と尋ねたんだ。そこでこう答えた。〈貧しい人が手術を頼みに来た時は、いつでも無料で手術を引き受けてあげなさい〉。彼はそれを約束し、実践した。引き替えに、彼が困った時はいつも私に助けて欲しいと頼んで来た。私が手術室に入って彼のすぐ隣りにいてくれるようにと頼んで来た。それで私は援助することを申し出て、私を必要とする時はいつも彼の傍にいたんだ。彼は死ぬまでこの島の指導的な外科医を務め、寿命を全うしたよ」

「手術台に向き合う彼の隣りに、あなたは肉体でいらしたとおっしゃっているのですか?」と、私は自分が得た情報を確認するために尋ねた。

「もちろんそうだよ。彼は私のいい友達で、彼に呼ばれた時はいつでも病院に行って傍にいてあげたんだ。彼はカルマの負債を、変死を体験することなく支払ったよ」とダスカロスは強調した。

「彼は、自分の過去の行為が何であったのか、それに目覚めた。それによって彼の学ぶべきことを学んだので、彼の悪行に等しい罰を受ける必要がなくなったんだ」

「それでは、ちょっと質問していいですか」と私は言った。「この人の場合は、肯定的な形でカルマを清算しましたね。それに対し、カルマを清算し正気を取り戻す前に、なぜ繰り返し苦しまねばならない人たちがいるのでしょうか?」

「すべての人間には選択権が与えられている。君がカマロカにいる時、その内なる自己の部分が意識的に四大《しだい》の各大師とコンタクトを取るんだ。こうして内なる自己は、君がこの世に降りて来てカルマの責務を果たせるように、君にその機会を与えてくれるんだ。それをどういう風に果たすかは君の選択なのだ。私は、ルドルフ・シュタイナーがこの世に降りて来るのはその人自身が選択している――つまりその人自身とは内なる自己だが――と言っているのには賛成だ。それでは、いつそれが行われるかということだが、貸し借りの関係を、つまり君が借りているものと、他人が君から借りているものとの帳簿を調べたあとということになるんだ」

ダスカロスはあたかも帳簿を手にしているかのように、ページをめくる振りをした。

「私はこの医者と似たような事例をたくさん研究し、第二の死の前に次の人生の展開を選択する自由がすべての人にあるということが分かった。人は皆、いつこの世に降りて来て、どのようにカルマに取り組むのかを、次の再生に入る前に選ぶことができるんだ。もし君が直前の人生で残忍な狼のような人間であり、カマロカでも残忍な狼のままでいたとすると、君は狼となって降りて来て何度も噛み、噛まれるわけだ。ところが、カマロカで前世で与えられた教えを吸収し、自分のしたことに気づき正気を取り戻した時、野生の狼から、狼狩りの犬へと変容し、奉仕の仕事をするようになるわけだ。殺すのではなく、奉仕のためにこの世に降りて来るのだ。チャンスが君に与えられたということで、神の偉大なる慈悲がここに働いているんだ」

「ダスカレ、数年前にあなたは私にこうおっしゃいました。いったんカルマをつくってしまうと、その背景にある状況や条件を仮に人が乗り越えるか、あるいはそれから学んだとしても、それには関係なくカルマに責任があると見なされる、と。あなたはまた、人は善し悪しに関係なくどんなエレメンタルをつくろうともそれに向かい合わねばならない、と言われました。これは、今日のカルマを乗り越えることと**神の慈悲**についてのお話と矛盾するのではないでしょうか?」

「いいや、矛盾していないということを説明しよう。何度も言っているように、カルマは何らかの方法で清算されなくてはならず、それは因果の法則であり、帳尻が合わねばならないんだ」

「それならば、人はカルマを超えられません」と私は論駁した。

「とんでもない、超えられるんだよ」と、ダスカロスは力を込めて言い、そして続けた。「そのカルマをつくり出した行為を繰り返さないという意味でそれを超えるんだ。つまり、そのカルマをさらに増やさないように、人が借りを増やすのをやめれば、清算できるところに達するだろう」

「あなたの友人の外科医の事例では、前世で悪行を犯し、普通ならそれに応じた支払いをするところが、それをせずにすんだとおっしゃいました」

「しかし、彼は借りをそれに相当した善行で返したんだよ。もちろん、彼は借りの負担を感じていた。いずれにせよ、彼は学ぶべきことを学んだがゆえに、カルマのムチで打たれるのではなく、むしろ肯定的な形でカルマの負債をなくしていったんだ。そういう形で収支勘定の帳尻を合わせたんだ」

私はうなずいて言った。

「分かりました。カルマの借りを返すには、苦痛を引き受けるか、利他的な行為によるかということですね」

「まったくその通り。もっと簡単な例を挙げると、私が賭博師で一晩に二百ポンドを失い借用書を書いたとする。次の晩もまた百ポンド失くし、借りは三百ポンドに増えた。それで私は不愉快になり、賭博は私によくないと徐々に気づきはじめ、その次の晩は自制し家にいる。もう賭博はしないと、徐々に無関心になりはじめる。しかし、この無関心な態度には段階があるんだ。だから決断力が十分でなく、五日目には賭博のエレメンタルに負けてしまい、再度、自らの弱さが招いた破滅的な結果を味わうことになる。今度は五百ポンド失い、今や私の借りは八百ポンドに達し、その痛手に私はもう耐えきれなくなり、やっとここで学ぶべきことを学ぶんだ。それ以来、二度と破ることのない約束を自らに課す。〈賭博は二度としない〉と。しかし、私の借りはまだそのままで、何らかの方法で支払わねばならない」

私が言葉を挿し挟んだ。

「似たケースで、過去生で多くの人を殺したかもしれないが、その行為の罪性に気づいた後はその悪行に相応する宿命に苦しむ必要はなく、あなたの友人のように善行や人命救済といった形で支払うということですね」

「その通り。その人は学ぶべきことを学んだということだ」

「それは以前にあなたがおっしゃった、今日の殺人者は明日の聖人とか明日の啓発された師ということですね。しかしどうでしょう。歴史上で大量に殺害をしたような人たちは、たとえ彼らが進化の過程のある時点で学ぶべきことを学び悔い改めたとしても、一体、どのようにして借りを支払うのでしょうか？」

「その時は**神の慈悲**が介入する。いいかい、彼《か》のお方は福音書が伝えるように、〈世の罪を負う者〉なんだよ。これが**ロゴス**（→用語）なるイエス・キリストの役割なんだ」

ダスカロスは目を輝かせて上の方を力強く指差した。

「どの時点で**ロゴス**は人のカルマを請け負いに来られるのですか？　あなたの話では、総額で八百ポンドという借金でしたが、それは何とか支払える金額ですよね。しかし、借りが五億ポンドだったらどうでしょう？」。質問が単純すぎたかと微笑みながら、私は尋ねた。

「それは人の能力によるんだ。たとえば、二千ポンド払って、あとはロゴスが面倒を見て下さる、という具合にだ。もちろん、その人が学ぶべきことを学んだ場合に限ってだが」と答えて、ダスカロスは続けた。「キリストが何とおっしゃったか覚えているね。〈汝と私は一体である〉。さて、どうなっているのか分かって来たかな？キリストは言われた。〈汝が私の兄弟にしたことは何であれ、汝はそれを私にしたのである〉と。したがって、善であれ悪であれ、人の行為を受けているのはキリストなんだ。それでわれわれの宗教では、〈貧しき者に施しを差し出す者は、神に与えているのである〉と言うわけだ」

それからダスカロスは、私を指差して言った。

「君は一人の人間としてある生得権を持っている。つまり、君の弱味や罪のようなものを清算する時、君の支払い能力を超えてまで試されたり、苦しめられたりはしないんだ。支払いきれない残りの借りは、**ロゴス**によってその責任が取られるんだ。それだからこそ、キリストのメッセージはわれわれを感動させずにはおかないんだよ。真にキリストは〈世の罪を負う者〉で、このことはキリストの磔《はりつけ》で象徴されているんだ」

「あなたが何度も言われてきたことですが、**ロゴス**は〈真の**光**で、この世にやって来るすべての者を照らす〉ということでした。その**光**は、われわれすべての者の中に見出すことができますね。したがって、**ロゴス**が十字架で磔になったという例は、現実にはわれわれ各自が互いのカルマを背負い合うようにと指示しているのですね」

「その通りなんだ。しかし君が誰かの重荷を背負う時、実はその重荷はいつも自分自身のものなんだということを自覚しているようにね。君の進化がキリスト意識（↓用語）の発達段階に到達すると、他人の重荷は君の重荷であるということに気づく。君も他の人も人間であり、内にキリストを持っている。したがって、われわれは運命を共にしていることになり、借りを共有していることになる。このことが分かるかな？」

ダスカロスはさらに話を続けた。

「この事実は、ギリシャ正教の中にも見出すことができるが、司祭たちはそのことにはまったく気づいていないんだ。もちろん、私が何度も言っているが、カルマがどう作用しているのか完全に分かっている者は一人もいない。それに、どこで人が一番つまずいているのか、分かっているかい？　それは**神の慈悲**のところなんだよ」

「たぶん、**神の慈悲**は次のような例え話にあらわされているのではないでしょうか？　母が愛する子供に大切な技術を習得させるため、その子に訓練の機会を与えてあげたいと思い、子供が思うままにあちこち探求して回ることができるような自由を与えてやります。しかしその間、子供は何度も倒れ、繰り返し傷つき、母は子供がなにをしているか、いつも心配して見守っているのです。そして、子供が崖から落ちそうになった瞬間、母は飛び出し、子供を救います。この瞬間がまさに、**神の慈悲**としての**ロゴス**がわれわれの重荷を軽くし、カルマの借り、つまり断崖（危機）からわれわれを救うために介入する時期に相当するわけですね」

「その通り」

「したがって、最も悪名高き大量殺人者も最終的には罪を償われ、奈落の底から救われることになるのですね」

「まったくその通りだ」とダスカロスは叫ぶように言い、その後、この問題に一生懸命取り組み、もがき苦しんでいた十五歳の頃の体験を詳しく話しはじめた。

「当時、私は一つの詩を書いて、何人かの人たちを呆れさせてしまったんだ。その詩で、私は自分の重荷を解いてもらえるように跪《ひざまず》いて神に祈っていたが、神は罪人たちに注意を向けていた。私の方を見てくれない神に私は文句を言い、そして詩の終わりのところでキリストがこう答えるんだ。〈私はお前を愛しているのと同じだけ、罪人を愛しているんだよ。罪人たちにはいま私の助けが必要なんだ。だから、お前は私を待っていることができるね〉」

「たぶんそれは、あなたが他人のカルマを心から進んで受け入れられるように、初期の訓練があなたに与えられ、その時の苦闘の一部なんでしょうね」

「そうなんだよ」とダスカロスは微笑みながら続けた。「まず初めは、君に近しい者のカルマを背負うことを学び、後になって罪人や敵と見なされている者のカルマを背負うことを学ぶ」

「それができるには、霊的進化の高いところに到達していなければなりませんね」と私は言った。

「そうだ。しかし、これこそが道(↓用語)であり、われわれに先駆けてキリストが示されたお手本なんだ。十字架に磔にされ、彼が言われたことを覚えているね。〈父よ、彼らをお許し下さい。彼らは何をしているのか分かっていないのです〉」


エミリーの友人のミランダがドアをノックしたので、私たちの会話は中断された。彼女はダスカロスに、彼女の六歳の息子の診察を頼みに来た。少年はここ一年ばかり腹部に痛みを感じていた。医者の診断によると、何も悪いところはないとのことである。しかしミランダは、息子はよく眠れず、きっとどこか悪いはずだと主張する。ダスカロスは、少年を膝に乗せて腹を擦りながら子供向きの話をした。ダスカロスはすぐに診断を下した。

「心配する必要はまったくないよ」と、彼は威厳のある声で言った。「腸に寄生虫がいるんだ」

それから彼は、医者の処方せんがなくても買える薬を勧め、息子はすぐ治ると母親に保証した。ミランダはダスカロスに感謝し、息子の手を取り帰って行った。

一カ月後、私が彼女に様子をうかがってみると、彼女は次のように報告してくれた。ダスカロスの家を出てすぐ息子を医者のところに連れて行き、便の検査を依頼した。その結果、ダスカロスの診断が正しいことが分かったのである。薬を少量服用して寄生虫を駆除すると痛みは消えたという。このような出来事は、ダスカロスの家では日常茶飯事だった。


ミランダと息子が去った後、私はダスカロスとの会話を再開した。その頃にはエミリーも加わり、ダスカロスの隣りに座って熱心に話に聞き入っていたのである。

「ダスカレ、〈第二の死〉の概念について質問したいのですが」と私が口火を切った。

「君が〈第二の死〉と言う時、それはカマロカのことであり、低いレベルのサイキック界にある時から再生寸前の時までの時期を指しているのかい」とダスカロスは応じた。

「第二の死と聞いてぞっとする者がいるが、それは第一の死（肉体の死）のようなものを想像しているからなんだ。第二の死はその前の死とは異なり、カマロカでサイキック体（↓用語）を消滅させるということで、人はその死に気づきもしないんだよ。なぜなら、それは非常にゆっくりと進むからで、突然起こるというものではないんだ。肉体の死後——より正確に言うと肉体を捨てた後——、肉体がそこに横たわっているのが見えるが、第二の死はそういう肉体の死とは違い、サイキック体を否定的な波動から徐々に清め、その結果、自分を取り巻く環境がますます超自然的になってくる。それは、日の出の時に景色が明るく照らされてくるのに似ているんだ。暗闇にいて、ほとんど何も見えない状況を想像してみると、この場合、たとえば満月の明かりで景色が見えはじめるが、それは同じ景色だ。つまり、見えはじめたのは景色が変わったからではない。その後、色が見えはじめる。さらにもっと光を感じるようになり、気分がよくなってくる。さて、朝が来て景色は明るく照らされ、はっきりと見える。海辺から爽やかなそよ風が吹き、鳥も鳴き出す。太陽が真昼に向かって移動しはじめ、周りの景色に光をふんだんに注ぎ、景色は強烈な明かりを受けて活気を帯びてくる。第二の死はこんな感じなんだよ。

　このサイキックの場は各自それぞれに入って行くべきところで、人の意識と霊的発達状態に応じて異なるユニークな場なんだ。そして、景色を照らす太陽は人の内側から昇り、それは物質界にあるような天体の類いではない。様々な変化は人の内側から生み出されるものなのだ。これは私の体験によるものだが、第二の死によって人は、それまでの暗く重苦しく混乱に満ちた世界が徐々に明るくなり、超自然的な感覚が増して自分の理解力が拡大するのを感じるようになるんだ」

「ダスカレ、死後のサイキックの次元では、必ずしも暗闇に入るとは限らないんですね」と、私はそれとなく聞いた。

「それは、君がどれだけの光を持っているかによるね。そこの景色を照らす光は君そのものなんだよ。何度も言ってきたことだが、最も暗い地獄でさえ、そこにあるもの自体は美しく綺麗なんだよ。神、すなわち**絶対**の内ではすべてが美しい。もちろん、君がその美を見抜けるかどうかだけどね。なぜなら、君の中にある美意識を通してのみ、美を認識することができるのだから。私の話は奇妙なことに聞こえるかな？」

ダスカロスは私たち二人を見て微笑みながら言った。

「しかし、これは本当なんだ。第二の死を恐れる必要はなく、むしろ追求するべきものなんだ。さらに第二の死は、より高いレベルの気づきと啓発に向かう一つの過程なんだ」

「すべての人間がこれを通過するのですか？」

「すべての人間は、これを体験する可能性を秘めているんだ。彼らが前に生きた人生から学ぶべきものを学べば、それを体験することになる。そうでない場合は、カルマの師が現在の人格としての自我を眠りに就かせるんだよ。つまり、サイキック体はただちに溶けてなくなり、束の間でノエティックの次元を通過し、物質界へと降りて新たに再生する、というわけだ。このような場合、その個人はノエティック体（↓用語）を経験していないし、ノエティック体に気づかないんだ。この一連の変容過程はとても複雑なんだ。ところで、シュタイナーが、個人個人はその前に生きたばかりの人生の三分の一に値する期間、カマロカにとどまる、と言ったということだが、彼は間違っているよ。煉獄の期間は、人によって異なるものなんだ。その前の人生の教えを統合・研究し、それを十分理解するには、人によっては百年とか二百年かかる者もいれば、二、三カ月という者もいて、人に依りけりだよ。たとえば、極めて悲劇的な激しい人生を生きてきた者は、その人生がサイキック体の中に動揺と激しい波動を生み出し、この激しい波動を鎮静させるためにカマロカにより長くとどまる必要があるかもしれない。サイキック界にどれほどとどまるかは、個人個人の問題によって決まり、数学的な公式——すべて同じ年数であるということ——であらわすことはできないんだ。

私自身の転生を研究して分かったのだが、私が再びここへ働きに降りて来る前に地上の時間でいうとほんの一年か二年、あちらで過ごしているんだ。私が前世のことをよく覚えている部分的な理由はこれなんだ」

しばし間を置いてから私が言った。

「第二の死を迎え体験することとは、完全に意識があるままサイキック体を超越してノエティック体に入って行くということですが、それはある一定の霊的な進化を前提として、ということですね。そして、それは霊的な努力に対する報酬のようなもので、つまり、この場合の報酬とは催眠状態のような現在の人格でいるのではなく、意識をしっかり持つということですね」

「その通り」。ダスカロスは手を叩いて言った。「実際に真に自分のものとして、人がこの人生で持っているものは何だと思う？　それは肉体か、それとも意識かね？　神の創造された世界の中で、つまりそれが物質界という下部の世界であれ、サイキック界であれ、またはノエティック界(↓用語)かそれを超えた世界であっても、そこで人が本当に命として持っているもので〈自分のもの〉と呼べるものは、意識以外に何があるのかね？　肉体を見てごらん、自分のものだと言えるかい？　もし私が肉体に麻酔薬を注入したら、それはそこに横たわっているだけで何もできやしない。それなのに〈私の体〉だなどとどのようにして言えるのかね？　だから、現在の人格でも内なる自己でも自己意識がなかったら何も学ぶことはないんだ」

「それはどういう意味でしょうか？」

「じゃあ、こう質問してみよう」とダスカロスは言って、答えた。「現在の人格は自己意識を持っているかな？　答えはノーで、貧困な潜在意識を持っているだけだ。それは〈私はこれこれだ。私は――、私は――〉と自慢する。こういう状態にいる限り、現在の人格の周りをぐるぐるとうろつき、増幅した自己中心癖に囚われているだけなんだ。知ったかぶりをするが、実際、それは一体なにを知っているというのかね？　夜になればこの平凡な自己意識は眠りというもので麻酔にかけられ、目覚めてこの物質界に戻って来るや、何も覚えてはいない。かといえば、自らつくった悪夢に苛まれている。この悪夢も自分の欲望を抑制できなかった結果なんだ。これが、覚醒するまで大多数の人間が経験している不幸な運命なんだ」

一般的な人間の生き方は実に創造性に乏しいのである。そして個人の霊的進化の一つには、それに対応させながらサイコノエティックの能力を発達させるという目的がある、とダスカロスは繰り返し言っている。ダスカロスの教えにおいて、肉体は自我の魂の牢屋で、この肉体の限界を超えることが人間成長の中心をなしている。この限界を超えると、肉体が眠っている間も完全に意識が目覚めていることができるようになるのである。

個人的な問題を抱えた訪問客とダスカロスが三十分ほど過ごした後、エミリーが口火を切った。

「第二の死を体験するとはどういう意味があるのか、そしてどんなタイプの自己意識をそこで持つのかをお聞きしたいと思います」

ダスカロスは説明を始めた。

「第二の死の時点では、感情といっても大変低いレベルの感情のことだが、それがもはや君の中で支配的な力を持たず、思考が中心になる」

そこで私が尋ねた。

「思考と知性をどのように区別するのですか？　あなたが〈思考〉とおっしゃる時、愛とか情を欠くことになりませんか？」

「愛は情とか気持ちではないんだよ。**愛**はまさに**絶対**の本質で、われわれは**愛**と普通の愛とを区別しなければいけない。太陽と、燃えている木やロウソクを区別しなければならないのと同じだ。ごく普通の人間の気持ちとか心情の世界は、たとえ最も高貴と見なされている人のものであっても、高い意識レベルから見ると、それはただの燃えている木に過ぎず、ほんのかすかな明かりをわれわれに与えてくれるだけだ。焚き火と太陽とでは比較にならないよ」

「しかしダスカレ、第二の死の時点で思考の世界へ入るとおっしゃいましたが、それは、気持ちや感情をなくしてしまうということですか。そこではそれが必要ないのですか？」とエミリーが尋ねた。

「この点でも、現象としての感情と、本質としての感情とを区別しなければいけない。ノエティックの高次元(↓用語)では、人は愛となり愛そのものなんだよ。低次の世界では、基本的には利己主義的自己愛の反映として人は他人を愛しているが、愛はそのようなものではないんだ。低いレベルでは、人は愛していると思っていても自分自身に心を奪われているんだ。だから、ここで私が感情と言っているのは、こういった低いレベルのことなんだ。この惑星では、真に愛することを知っている人はあまりいないよ」

「それは程度の問題ですね」と私が言った。

「そうだ。だからノエティック界に入ったら、君はどんな種類の感情を持ちたいかね？」

「ノエティック界は思考の世界だ、とあなたはおっしゃいましたよ」と私は答えた。

「しかし、どんな種類の思考かね？　君は思考という意味を、感情という意味から切り離して考えているんだね？」とダスカロスは言い、少し間を置いた後、微笑みながら静かに話しはじめた。

「われわれは深遠な難しい問題に入っているんだ」と、彼はわれわれに注意を促した。

「ちょっと質問するよ」と言って、腕を組みながら椅子に反り返った。「ノエティックの高いレベルでは、思考とは何だと思うかね？」

私は、まるでできの良い生徒が学校の先生の期待に応えて正しく答えようとするかのように言ってみた。

「ええと、それは**マインド**が形成し明確に形を与えたものです」

「しかしそれは、**マインド**がそこにある対象物について形成したり、それに明確な形を与えたりしたものなのか、それとも君自身がそこにある対象物そのものになることなのか、どちらなのかな？」

ダスカロスはわれわれの目の前に対象物を想定し、それに向かって手を伸ばした。

「高次のノエティック領域では、物が自らの外にあるということはないんだ。人はその物になり、それはわれわれが〈**一体状態**〉(↓用語)と言っているものだよ。高次のノエティック領域では、自分の外の現実を理解しようとして、マインドを使って思考の形を形成せずに自分の外にある現実そのものとなるんだ。ノエティックの高次元に至ると、意識的に自分の好きなようにどんな形もとれ、また、自分自身でもあり続けることができるんだ」

ダスカロスはさらに続けた。

「こういう体験を言葉で伝えるのはとても難しいことだ。無理して言葉をつくり、その本質を表現しようとする時もある。たとえば、ギリシャ語に〈アンティレプシス〉(↓用語)（知覚、気づき）という言葉があるね。先日、インナー・サークルのメンバーに〈シナンティレプシス〉(↓用語)（共に気づいていること）という言葉を紹介したんだ。本当はこんな言葉はないんだが、この言葉が合うような現実が、高次のノエティック領域にはあるんだよ」

「シナンティレプシスとは何ですか？」と私は尋ねた。

「それは、二人以上の人たちが彼らの意識の中でまったく同じように教えを吸収したり、対象物を同化吸収することなんだ」

「私の理解が正しければ、皆が物を同じように知覚することですね」と私が言った。

「違うんだ。シナンティレプシスとはその物になるということなんだ。シナンティレプシスが起こる前に一体化が起こる。われわれはこのような言葉を使っているが、一体、どれくらいの人たちにこのような言葉が理解できるのだろう」

　エミリーが言葉を挟んだ。

「あなたの定義通りの言葉で言いますと、その高次のノエティック領域では、物の本質に入り込み、現実そのものになる。それがあなたがおっしゃっているこのレベルにおける〈思考〉で、人が高い境地に達すると、第二の死の時点でこのような状態を獲得できるということですね」

「その通り。こういったレベルでの思考は自己そのものなんだ。それは自己の本質であり、己れを喜ばせたり、がっかりさせたりする外部にあるものではないということだ。こういった高いレベルにある思考は愛そのものなんだ。最高の境地とは、〈汝の敵を愛せよ〉というキリストの教えを人が真に理解し、それを実際に生きるということなんだよ。この地点に到達すると、われわれの本質が殺人者すらをも自分自身と見なすようになるんだ」

「真実を理解すること。これが高次のノエティック領域での思考の性質ですね」と私は付け加えた。

「いや違う。**真実**になること」と、ダスカロスは私の間違いを正した。「キリストは何と言われたかね？　〈私は**道**であり**真実**であり**命**である〉なんだよ」

「そして感情の堂々巡りを断ち切って、真実と現実を同化し吸収する時がやって来るわけですね」と私は続けて言った。

「そうだ。それでは、ノエティックの高次元において感情とは何か？　それは溶けて消えてしまうものなのか？　答えはノーだ。それはたまった不純なものから浄化される。例を挙げると、こんな感じだ。まず、手に悪臭を放つ泥を一塊り持っていて、それを火にかけると土と水に分離する。すると純粋な二つの要素となるわけだ。われわれの感情はその泥のようなもので、憎悪、怒り、嗜好、共感、反感といった様々な感情の混合なのだ。純粋な形態となった土の要素は良いもので、それは母なる大地であり、臭い泥の純粋な形態は土と水というわけだ。私は泥をなくしてしまうべきだとか、感情はなくしてしまうべきであると言ってるのではないんだよ。より高いレベルの作用物[*8-1]を使って、私は泥を水と土に純化する。土は純粋で聖なるものであり、水もまた同じだ。そして人は三次元内で自己表現をするために土の要素を使い、そのようにして人は土の要素に敬意を払っているわけだ。どういうことになっているのか分かったかな？　覚醒のレベルに到達すれば、**絶対**の中には何一つ醜いものなん

＊8-1　ここでダスカロスが使っている例えでは「火」という作用物。「土」は三次元を代表する要素、「水」は四次元（サイキック界）を代表する要素、「火」はその上の世界を代表する要素。

てないことが分かるんだよ。では、醜いとは何か？　それは分離の世界の中で与えられた意味であり、人は様々な度合いでそれを表現しているんだ。

さて、私がノエティック界の高いレベルに到達したら、愛を捨ててしまうと思うかい？　私の友人や孫たちに対する愛を捨て、情を捨てると思うかい？　答えはノーだ。ここでこそ、キリストの言葉が理解できるんだよ。人はすべての人を同じように愛するようになるんだ。分かったかな？」

「愛をさらに増すのですね。減らすのではなく」と私が付け加えた。

「それだよ。人によってはこういう考えを聞いて反感を感じる者がいるが、彼らは、孫を愛するように浮浪者や売春婦を愛することが可能なのか、と異論を唱える。私は、それは可能であり、それができるよう努めねばならない、と答えるんだ。たとえ私が孫と同様に他の人に愛を与えたとしても、孫は何一つ失わないよ。

さて結論をどう持っていくかな？」とダスカロスは言った。

「今日、話題となった感情とは、利己主義が強すぎ、それを満足させるためのものを指し、それは真の愛の表現に変わらなければならない。そのために捨てるものなど一つもないのだ。それどころか、反対に多くを得るということだね。しかし、こんな風に言う人がいるかもしれないな。カマロカのあとは感情は何の価値もなく、感情を伴った人生に欠ける、とね。それはその通りで、つまり今日表現されているような形での感情には何の価値もないということだよ。悪臭を放つように混ぜ合わされた水と土には何の価値もなく、それを浄化したら水も土も良いものなんだと気づきなさい。それ（水と土）より高いレベルの作用物である火を使ってこの二つの要素を分離させ、浄化しなさいということで、自分自身が**マインド**、つまり清浄な**マインド**となりなさいということなんだ」

「それは、思考という意味ですか？」
「いいや、思考ではなく**マインド**なんだよ。おおざっぱな例だが、今、**マインド**が対象物に当たる光であると仮定してみる。さて、光が当たると、その物体の像がわれわれの目に入り視神経に刺激を与え、それを脳に伝えた結果、〈見える〉と人は言うわけだ。これが標準的な思考だ。その後、情動が生じ、これを好きか嫌いか？　これが欲しいか欲しくないかという具合にね。さて、この場合は観察する私と、私によって観察され、そこに存在する対象物があり、人はそれぞれに判断するわけだね。ところが、私が話していたものは、これとはちょっと違うんだ。私にあれこれ観察できるようにしてくれる光がどこか外側にあり、それを待っているのではないんだ。この場合、私は、観察するものの外側にいて物を観察していることになる。そうではなく、私は**マインド**そのものの服で自分自身をまとうんだ。なぜなら、観察するものと対象の立場にある私は私としてその真髄としての**マインド**を持っていて、その真髄は**絶対**の真髄であることを私は発見したからだよ。私自身の外に在るものを観察しようとして、ノエティックのイメージをつくるために**マインド**を利用するような場合、私の外に在る現実としての**マインド**を使っているが、それとは事情が異なるんだ。そうではなくて、私の意識を外にあるものに融和させ、それと一体になるんだ。そうなると、それを理解する必要がなくなり、私はそれを知り、それになっているんだ」

私と同様にエミリーも熱心にダスカロスの話に聞き入り、彼の理論を理解しようと一生懸命努めていた。彼女はドイツ人の詩人、ライナー・マリア・リルケを持ち出した。対象物に対する本質を書いた詩に、ダスカロスの理論に近いことが書かれているのである。

「リルケは、詩において対象物を理解する唯一の方法はその対象物になることである、と主張しています」

「ちょっと待ってくれ」とダスカロスが応じた。「リルケは、対象物と一体になるのか、それとも対象物の表面、つまりそのイメージと一体になるのか？　これを聞く理由は、一体状態というのは目盛のたくさんある秤《はかり》のようなもので、様々な段階があるんだ」

「では、一つ例を挙げてみましょう」とエミリーは言って続けた。「彼は、ある詩で檻の中のヒョウを描写しています。檻の中のヒョウを見ている詩人はその外から描写をします。リルケはこのやり方は本物ではないと主張しています。詩人は檻の中のヒョウになった時にだけ、ヒョウのことを正当に書くことができると言うのです」

「しかし、どのようにしてかね？」とダスカロスは尋ねた。「言うだけでは十分ではなく、どのようにしてそれができるかを説明できなければならないんだよ」

「〈対象物との一体化〉を通して物と一体になる。この例では檻の中に捕われたヒョウですが、それと一体になるとはどういうことなのか、それを感じ取ります」とエミリーは説明した。「詩のリズムは完璧です。人は、ヒョウが檻の中に捕われて絶望的な罠にかかっている気持ちを真に体験している感じがします」

「しかし、彼はヒョウにならなかった」とダスカロスはちょっと皮肉まじりに言った。

「彼の想像力でこの感じをつくり出した」と、私が進んで自分の意見を言った。

「リルケは、〈物の内なる現実〉を体験するがままに、それを描写しただけです」とエミリーは強く主張した。

「よろしい。しかし彼はヒョウにはならなかった。一体状態の意味するところは、たとえヒョウがどうあろうとも、人は時空を超えて自分自身になるということなんだ。ヒョウをただ観察し、檻の中に捕われているということはどんな感じなのかと感情を移入して、想像するだけではないんだよ。彼のアプローチは一体状態に向けての第一歩だが、それは一体状態ではないんだ」

「どのように修行したら、その段階に到達できるのですか?」とエミリーが尋ねた。

「集中力と瞑想の能力を発達させることによってだ。科学者が何年も何十年も研究してやっと研究対象について分かったようなことを、一瞬にして理解することができる、そんな意識のレベルに人は到達し得るのだよ。たとえば、植物学者はある種のバラについてさらに理解を深めようとして、何年も研究したりするね。実際、これは極めて貧弱な形の知識であり意識なんだよ。この物質界にあるのは、こういう貧弱な類いの知識や意識なんだ。しかし、ノエティックの高次元に入り込むと、バラそのものとなり、一瞬にしてそのバラのことが何でも分かるんだ。そのバラが種子であった時に始まり、時空の中で完全に消えてしまうまで、そのバラに関連したことすべてを一瞬にして知ることができるんだ。それは、私がそのバラそのものになったからだよ」

「これがかつてあなたが私に言われた、一種のわき立つ理解ということなんでしょうね」と私が言った。

「この一体状態は、インナー・サークルのメンバーでさえもなかなか理解が難しいものなんだよ。時空を超えて自分自身が物の本質そのものとなり、具体的な形ある世界ではなく、概念とか観念の世界に足を踏み入れるわけだ。一体状態によって私の意識を辺り一面に広げると、外に在るものが中に在るものとなるんだ。一体状態で私は創造界となり、大天使と命を与えて下さる**キリスト・ロゴス**の役割を認識するようになるんだ。その時、獲得するものは何だと思うかね? まず、基本原理に入るんだ、つまり万物の中に入ることになる。さて、君にはこんな疑問が出てきたかもしれない、〈そんなレベルに到達すると、それ以外のものを低く評価するようになるのではないか〉と。答えはノーだ。なぜなら、現実に価値の高い低いは、一切ないんだ。

一つ付け加えなくてはならないことがある。ものがわれわれの外にある場合、それを知りたいという欲望は満ちて足ることを知らないんだ。そんな形での知識欲は決して満足させられないんだ。そういうやり方では、まず気が休まることはないだろうね。知りたいものと自分の間に分離がある限り、満足感はないんだよ。知りたいと思っているものそのものに君がなった時にだけ、満足とか成就した気持ちがやって来るんだ」

ダスカロスは一瞬、話を中断して前かがみになり、肘を膝に付けて手を頭に置いた。

「こういうことを議論するのは難しいなあ」と言って頭を横に振った。「もし、師ヨハナン(↓用語)がいなければ、今日話したことについて私は一言も言えなかったと思うよ。私が(ヨハナンと)一致の状態を失うと、いつも私はつまずくのだ。それを感じないかい? この教えを与えているのは私ではなく、師ヨハナンだということが分からないかい?」

ダスカロスは熱心な目つきでわれわれを見つめた。

学問分野の三次元の意識内で立ち往生している私なので、ダスカロスの質問には途方に暮れ、まごついてしまった。私は透視能力者ではないから、師ヨハナンの臨在を具体的に見抜くことも体験することもできなかった。

エミリーと私は顔を見合わせ、エミリーも同じように当惑し、フラストレーションを感じているのが私には分かった。

第9章　宇宙とマインド

ステファノスと私がダスカロ(↓訳注1-1)のもとを訪れた時、彼はポーチに座っていた。その周りはジャスミンが茂り、様々な種類のサボテンや鉢植が置かれていた。ダスカロスは薄茶色のセーター姿で、目を閉じて両手を前に組み、四月の暖かい太陽を幸せそうに浴びていた。階段を上がって行くとちょうど彼がこちらを向いたので、われわれは挨拶をした。ダスカロスはステファノスのことが大変気に入っていた。五十代になったばかりのステファノスは、ダスカロスとの会話や論議にエミリーや私と一緒に何度も加わっていた。ある時、ダスカロスは、ステファノスは真の「天使(↓用語)」だ、と私に言ったことがある。ステファノス自身、実践哲学派のグループに関わり、自身のサークルを持っているが、ダスカロスも彼を弟子のように見なしていた。ステファノスはダスカロスの正式なグループのメンバーではないにしても、立派に教えを伝えている、とダスカロスは思っていたのである。

数日前に、私はステファノスから、彼自身はどのようにヒーリングを行ったのか分からないが、サークルの弟子たちを癒していた、ということを聞かされていた。そのことを、一体どうなっているのかダスカロスに説明してもらおうと彼は思ったのであった。

われわれが居間に移ると、ステファノスはダスカロスに言った。

「私自身、何だか分からないのですが、どうやらあなたとしばしばコンタクトを取っている感じがするのです。あなたの面影がとてもいい感じでリアルに私の心に浮かんできて、その時私が必要としているものを与えてくれるのです。そして事が実際に望んだように運ぶのです。でも、よく分からないのは……」と、ステファノスは少し間を置いて続けた。「これはすべて私の空想ではないのか、ということです」

「いや、君は空想なんかしていないよ。それは事実だ」と、ダスカロスは笑みを浮かべて彼を安心させた。「私はいつも君の傍にいるんだよ」

「分かりました」とステファノスはうなずき、過去三年間、実践哲学派のグループを通して多くの人が癒されてきたことを打ち明けた。

「彼らの悩みを聞いて助けるために、私はずいぶん多くの人と話をします。あまりにもその数が多いので、何を彼らに言ったかは覚えていませんが……。話をした後、彼らが戻って来て、私によって癒されたと言うのです。先日、皆で瞑想をしていると、関節炎の激しい痛みに苦しんでいる若い女性がいることに気づきました。すると、私は不思議な力によって体が持ち上げられるような感覚を覚え、その力が私を彼女の前に連れて行ったのです。考える間もなく、私は彼女が痛みを感じているところを触っていました」

「それはよくやったね、すばらしいじゃないか！」とダスカロスはうなずいた。

「なんとそれで、彼女の痛みが消えてしまったのです」と、ステファノスは不思議だと言わんばかりだった。

「私はこんなことをしているわけですが、人びとは私が彼らを癒したと言ってくるのです。実際、自分が何をやっているのか分からないのです」

「しかし、本当は自分が何をやっているのか、知っているんだよ」とダスカロスは嬉しそうに言った。

「こういう場合に自分は一種のケーブルで、それを通してヒーリング・エネルギーが他人に流れて行くという感じがします」とステファノスは言った。

「ヒーリングを行っているのは君の内なる自己（インナー・セルフ）なんだ。いいかい、よく覚えておくんだよ、君はステファノスだけではないんだよ。ステファノスというのは真の君の一時的な影のような存在なんだ」と言って、ダスカロスは私の友人を指差した。

「分かりました」とステファノスは静かに言った。

ダスカロスは繰り返した。

「君の自分なるものとは、ステファノス以外で、ステファノスというのは君の**プニューマ**(↓用語)、つまり自己の自我なんだよ。だから、そういうことをすべて行っているのは君の内なる自己としての自我で、君は奉仕することを願っているんだ。しかし、本当は誰が願っているのだと思うかね？」

「願いという感じではないのです。それは、ちょうど他人を治すように命令が与えられたという感じなんです」

「それは君が願ったからだよ」とダスカロスは強調した。「その時に行動しているのは、ただ、ステファノスとしてではなく、内なる自己としての君なんだ。カルマ(↓用語)がステファノスを代理人として使っているんだ」

少し間を置いてダスカロスは続けた。

「こういう体験は、自分が何者であるのかを思案し、〈自分は一体何者なのか、時空の中に現われている私の本質は何なのか？〉と自らに問ういい機会なんだ。ヒーリングをしているのはこの私だと、君は本当に思うかい？君に保証しよう、それはスピロス・サティとしての私ではないんだよ」

ダスカロスは笑った。

「君は、それは聖霊(↓用語)が行っていると言うだろう。もちろんそうだが、それはもはや、スピロス・サティではない自我としての私でもあるんだよ。それはプニューマ、つまりスピリットとしての私自身で、焦点を置くものと調和状態になるんだ。つまり、ヒーリングの最中に君はそのヒーリングを行っているのは私だと感じる。なぜなら、現実には君が私と調和し波長を合わせ、一体であることを感じているからなんだ」

ダスカロスは私に向かって言った。

「コスタスはこの状態に気づいているんだ。私が治療や講義をしている時、スピロス・サティなのか、それともヨハナン(↓用語)なのかと尋ねられることがあるが、どちらでもあるんだよ。しかし、スピロス・サティにしかすぎない時は自分はヨハナンではないと分かるし、それをちゃんと承知しているんだ。どうなってるか分かるかな？

一つ例を挙げてみよう。私がかすかに燃えているロウソクだとすると、ヨハナンはとてつもなく大きなロウソクで、巨大な炎を出して燃えていることになる。この二つは別々の炎を持っている。さて、その小さなロウソクを大きなロウソクの隣りに持ってきてその二つの炎を合わせると、炎は一つになる」

二つのロウソクが合体するのをイメージして、彼は両手を合わせた。

「小さい方のロウソクは今や〈私は大きな炎だ〉といえる。しかし、私はその大きな炎であるだけではない。その小さなロウソクを大きなロウソクから離すと、私は再びかすかな炎を持った小さなロウソクとなるんだ。これで分かるね、小さな炎は大きな炎と合体することができるが、小さな炎としての自分自身の主体性を失わないんだ。それは言ってみれば、消滅なくしての調和状態なんだ。ここまではいいかい？」

今度はステファノスの方に身体を向けて、ダスカロスは話を続けた。

「さて、治療に取りかかろうとする時はいつでも、目を閉じて〈ダスカレ（↓訳注2-1）、私を手伝って下さい〉と言えば、君と私は一体になることができるのだ。カルマが許す場合は、君は私と調和状態にある自我として治療を施すことができるんだよ。どういうことか分かったかな？」

ステファノスが言った。

「分からないのは、その時、助けを求めるために私の意識をあなたに合わせようとして目を閉じるなどということは一切していないのです。それなのにあなたはただ来て、私はその時、ある優しさを感じるのです。私は意識的にあなたと繋がろうという努力などしていないのですよ」

「そんな必要はまったくないんだ」

「まるであなたが私を訪問されているという感じなんですよ」とステファノスは付け加えた。

「違うよ、それは訪問じゃない。少し前に私はいつも君の傍にいるんだ、と言ったが、君はそれに耳を傾けなかったね」

ダスカロスはステファノスの方に体を傾けながら、静かに言った。

「私は**永遠の今**の中で、いつも君の傍にいるんだよ。別の表現をすれば……」と、ダスカロスは肘掛け椅子に身を沈め、再び声を大きくして語りはじめた。

「私がある人を愛し、その人と特別な絆をつくると、君の場合のように君と私とによってつくられた私自身のエレメンタル（↓用語）が現われて来るんだ。そのエレメンタルが、いつも君と一緒に君のオーラの中にある。そのエレメンタルは私自身であり私自身でない、と言えるんだ。私が自我としての私でどこにいようとも、エレメンタルが君といつも一緒にいるから、私はいつも君と繋がっているんだよ。だから、君を訪れているというのではなく、いつも一緒にいるということなんだ。だから、君自身のためであれ他人を助けるためであれ、君に援助が必要な時は、私をイメージしたりする必要はなく、目を閉じて私の名前を呼びさえすればいいんだ」

「しかし、鮮明に描写されたあなたの顔ではなく、おおまかな顔の輪郭という感じで、あなたのイメージがやって来るのです。気持ちを柔げてくれる光のようなのです」

「それは内なる自己としての私の自我で、ある特定の場所とか時間に閉じ込められてはいないんだ」とダスカロスは説明してから、少し間を置いて話を続けた。

「私がいま話していることの意味を汲み取るのは君には難しいだろうから、一つ例を挙げよう。私はシオファニスやコスタスといつも調和状態にある。私はただ集中するだけで、私が彼らに伝えたいと思っているものは何でも彼らに聞こえ、彼らにしてもらいたいことを彼らは知っているし、彼らが私にしてもらいたがっていることを私は知っているんだ。これは調和であり、一体状態（→用語）ではないんだ」

ステファノスが言った。

「ダスカレ、私はあなたからもっと具体的に訓練して頂くことが必要だと思います。ちょうど今、こうしているように、物理的レベルでのあなたとの接触が必要であると時々感じます」

「そのようにしたい時はいつでもいいよ。そして君は、とにかく訓練していなさい」

「どのようにして？」とステファノスは尋ねた。

「もし君がよければ、少しの間、静かな場所で一人になり、目を閉じて君の前に私の顔をイメージしなさい。できる限りそのイメージを持ち続け、君と私の間に繋がりがあることを感じようとし、意識のうえで本当にそれを感じるのだ。君と私の間のこの繋がりは、抽象的なものでも無意識的なものでもない。それができると君の自分なるものの低いレベルである現在の人格(↓用語)としてのステファノスが、意識的にこの接触に気づいていられるわけで、それを可能にしているのはステファノスの自我ではなく、今のステファノスなんだよ。しかし、本当にこういうことをする必要があるのかな？」

「分かりません。ただ、ご意見を伺いたいのです」と言って、ステファノスは肩をすくめた。

「私がこういうことを学ぶ必要があると、あなたがお考えになるかどうかによります。私はまるで無知で説明すらできない状態で物事をしているような感じなのです」

「物事が無意識レベルでなされているからだ」とダスカロスは指摘した。

「しかし、ステファノスは意識を持ってヒーリングをしたいと言っているようですよ」と私は意見を述べた。

「でも、彼はすでに相当高い境地に達していて、エネルギーを送ることができるんだ。自分で思ってるほど無知ではないよ」とダスカロスは微笑んだ。「必ずしも特別な訓練が必要なわけではなく、説明したように、私のイメージに彼自身がしっかり結び付いてさえいれば、それで十分なんだ」


少し間を置いてステファノスが尋ねた。

「ダスカレ、調和と一体状態との違いは何ですか？」

「君に理解してもらうために、私の個人的な体験から一例を挙げるのが一番いいだろう。君も知っているように、ここしばらくコスタスは、彼の弟子の一人が所有している工場の一室でリマソールのグループを運営し、うまくいっていた。ある日、私がここに座っていると、黒い雲がその工場の一室を覆ったのが見えた。その部屋の中には誰もいなかったが、すぐあとに、ある名前が私の脳裏をかすめた。その名前に心当たりはなかったし、私はとても奇妙な感じがした。その日、ちょうどコスタスの弟子の一人がここにやって来たので、私はリマソールの**ストア**(↓用語)に何かまずいことでもあったかと彼に尋ねた。彼は思い当たることは何もないと言うので、私はそれが何なのか、自分で確かめることにしたんだ。コスタスに波長を合わせるや否や、新しい港に続く道が見え、二階建の建物が突然現われた。その二階でコスタスがストアを設置しているのが見えた。一階は大きな免税店であった。私はなにがなんだか訳が分からなかった。一体、どうしてこんなヴィジョンが頭に浮かんできたのか？　翌日、コスタスがわれわれのインナー・サークル(↓用語)の会合にやって来た。そこで私は、自分が見たことを彼に説明した。すると彼は笑い出した。〈なぜおかしいのかね？〉と私が尋ねると、〈まったくあなたが見た通りなんですよ。工場の新しい所有者はあの部屋が必要で、われわれは工場の部屋から出て行かねばならないんですよ〉とコスタスが答えたので、私の頭に浮かんだ例の名前を彼に告げたんだ。コスタスは、〈その人が新しい所有者なんです〉と言ったんだよ。コスタスは事細かにすべて説明したが、それはまったく私が見た通りだった。それから彼は私に、リマソール港の外に免税店を設ける計画を打ち明けた。それは私がちょうどヴィジョンで見た場所で、その二階に彼はストアを移すことを考えていた。〈こういうことすべては、今のところ私が考えているだけですよ〉とコスタスは私に教えてくれた。私はあのヴィジョンを見るまで、実際にコスタスが何をしようとしていたのか、まったく知らなかったんだよ。

　そこで、どうして私がこういうことをすべて見ることができるのか、と聞きたいと思うが、いいかい、いつもコスタスと私の波長は互いに調和状態にあるんだ。最愛の者たちと高い境地に達した**真理の探究者**との間には、秘密というものはないんだよ。いいかい、このことはよく覚えておいてくれ。彼のすぐ傍に、エレメンタルとしての私がいつもいるんだ。彼の側からもわたしの側からもそのエレメンタルにエネルギーを与えて活性化させたりしているんだ。彼が知っていることは何でも私は知り、私の知ってることは何でも彼は知っているんだ。それは無意識的に、だ。そこでしばしば、この波長の合った状態が、偶然にか、あるいはわれわれが願ってか、意識上に浮かんでくるわけだ。

いま話しているこの共鳴共感のエレメンタルを君は私に対して持っていて、そのエレメンタルが私によってエネルギーを与えられ、無意識的に君に影響を与えているんだ。君が願えば、君自身の側からわれわれの繋がりを意識的な状態にすることができるんだよ。ちょっとした努力と訓練だけで、ほかにはなにも必要ないよ。

ところで、われわれはエレメンタルと言っているが、本当にそれはエレメンタルなのだろうか？　結局、それは私の一部なんだよ。以上が、私が調和状態と呼んでいるものだ」と、ダスカロスはステファノスに向かって言って私の方を向いた。

「一方、一体状態とは、君ともう一人の人が一つになることなんだ。この状態はずっと高度なレベルで、私が講義をしている時の状態だ。少し前にロウソクの例え話で説明したように、その時は私とヨハナンは一体なんだ」

一体状態で講義をしている間、時々、その波動があまりにも強烈なので、ヨハナンはダスカロスの年老いた身体を保護するためにダスカロスを外に放り出すのだ、と彼は説明した。その後は、高次元の師（この場合、ヨハナン）が完全に引き受け、ダスカロスは体外離脱状態(↓用語)にあり、エーテル体で、他の聴衆と同じように話を聞いているのである。

「先日、インナー・サークルの講義も終盤に近づいた頃、アスパシアが手を私の額に置いたんだよ。そしたら、私の身体があまりにも冷たいのに気づいて、彼女はびっくりした。それでコスタスが笑いながら言ったんだ。〈もちろん冷たいよ。彼はずっと身体を出ていたんだからね〉。われわれの人生はこの泥と肉の中に押し込まれてはいないということなんだよ」とダスカロスは熱を込めて言ってから、ステファノスの膝をポンと陽気に叩いた。

「人生のかなりの部分はいつも身体の外なんだ。このことに最終的に気づくと、人びとはキリストの次の言葉の偉大な叡知が理解できるんだ。

〈肉は何の役にも立たず、生気を与えるのはスピリットである〉

その時には死は存在しない――つまり、内なるスピリット・エゴ(↓用語)の消滅はない、ということが分かるんだよ」


われわれの会話は、ダスカロスの助けを求めに来た人たちによって中断された。彼が訪問者たちを迎えるために玄関に向かっている間、ステファノスと私は居間に残り、ダスカロスが描いた完成したばかりの大変大きな絵について語り合っていた。その絵は**生命の樹**(↓用語)をデザインしたもので、私がユダヤ教のカバラ＊9-1に関する本で見かけたデザインに似ていた。その絵はカバラとある程度共通しているが、際立ってユニークなところがあるんだ、とダスカロスは言っている。ヨハナンに導かれてキャンバスに描いた生命の樹は、天地創造の構造そのものを象徴的に示している、と私たちに言った。

「ある一定の霊的レベルに到達した、進んだ**真理の探究者**のみが、現実の秘密をより深く洞察するためにそれを使うことができるのだ」と彼は主張した。

ダスカロスがわれわれのいる部屋に戻った時、こんなことを囁いた。「簡単に消すことのできるタイプの癌と、

＊9-1　ユダヤ密教。神の創造活動のすべてをその以前から説明する宇宙の青写真。

なんとも仕様がない癌とがあるんだ。カルマが許さないのだよ」

　それから彼は溜息をついて肘掛け椅子に座った。訪問者の一人が、どうもひどい病に苦しんでいたようだった。このケースでは、ダスカロスは痛みを軽減してあげると約束する以外、何もできなかったようだ。

「ダスカレ、どのようにしたら癌を予防することができるのですか？」と私は尋ねた。

「間違った生き方をしないことだ」と、ダスカロスは疲れた様子で答えた。

「しかし、間違った生き方とはどういう生き方ですか？」

「心の平安に欠けること。心に平安がないと、エーテル・ダブル(↓用語)が消耗しきって肉体(↓用語)が弱くなり、肉体を守れなくなってしまうのだ。このことについては、英語の表現があるだろう。〈テイク・イット・イージー〉（まあ、気楽に考えなさい）だ。それから、必ず身体が十分酸素を取り入れるようにすることだ。身体の様々なところが酸欠状態になると、癌などにかかりやすくなるんだ」

「つまり、深呼吸をすることが健康を保持するためにいいわけですね」と私は自分の考えを述べた。

「もちろんだ」と言って、ダスカロスは両手を伸ばし、さらに話を続けた。

「わたしは癌のような病を二つのカテゴリーに分類しているんだ。一つは、ヒーラーとして私が病人から（癌というカルマの負債を）背負い込み、何とかできる性質のもの。もう一つは、あまりにも深刻で、私の介入によっても何一つ変化を起こすことができない性質のものとだ。私がたったいま会った婦人の場合は、不幸にもこの後者の例なんだ。彼女は何度も私の助けを求めにやって来ているんだが、私が彼女の身体にふんだんに流すエーテル・エネルギーをすべて撥ねつけてしまうのだよ。何度か試してみたが、いつもそうなんだ。それで私は、カルマがヒーリングを許していないと悟り、彼女に死を受け入れる心の準備をさせねばならなかったんだ。それで

〈この身体はもうあなたには何の役にも立ちません。ちょうど使い古され、繕《つくろ》いようもない古着のようなものです。だからそれを捨てていく準備をしなさい〉と、ついさっき彼女に言ったばかりなんだよ。

あまり昔のことではないが、脳腫瘍をわずらっている人を扱ったことがあるんだ。大きなヒラマメくらいの、黒い点が彼の脳に見えた。こういう場合は普通、紫外線と赤外線を腫瘍に対して同時に送るんだ。集中力を使って小さなピン先ほどのサイズの丸いボールのような形をした光をつくり、それを中心部に浸透するように送るんだよ。しかし、そこに十五秒以上、光を当てたままにしておいてはいけないんだよ」

「なぜですか?」と私は尋ねた。

「なぜなら、それは焼き焦がしてしまうからだよ。ここで忠告しておかなくてはならないのは、この方法は大変な注意が必要で、稀な症例に限るということだ。私自身でさえ、今までほんの四つか五つのケースだけだよ」

それからダスカロスは、そのケースの一つに友人の息子がいたと言った。

「その息子の手術に付き添って、私はその家族と一緒にロンドンまで行った。しかし、手術の前の晩に私はこの方法を試した。当日、医者は〈なんと腫瘍が消えている!〉と言って驚いていたよ。断っておくが、その少年は私が介入する以前は、体の平衡を保つことさえできなかったんだよ」

ダスカロスの話で、私は似たエピソードを思い出した。二、三年前にデメトリオスという男に出会い、われわれは友人となった。彼はギリシャ人で、マサチューセッツのニュー・ベッドフォードで鍼療法を行うヒーラーだった。デメトリオスのやっていることが本物であることを私は何度も確かめる機会があり、以下の話は彼が私に教えてくれた驚くべきケースである。

彼は、ギリシャからトーマスという人を連れて来たことがあった。デメトリオスの言葉を借りると、ある村から来たこのトーマスは「もう一人のエドガー・ケイシー(↓用語)」だと言うのである。デメトリオスはユーモアを込めてトーマスをアポストロス（使徒）と呼んでいた。トランス状態に入ると、このギリシャ人の霊能者はデメトリオスがＥＴ（地球外生命体）と名付けたスピリットによって導かれている、ただならぬ知識を持った師へと変容するのであった。トーマスは、デメトリオスと一カ月ほど一緒にいて、二人でいくつかのヒーリングを行った。ある日、デメトリオスの親友のジムがニュー・ベッドフォードの繁華街の交差点を渡ろうとしてトラックにはねられ重傷を負った。ジムは数時間昏睡状態のままで、医者はすでにあきらめかけていて回復の見通しは暗かった。レントゲン検査やＣＴスキャンの結果、大きな血液の塊が彼の脳内にあるのが分かったので、医者は手術を行い、この凝固した血液が取り除かれたら生存の道がわずかながらもあるかもしれないと言っていた。デメトリオスは友人の事故を聞いて気も狂わんばかりであった。急いでトーマスを連れに家へ戻り、彼に言った。「さあ早く。仕事だ、仕事だ」。トーマスには、彼が以前会ったことがあるジムが昏睡状態であるということも何も伝えられなかったが、トーマスが深いトランス状態に入ると、鍼師であるデメトリオスがトーマスに、ジムをイメージの中に連れて来るように、と言った。その霊能者は驚きのあまり息を飲んだ。「ああ、これは大変だ。彼は一体、どうしたんだ」と、うめき声をあげながら言った。「トマ、何が見える?」とデメトリオスは尋ねた。「脳内に、大きな黒い塊が見える」。そこでデメトリオスが指示をした。「いいかい、よく聞くんだ。その黒い塊のサイズと同じスミレ色の丸いボールを思い浮かべ、それをつくってくれ。いいかい？　そしたら、ジムの脳の黒いところに、その色のボールを送るんだ」。トーマスはその指示に従った。そして黒い部分が消えていることを報告すると、デメトリオスは、そのスミレ色のボールを壊して無くしてしまうよう彼に言った。その後、トーマスはトランス状態から抜け、そして興奮気味にジムの具合について尋ねた。デメトリオスが病院に駆けつけると、ちょうど外科医が手術室に入るところだった。医者はジムの脳内にわずかな血塊もないのに驚愕したのであった。

三カ月後、クレタ島出身の、デメトリオスの友人が経営するニュー・ベッドフォードのレストランで、私はジムと会食をしたが、彼はほとんど全快していた。「あの事故はこれまでの私の人生で最高の出来事だったよ」とジムは真顔で言った。「あのお陰で霊的な世界に目覚め、今の方が事故前よりも身体まで健康に感じるんだ」。事故に遭った時、何の痛みも感じなかった、と彼は言う。「覚えていることといったら、トラックにはねられた後、遠くのビルの上に、心休まる青色に輝く光を見たことだけなんだ」とも言っている。「あとで分かったことなんだけど、その時、その通りにいた人が僕の脈をとって、もう死んでいると宣告したそうだ。数時間後に意識を取り戻した時、一番最初に思ったことはビルの上のあの青い光なんだ」

この話には、さらに偶然の一致や運命の変転に関わるエピソードがある。その日、ジムの手術ができるただ一人の外科医は、近郊の町に重要な会合の予定があった。しかし、ベッドフォードの郊外でタイヤがパンクしてしまい、彼の妻を電話で呼び出し、代わりの車を持って来てもらった。だが、その車に乗って間もなく、またもやタイヤがパンクし立ち往生してしまった。約束の時間にも遅れてしまい、うんざりしていたところ、ポケベルで緊急メッセージを受け取り、ジムの手術のために病院へ戻ることにしたのである。彼が病院に着いた時にはすでにジムはCTスキャンを受けていて、脳内の黒い箇所が写し出されていた。この専門医を他の医者たちが待っている間、ジムは昏睡状態にあり、ジムの話によると、彼の状態はかなり深刻で生きるチャンスは五パーセントしかなかった、とあとで医者から聞いたという。彼が再び身体を動かせるようになるチャンスは、ほんの二パーセントくらいだと医者たちは思っていたのである。

彼の奇跡的な回復に対し医者がどのような反応を示したのか、私はジムに聞いてみた。医者たちはまったく説明不能な出来事として片付けてしまい、原因を究明しようとさえしなかった、とジムは言う。

デメトリオスは私に言った。「トーマスを雇った理由は、彼は高次元からのメッセージを受け取り、それをこちらに伝える本当にすぐれた能力を持っていたからなんだよ。自分一人ではできなかった。僕は彼のように異次元に入ることができないからね。理論的には何をするべきか知っていたが、異次元の中に入って行ってそこから仕事ができる一種の媒介者が必要で、トーマスはその媒介者だったんだよ」

事故の規模からいうと、ニュー・ベッドフォードに私が彼らを訪問した頃、ジムは植物人間であったはずだ、とデメトリオスは主張した。普通だと、彼は歩くことも話すこともできなかったはずである。デメトリオスは、ヒーリングについての密教を何年も探究・実践した結果、色を使って行う方法を学んだ。この教えはほとんど無名のヒーリングの大家による教えなのだそうだ。


私はこのケースをダスカロスに説明した。ダスカロスはデメトリオスに二回ほど会っていたので、私は、ダスカロスも同様にトランス状態に入り集中力とイメージ力によって友人の子供の腫瘍を焼いたのかどうか尋ねた。ダスカロスは「違うんだ。あの場合は意識投影を使ったんだ。体外離脱で肉体を離れ、腫瘍の中に入ったんだよ」と答えた。そして腫瘍の中に入ったあとで、紫外と赤外の色を創造したというのである。

「どのようにしたら、それはできるのですか?」とステファノスが聞いた。

「ちょうど金属の変質を引き出す錬金術とまったく同じなんだ」とダスカロスは答え、私の方を向いた。私は彼の言っていることがある程度分かったと伝えるためにうなずいた。ダスカロスが若かりし頃、どのように銀を金に、金を銀に変えたり、またオリーブの葉を真鍮に変えたりして実験をしていたか、何年も前に私に詳しく話してくれたことがある。彼の説明では、これらの物質の原子構造の中に入り、彼の念力と集中力でそれらの分子構造の配列を組み替えたというのである。

ダスカロスはステファノスに説明した。「私は自分を縮小して腫瘍の中に入った。その後、二色をつくり、腫瘍の中で働いた。それによって腫瘍は消し去られてしまったんだよ。すでに話したが、この処置は十五秒以上続けてはいけないんだ」

「そのような状態で、どのように時間を計っているのですか？」と私は尋ねた。

「それができるんだ」とダスカロスは何度もうなずいて、われわれを安心させた。

「私は時間を測定できる。これには大変熟練しているんだよ。時間と空間をマスターすると、こういったすべてができるんだよ」

ダスカロスは、その腫瘍を抹殺したが、九カ月後に再び癌が再発し友人の息子は死んだ、と言った。この場合、カルマが真のヒーリングが起こることを許さなかったのである。ダスカロスは苦々しく笑ったあとで言った。

「カルマの法に矛盾するヒーリングを行うと、その病は遅かれ早かれ再び戻って来るんだ。しかし、私は自分のやるべきことを行い、ヒーリングが起こるか否かはカルマが決定するんだ。カルマを審査判定して裁くのは、私じゃあないんだ。人間として私は過ちを犯すことがあり得るからね。だから、私が判定を下す者になってはいけないんだよ。高次元の師がわれわれに常に最善を尽くしたなら、願う通りの結果が出なくともがっかりする必要はない、と指示しているんだ。

一つ例を挙げよう。何年も前、私のお気に入りの甥の治療に取り組んだが、脚の傷が治らなかったんだ。何度も治そうとしたが、何の効果も現われなかった。私の努力にもかかわらず、その子がよくなるまで八カ月を費やした。同じ頃のある日のこと、私が庭で井戸水をポンプでくみ上げている時、トルコ人の女性が息子を連れてやって来た。その子は小児麻痺で、右脚が萎縮して左脚より短かった。十三歳ぐらいの子だった。この子の場合は、一発で何の支えも要らずに、ちゃんと歩きはじめたんだ」

ステファノスが話を中断した。

「ダスカレ、ちょっと質問があります。ヒーリングは、人が学ぶべき教訓を学びカルマの負債が支払われた時にだけ起こる、と何度も言われましたね」

「その通りだよ」

「そこで、ある人が学ぶべき教訓を学んだが、ヒーリングを行ってくれるあなたのような人に出会うことがなかった場合、この人は癒されるチャンスを失うということですか？」

「しかし、君、大天使(↓用語)や透明なヘルパー(↓用語)がいるんだよ」とダスカロスは答えた。「その場合は、ヒーリングが説明し難い状況で起こるか、人びとがヒーリングが起こるのを想像することもあり得るね」

「ということは、人にその時期が訪れると、あなたやあなたのような人と出会う機会があろうがあるまいが、それに関係なくヒーリングは起こると言っているのですね？」と私が尋ねた。

「まったくその通り。なにはともあれ、私は**神の計画**に通じるケーブルみたいなものに過ぎず、それ以外の何者でもないんだ」

「しかし、もしあの脚の不自由なトルコの少年が、あの日、ヒーリングのためにあなたのところへ来なかったとしても、彼は癒されたのでしょうか？」と私が尋ねた。

「たぶん、彼はあの日に癒されるということはなかっただろう。しかし、六カ月以内には癒されていただろう。

それに何か問題があるかね？　その他にも従来の科学では説明し難い不思議なヒーリングがどれほど起こってることだろうか」

ステファノスはちょっとした急用のため、私より早く立ち去ったが、私はその後、しばらくダスカロスとともに過ごした。すでにお昼も過ぎた頃、コスタスとシオファニスがペトロヴナに付き添って入って来た。彼女は東欧出身で、イギリスの医学関係の学者であった。

ダスカロスは喜んで彼らを迎え、ここにいるようにと私に合図した。いつもの通りに抱き合い挨拶した後、居間に落ち着くと、ペトロヴナが喜びに満ちているのが分かった。これは彼女の二回目のキプロス訪問で、ダスカロスと彼のインナー・サークルのメンバーに会うのが目的だった。

彼女は気品のある背の高い中年女性で、鋭い知性を持ち合わせていた。長年にわたってイギリスの大学の教授であり、定評ある医学研究者として国際的にも有名だった。しかも彼女は霊能者で透視もできるのだ。彼女の体験からすると、一般に行われている医療は偏り過ぎで、厳しい制限ばかりがあり、実際は闇の中で模索している に過ぎないことに自分は気づきはじめたのだ、と私に言った。彼女は、総合的なアプローチの医学とか、様々なタイプのヒーリング、さらには古代からの医術の研究などに目を向けたのだ。この探究を進めるために教育の場を去り、「真の知識と叡知」を求めて国際的な探究活動に乗り出した。医者であった最愛の夫が亡くなり、ある程度の財産を彼女に残していたので、ペトロヴナは世界中を巡り、自分の探し求めていた隠れた知識を持っているとされる非凡な人たちに出会い、彼らと研究を進めていた。彼女をキプロスにもたらしたのも、この探究の旅ゆえであった。

コスタスは性格的には地味で慎重であるにもかかわらず、ペトロヴナが来たことにあふれんばかりの喜びを示していた。彼がこっそり私に語ったところによれば、彼女は霊的に高度に発達しており、ちょっとした指導で最高レベルのヒーラーになる可能性を持っているという。コスタスとダスカロスは相当の時間を費やし、進んだアデプト（霊的に熟達した者）のための特別な瞑想訓練をペトロヴナに施していた。「彼女は自己の守り方を学ばなければならない」と、コスタスは私に言った。私が理由を尋ねると、彼女のチャクラ(↓用語)はもう開いている、と答えている。ペトロヴナがあまりにも他人の痛みを心から進んで背負おうとしているので、自分が背負う重荷に潰されてしまうようなことがないようにしなくてはならない、とコスタスは言っていた。しかし、コスタスがペトロヴナに魅かれた他の理由は、実は前世でペルー人やメキシコ人やイギリス人であった時、彼女は彼の親しい知人で、そのような古くからの縁に彼が気づいているからでもあった。

　ペトロヴナも、キプロス人ヒーラーのダスカロスやコスタスやシオファニスと会えて、同様に嬉しそうであった。彼女が初めてこの人たちに出会った時、驚嘆のあまり私にこんなことを言ったことがある。「まあ、驚いたわ。あの人たちは**ロゴス**(↓用語)に直接近づけるのね！」。そう言って、腕を上方に向けた。ところで、ペトロヴナがか弱い年老いたシオファニスに初めて会った時、私はそこに居合わせていなかった。コスタスのグループのメンバーで、親友のイアンニスが彼女を車でパフォスへ連れて行き彼に会わせたのだ。その時、部屋の一部を明るく照らしていた日差しを身体で遮りながらペトロヴナが入口に現われた時、シオファニスは暗い部屋の隅に座っていた。紹介もないまま、彼は彼女に手を振って前へ進み出た。「妹よ、おいで」と、彼は震えた声で言い、二人は抱き合った。彼らはその時、シオファニスがエジプトのファラオ（古代エジプト王の称号）の時代に兄と妹であったことに気づいたのだ。「シオファニスのオーラは、本当にキラキラ輝いているわ」と、驚きのあまりあとでペトロヴナは私に語っている。

ペトロヴナはダスカロスの左に座り、大きな生命の樹の絵の正面にいた。コスタスと私はソファーにシオファニスとともに座り、彼の友人と彼の師の右隣りにシオファニスは座っていた。ダスカロスがいつも楽しみにしているちょっとした会話のあとで、ペトロヴナは、最近自分に繰り返し起こっているヴィジョン的な体験についてわれわれに語ったのである。

「私は物凄いスピードで上昇していたんです。光はますます眩しくなるばかりで、私はまるで水面下に押さえ込まれていた浮きのようにポンと飛び出て、最も輝かしい光の中へと入ったんです。そこは完璧なる平安に満ち、取り巻く色彩は筆舌に尽くし難いほど華麗なものでした。私はある一団の中にいて、彼らは皆、非常にキメの細かい織物でできた白い長服を着ていたんです」

ダスカロスはペトロヴナの話を遮って、正確を期すため、われわれに説明した。「つまり、彼女は生地《きじ》の質と手触りのことを言っているのであって、そこはノエティック界(↓用語)の場ということになるんだ」

ペトロヴナは話を続けた。

「彼らが男性なのか、女性なのかの区別は付けられませんでした。実際、彼らには性別がなかったんです。驚いたことに、私も彼らのように見え、同じような服を着ていました。彼らとともにいることが、私の心にぴったりと合うという感じでした。これまで感じたことがないような恍惚感を感じ、それはちょうど、彼らがまるで私の本当の家族かそれ以上の存在という感じで、私は間違いなく彼らの一員でした。会合が行われていて、地球の未来に対する方策の議論でした。われわれ一人ひとりが特別な課題を持っていて、私は地上に降りて成し遂げなくてはならない使命を持っている、と告げられました。私の使命は、この惑星の霊的な再生を進める手助けとなることでした。このヴィジョンは何度も起こってきましたが、現実に戻るたびに深い感動を覚え、それによって私の人生の目標が極めて明確になったのでした」

ペトロヴナはダスカロスの反応とコメントを待っていた。ダスカロスはニヤリと笑って、何か企んでいるかのようにコスタスとシオファニスを見た。

「彼女はまんまと自分で**白いローブ**(↓用語)を身に着けてしまったね」と驚いて言いながら、くすくすと笑っていた。それから、ペトロヴナの目を見据えた。

「ちょっとやってもらいたいことがあるんだ」と彼は真剣に言った。「生命の樹に向かって瞑想してごらん」

「どのようにですか?」とペトロヴナが聞いた。

「ハート・チャクラのところに精神を集中するんだ」とダスカロスは指示し、絵の中央部を指差した。ダスカロスがその絵で表現していたのは、中央部には円でできたシンボルがあり、その円の中には六芒星があり、さらに星の中央に十字架がある。円の周辺には、波形に燃えるような炎が描かれていた。そのチャクラをマスターした者は、誰でも**神との一体化**(↓用語)の入り口に立つのであった。このチャクラのデザインはヨハナンのシンボルでもある、とわれわれは告げられた。ダスカロスとコスタスがお守りをつくる時に用いるのもこのシンボルであった。円は**絶対**(↓用語)の無限性をあらわし、上向きの三角形はわれわれの内にある神聖で理性的な(ロゴス的な)部分とわれわれが究極的に行き着く運命を、逆向きの下に向かう三角形はわれわれの低次の自己のみならず、ロゴスの物質界への下降もそれぞれ象徴していた。中央の十字架は、四大《しだい》(火・風・水・地の要素)をマスターし、奉仕者となることを意味している。

ペトロヴナはダスカロスの指示に従った。背を真っすぐに伸ばし、手を膝に置き目を開いて、絵の中央を見つめた。話をする者は誰もおらず、完全な静けさの中で聞こえるものは、玄関にある古い時計のカチカチという音だけである。ペトロヴナは緊張した様子で、時計の単純な音が彼女の精神集中を妨げていると小声で囁いた。

ダスカロスは彼女の方に身を傾けて、「不満のヘビが君のエーテルを食い尽くしているんだ。精神を集中し、時計のことは忘れるんだ」と断固たる様子で囁いた。

ペトロヴナは微笑み、リラックスしたようであった。ダスカロスの言葉が彼女に影響を与えたようで、穏やかな目つきで絵の中央をじっと見つめていた。私には、ペトロヴナが一種のトランス状態に入っているように思われた。

「もう出て来ていいだろう」と、十五分ばかりの完全な沈黙の後、ダスカロスが静かに言った。

ペトロヴナは深呼吸して、精神の集中を解いた。それから彼女はしゃがんで手で頭を抱え、二、三秒その姿勢でいた後、体験を話しはじめた。

「絵の波動がとても強烈でした」と彼女は報告した。

霊能者が生命の樹の前で何を感じたかを描写しようとしてこういう言葉を使うのを、私はこれで三回ほど聞いたことがあった。ペトロヴナは感動を声にあらわし、話を続けた。

「六芒星を入口としたトンネルを抜け、耐え難いほどのスピードで旅をしました。トンネルに沿って天使が並んでいて、終点にはキリストのような人物がいました」

彼女はさらにこの神秘的な体験の説明を続け、トンネルの終点で出会った存在の特徴を話していると、ダスカロスは喜んで膝を叩き、ペトロヴナはヨハナンと意識的にコンタクトを取った、と自信たっぷりに断言したのである。

「これはすばらしい、すばらしい吉兆だ」と、彼は叫ぶように言った。

その時からペトロヴナは、すでにインナー・サークルのメンバーであるかのような待遇を受けていた。私はそこに座って、四人がエジプトやペルーでの前世を思い出すのを聞いていた。彼らは、遠い昔の色鮮やかな前世のその名前や場所を口に出していた。ペトロヴナはすべて思い出しているらしく、ダスカロスやシオファニスやコスタスが彼女と分かち合った（前世の）経験についてうなずいて容認し、ヒントを与えたりしていた。私は自分がアウトサイダーのように感じた。そこでどんな過去生も思い出すことができず、羨ましいと気弱に不服を言うと、時が来れば必ず思い出すからと、彼らは私を元気づけてくれた。


私はまだそこに残って、皆とありあわせのもので昼食を作り、ダスカロスや彼の客たちと一緒に食べた。それからわれわれ五人は、ダスカロスが午後の講義を始めることになっていたストアまで歩いて行った。

他のメンバーが到着し、講義が始まる前、ダスカロスはペトロヴナに秘伝を授けて正式にインナー・サークルに招き入れ、白いローブを彼女に着せることを望んだ。ヨハナンからそうするようにと指示を受けたばかりだ、と彼は言うのであった。ペトロヴナは突然の事態にまごついているようではあったが、感動しているようにも見えた。彼女は以前、ダスカロスのグループの人たちやヨハナンの教えとはとても気持ちが合う、と私に言ったことがある。さらに、彼女の持つ文化的背景には、東洋の神秘主義の献身的な方式や道筋よりも、ダスカロスの修行の仕方の方がよりしっくり来ると言っていた。グル崇拝や人格崇拝（宗派のリーダーの一個人崇拝）にはあらゆる危険や落とし穴が伴っており、それらをダスカロスは執拗に反対しつづけていたが、これはペトロヴナの個人主義や西洋の科学者としての論理的な思考に馴じむ考え方であった。

「エレヴナ(↓用語)は私ではなく、私はエレヴナに属しているだけだ」と、ダスカロスはたびたび言っていた。

ペトロヴナがエレヴナに対してひかれる理由は、この派がキリスト教神秘主義の枠内にあるギリシャ正教の伝統から出てきているということだ。彼女自身、ギャリシャ正教会で洗礼を受け、その伝統で育っているので、このグループの使うシンボルの体系を受け入れるのにしても、インナー・サークルの活動に参加するのにしても、それは彼女にとってはずっと容易なのであった。

ペトロヴナはサンクタム（聖所）にある祭壇に掛かっているキリストのイコン（聖像）の前で跪き、祈った。ダスカロスとコスタスとシオファニスは白いローブを身にまとい、ロウソクに火を灯し、「コイノニア・テス・アガペス」（愛の聖餐式）のための甘いワインを準備した。コスタスがその儀式用の杯に「エネルギーを与え」、それを浄めてからわれわれ一人ひとりは「**父**と**子**と**聖霊**の御名によって」その杯からワインを飲んだ。それからペトロヴナは、**七つの約束**(↓用語)をダスカロスのあとに続いて復唱するようにとダスカロスに言われた。秘伝を授かる者は皆、白いローブを身に着ける前にこれを復唱しなければならなかった。

ダスカロスにリードされて、ペトロヴナは復唱を始めた。

「いつも、どこにあっても、自分が心から身を任す**絶対**に仕えること。

いつも、どこにあっても、**神の計画**に仕える準備ができていること。

いつも、どこにあっても、どのような状況においても、思考と言葉という聖なる贈り物を生かすこと。

最も知恵のある聖なる法則によって自分に与えられる苦労と試練に、不平を言うことなく、忍耐をもって受け入れること。

自分の同胞であるすべての人間が、自分に対してどのような態度を取ろうが、心の底から愛し、尽くすこと。

聖なる意志と自分の想念、欲望、そして行動とが完全に調和することを目的とし、毎日瞑想して、**絶対の存在**について黙想すること。

自分の想念、欲望、言葉、そして行動が、**聖なる法則**と完全に調和しているか毎晩、確認すること。

以上を私は自分自身に約束します」

シオファニスとコスタスは、ペトロヴナが白いローブを身に着けるのを手伝った。ダスカロスは**尖り先のない剣**(→用語)を彼女の肩に乗せ、祈りを朗唱し、右手の指を使って彼女の頭上で**十字**を切った後、ペトロヴナの額にキスをした。このダスカロスの最後の動作によって簡単な儀式は終わり、彼女は正式にダスカロスの一番奥のインナー・サークルの仲間に加わったのであった。

われわれがストアの広間に来ると、ほとんどの人がすでに到着していて、ダスカロスが午後の会を始めるのを待っていた。ダスカロスは**主の祈り**（マタイ6：9-13）を初めに朗唱して講義を始めるのであるが、その時、全員が起立した。その間、コスタスはギリシャ正教会で使われているのと同じお香を準備し、ペトロヴナのイニシエーション（通過儀礼）の時に使われた大きな二本のロウソクをダスカロスの前にあるテーブルの上に置いた。ダスカロスが祈り終えると、われわれは着席し講義が始まった。

私はペトロヴナの隣りに座り、時おり彼女の耳に近づいて、囁くように講義をギリシャ語から英語に通訳した。ダスカロスは講義を始める前に、彼女に自分の話の波動に集中し、翻訳を通じてではなくむしろ霊的に講義の本質を吸収する練習をしてみるようにと、彼女に指示を出していた。

ダスカロスは講義を始めた。

「過去数回、われわれは**絶対**の本質を論じてきたが、**絶対**とは人びとが一般に神として理解しているものである。しかし、実際に神とか**絶対**というような言葉では、われわれはその現実を理解し把握できるものではない。なぜなら、言葉や言葉の意味というものは、あまりにも限定的だからである。そうは言ってもとにかく、理性と言葉という極めて不十分な道具を使って**絶対**の中のいくつかの顕著な特性について間接的にではあるが二、三の仮説を立ててみることができるのではないだろうか。

　絶対の基本的な特徴は、その完全な**自足状態**、つまり自給自足できること、自ら満ち足りていることである。内にすべてを持ち欠くものは何一つなく、それの外にあるものは何もなく、**絶対**は**生命そのもの**である。自ら満ち足りた中で、それは**在る**のみで具現化されず表現もされない。もし**絶対**が自己に満ち足りていることや完全な**自足**のみで特徴づけられるとすれば、それが自らをあらわすことはなく、したがって天地創造はあり得なかったことであろう、とダスカロスは言う。だから、**絶対**のもう一つの属性に自身をあらわそうとする性質があるに違いなく、この性質をダスカロスは**シア・エヴァレスキア**、つまり神の自己表現性と呼んだ。それは**絶対**の自身に対する愛と深い敬慕（神の自己愛と自己敬慕）を意味し、自身による自己表現を意味しているのである」

　ダスカロスはさらに話を進めた。

「さて、**シア・エヴァレスキア**が具現化されるために、**絶対**は**マインド**(↓用語)を創造し、創造界のあらゆる領域、すべての世界は、他でもないこの**マインド**という超実体の物でつくられているのである。それは無限に果てしなく広がり、波動している。ここで念頭に入れておいて頂きたいのが、**マインド**は**絶対**ではないということである。**マインド**は、現われることのない**絶対**がご自身を表現する手段でしかないということなのだ」

ダスカロスはこれまでに何度も、**絶対**の性質は、全知、全能、そして完全なる善である、と論じていた。この三つの属性が、**マインド**を通じて**キリスト・ロゴス**と聖霊として自らをあらわしているのである。**ロゴス**は**絶対**の一部で、これが自己意識という現実を可能にしていること（つまり**ロゴス**ゆえに自己を意識し、考えることができるということ）、たとえば、自己意識は人間が**私であるところのもの**（I AM）と言えるようにして、その結果、霊的進化や自由意志や個性や神の悟りを可能としているのである、とダスカロスは論点を理解しやすく説明した。一方、聖霊性(↓用語)は**絶対**の動的・活動的部分で、創造そのものを可能にするのである。

「われわれはこの二つ（**ロゴス**と聖霊）を創造界において果たす役割と機能に基づいて区分けしているのだが、現実には、ロゴス的表現と聖霊的表現は命の現象内で同時に作用しているのである。しかし、一方を他方と区別することができ、ロゴス的なものはあらゆるレベルで様々に自己表現する時、自己を意識する知性というものをわれわれに与えてくれ、それは普通の人間の自己意識のレベルから、悟りに達した人の自己意識である大天使的超自己意識(↓用語)レベルにまで至っているのである」

イエス・キリストは**絶対**のロゴス的な部分をあらわしている、とダスカロスは再び言った。それから、聖霊性はそれなりの意識を持っているが、それは人間には理解不能であることを詳しく説明した。

「**絶対**のこの二つの側面（**ロゴス**と聖霊）の違いを簡単に説明するために人間と動物の間の基本的な違いを研究する方法がある。それによると、前者（人間）はロゴス的かつ聖霊的存在である。言い換えると、人間は自己意識を所有する——つまり自己の存在に気づいているということである。これは厳密にロゴス的属性であると同時に、人間は聖霊的でもあるといえる。なぜなら人間は身体を持っており、その身体は聖霊の全知の能力によって生かされ続けているからである。動物は聖霊的であるだけで、自己意識に欠ける——つまりロゴス的なものに欠けるのである。

繰り返すと、**絶対**はそれ自身の内で自足の状態にあり、完全で具現化されず、時空を超え、人間の理解力を超えているということである。

さて、そこで質問だが、われわれは一体、何なのか？　われわれは命そのもの（真の命）なのか、それとも命の現象なのか？　明らかに、生きている有機体として授かったある一定の現在の人格を持った身体として、われわれは命の現象である。つまり、われわれは命の聖霊的現象であって、肉体は聖霊によってつくり上げられている。しかし、われわれの自分なるものは、たとえそれが未熟な無意識状態や意識状態、さらには超意識状態であれ、ロゴス的な実在である。私が言っているように、理解する能力（つまり理性）を持っているからわれわれはロゴス的であるといえ、より厳密にいえば、われわれは**マインド**という名のこの超実体を利用し、それを思考と感情へと形成する能力を持っているのだ。われわれの奥にある核心は命そのものなんだ。

さて、**聖なるモナド**（↓用語）としてわれわれは**絶対**と一体である。われわれが神聖な自己の中に自らを送り込んだ時、われわれは命そのものである。それは、われわれの外に存在する源から命を得て生かされているのではない。確かに身体や現在の人格としてのわれわれは生かされているが、三つの身体――肉体、サイキック体（↓用語）、そしてノエティック体（↓用語）――はつくられ、生かされた現実なのである。しかし、魂（↓用語）のレベルでの自己意識、つまり聖なるモナドとしては、われわれはただ在るのみで命そのものなのだ」

ダスカロスは、講義の内容をわれわれが熟考できるようにしばし話をやめ、いくつかの質問に答えた後、再び講義を続けた。

「よって、**命**は**絶対**なり。それは**絶対**の現実、すなわち**真実**である。さて、ここで類比を出して考えてみたいと思う。水素は水の主要素であり、水の一滴にしろグラス一杯にしろ、または海というかなる水量であれ、水には水素が必要であり、すべてが水素の子供なのである。水素をあらわすものとしてこれらはすべて同じ一つの現実であるが、それぞれお互いにまったく異なったあらわれ方をしていて、個性といったようなものを持っている。一杯の水は量的に海とは異なるが、海も一杯の水も両方とも水なのである。

　これと似て、われわれは**絶対**を持っている。なぜなら、ロゴス的自己表現している者すべての基本にある現実は**絶対**なのである。キリスト教初期の教会の創始者である教父たちによれば、ロゴス的表現をしているすべての者の上に、その権威としての最高位の**ロゴス**、つまり**絶対**というものがあるということである。しかしながら、水素をあらわしている例のように、ロゴスは大小様々な形で、**神の計画**においてそれぞれ特有の目的に奉仕しているのである。すべての大天使と、大天使の位にいる者は皆、ロゴスである。人間もまたロゴスである。人間はロゴスを持つ独自の存在である。しかし、一般的な人間の場合は、ロゴス的表現の量は極めてわずかで、そのエネルギーも極めて弱い。一杯の水は海ではないが、すでに述べたように、質的には両者とも水であることに変わりはない。小さな炎は太陽ではないが、両者とも火である。

　さて、どのようにまとめればいいかな？　この生きている宇宙は、異なるレベルの意識と自覚を表現している様々なタイプのロゴスで満ちあふれ、一般的な人間のロゴスもあれば、大天使のロゴス、惑星のロゴス、銀河系のロゴス、さらにずっと先には**汎宇宙的ロゴス**に至るものまでもが存在しているのである。

　絶対の内では、動きや波動を起こす人も物もない。しかもそのままで動きや波動や脈動があると私たちは言ってきた。**マインド**の創造があったからこそ動きや波動が自らをあらわすことができるのである。**マインド**を使って**絶対**は数々の宇宙を創造しはじめた。まず、ノエティック(↓用語)の高次元と低次元、それからノエティック的な宇宙、そしてサイキック、次にエーテルの宇宙、最後に**マインド**の最も低いレベルの波動を持った物質宇宙界を創造したのである。

では、ちょっと考えてみよう。無限の宇宙空間の中に、限りない数の銀河系を想像することができる。一銀河系からもう一つの銀河系までの距離は百万光年、十億光年という単位で計られるということが分かっていて、しかも一つの銀河系の中に無数の太陽系がある。これらの太陽系は、その中で命の現象が展開する劇場でもある。

絶対は命そのものであると言ったが、それは至るところに存在するので、命は至るところにあるということになる。したがって、命のない宇宙空間など想像しないことだよ。宇宙は生きている実体である。われわれが**マインド**と呼ぶ超実体のもので宇宙が構築されているわけだが、その超実体はそれ自身で自給自足できる命を持っているのだ。ゆえに、**絶対**の全知と叡知を授けられているのである。

マインドは生きている。ちょうど、われわれの肉体が生き生きとした様々な器官でできた生きている実体であるのと同様に、宇宙もまた生きている独自の存在である。それはちょうど人間の人格が肉体、サイキック体、ノエティック体でつくられているのと同様に、宇宙にもまた、物質的宇宙、サイキックの宇宙、ノエティックの宇宙、さらに高次元のノエティック宇宙、そしてその先がある。小宇宙にあるごとくに大宇宙があり、つまり天上のごとくに地上もある。

さて、次のことを自明の理だと考えなさい。すなわち、太陽系、銀河系をも含めた物質界の物は、命の現象の一番微小なあらわれにしか過ぎない、ということを。サイキックの表現の中枢であるサイキック銀河系は、その数は無限といってもいいほどで、そこから物質宇宙界に姿をあらわしているものは一つとしてないのである。しかし、これらの表現されていないサイキック宇宙界は、さらに表現されていないそれに対応するノエティックの部分を中に含んでいる。しかもさらには、サイキックとは重ならないノエティックだけの現実である宇宙があり、これらの宇宙はサイキックの次元にはいまだ現われていないのである。これらのノエティック宇宙をさらに超えたところには、ノエティックの実体でできた、果てしなく広がる大海があり、そこでノエティック宇宙界、サイキック宇宙界、そして物質宇宙界が生まれ、維持され、消滅させられているのである。

さて、次の点をよく注意しておくように」

ダスカロスは、注意深く耳を傾けている聴衆をざっと見回した。

「物質宇宙界が無限の空間に生まれる以前に、それに対応するサイキック界(↓用語)とノエティック界の成長がまず起こった。**キリスト・ロゴス**と聖霊は、全知、全能、そして完全なる善を使い、**マインド**を道具として概念としての最初の世界の原型(↓用語)を起こしたのだ。こうして客体化された概念を用いてノエティック宇宙界がまず構築され、そして時間という観念を使って話をさせてもらうとすれば、無数の年月、永劫を経た後、そのノエティックに対応してサイキック宇宙界が表現しはじめたのである。そして再び、この先立つサイキック界やノエティック界に対応するものとして、何千年もの年月が過ぎた後に、物質宇宙界が姿を見せはじめたということである。

今というこの瞬間、無限の中において生まれている数々の宇宙がある一方で、消滅している宇宙もある。同様に、社会においてある者は生まれ、人はそれなりに異なった成長レベルで人生を送っており、他方である者は死に去ってゆく。同じく無限の空間の中で、まさにいま無数の宇宙――それは唯の銀河系とか太陽系とかではなく、そういうものをすべて持ち合わせている宇宙――が誕生を始め、他の宇宙は成長している最中であり、さらに他の宇宙は消滅しているところなんだ。

だから、ここのところをよく聞いておくように！」

ダスカロスは厳しく言った。

「**宇宙全体にわたる闇夜**というものはまずないということである。なぜなら、**絶対**の中の**絶対**の永遠の創造状態においては、宇宙の発生も成長も消滅も、どれ一つとして欠けている時期というものがまったくないからである。それと同様に、創造界においても社会の中に生まれてくる人、成長している人、死んで去ってゆく人、そのどれかが欠ける時期というものも決してない。大宇宙にあるごとくに小宇宙にもある、ということである。

人によっては宇宙の夜と昼を話す者がいるが、それも、まさに今この時点で、あるところでは宇宙的夜であり、あるところでは宇宙的昼であり、神のドラマ、神の交響曲が永遠に繰り返し上演され、これまでに創造活動が行われていなかったことはなく、それがない時期というものは決してあり得ないのである。**絶対**は永遠に自らの内で瞑想し、自らの表現——つまり**マインド**を通してノエティック宇宙界、サイキック宇宙界、エーテル宇宙界、そして物質宇宙界を具現化した——を喜んでおられるのである。

さて、今日の講義で、新しい視野がみんなの認識の中に開けてきただろう。君たちはきちんと座って瞑想し、真の現実と自己発見に向かってその道を進んで行ってもらいたい」

この言葉を最後にダスカロスの講義は終わり、三十名ほどいる聴衆からの質問を待っていた。しかし、質問が出る前に、十代に入ったばかりの彼の孫のマリオスがストアに入ってきて、訪問客が待っている、とダスカロスに囁いた。ダスカロスは立ち上がって部屋を出て行き、皆が討論できるようにコスタスが後を引き受けた。ニコシアのコスタスのグループメンバーでもある臨床心理医のリディアがまず質問を切り出した。

「もし私がお話を正しく理解しているのなら、神を除いてすべてがそれぞれ異なったレベルで波動している**マイ**

ンドだと、これまで繰り返されていましたね」

「そうです。**マインド**は被造物で、神ではなく、神がご自身をあらわされるのは、この**マインド**を通じてです。いくつかの秘教宗派は**マインド**と聖霊とを混同していますが、それは間違いです」とコスタスは答えた。

リディアが続けて言った。

「コスタ、あるノエティックの世界はずっと高く、より純化したレベルの波動にある**マインド**で、ある世界は**マインド**を超えていると聞いたように思うのですが……」

「さて、いいですか。形を持った**マインド**と、状態としての**マインド**を区別しなければなりません。二つに分かれ、相対立する両極を持った世界は、形を与えられ、形成された世界です。言い換えると、下位のノエティック界を含め、その下はすべて形を持った世界です。上位のノエティック界はずっと弱い程度に形を与えられています。しかしその上は、形態の制限や限界から解放され、状態としての**マインド**へと入ります。しかし、それもまだ**マインド**なのです。形を与えられてはいませんが。いいですか、天地創造の領域ではすべてが**マインド**なのですよ。このことはよく覚えておくように」

リディアが質問を続けた。

「人間は三体でできていますから**マインド**である、と私たちは言ってきましたが……」

その時、コスタスが彼女の話を中断して、同意せずに言った。

「違う違う。人間は**マインド**ではない。人間が自己を表現するのは**マインド**を通じて行うのですが、人間はちょうど**絶対**が**マインド**を通じて自らを表現されるのと同様に、自分を表現する時に**マインド**を使います。しかし、人間は**マインド**ではありません」

「それでは、分離の世界、つまり**マインド**の世界へと旅立つ時に出て来たその最初の出発点へと帰還して、そこで悟る者は一体、誰なんですか？　それは人間という個人ですか？」とリディアが尋ねた。

「いいや、いいですか。終着点で誰が悟るかというと、それは現在の人格としての個人ではないのです。それは自分なるもの、別の言い方をしたければ、内なる魂とかスピリットで、それが悟るのです。それは**人間**のイデア(↓用語)を通過して、個性と自主性とユニークさを発達させる目的で経験を獲得するために、二極に対立した世界、つまり**マインド**の世界へと下降して来た、例のあれです。なぜなら、我が内なる自己が最終的にその悟りを獲得するのは、この個性形成を通してなのです。悟った魂は物質界での体験があってこそ、自給自足であり多次元性である**絶対**の中に帰還した時、ついに**私は私である**（I AM I）と言え、自らを**すべてのもの**から区別できるようになるのです」

　リディアは執拗に質問を続けた。

「こういうのは**マインド**の状態ではないとおっしゃっているのですか？」

「その通り」と、コスタスは強調して言った。「それは**マインド**を超えているのです。創造界においては、すべては**マインド**ですが。**絶対**の**自足**の中ではそうではありません。分かりますか？」

「もっと詳しく説明して下さい。**絶対**の**自足**とは――？」と、レアンドロスが尋ねた。彼は二十代後半の会計士で、このグループに加わったばかりであった。

「**絶対**の**自足**イコール神です」とコスタスが答えた。

「では、それ以外はどうなんですか？　他のものはすべて神の外にあるということですか？」

「いいえ、すべては神の内にあるのです。しかし、すべては必ずしも神ではなく、すべては**マインド**なのです。

このマインドを通じて神はご自身を表現されているのです」

逆説的と思われるであろう点を明確にするために、コスタスはさらに説明を続けた。

「いいですか。絶対を波動や動きとして考えてみて下さい。しかし、何も誰も波動していないし、動いてもいないのです。すると、そこには何の結果も生み出さずに、いわばエネルギーというものがあるわけですね。創造というものは動きであり、振動する何らかのものが必ず付随する波動です。波動するものを持つためには、その背後にその原因となるものがあるはずです。波動とか動きは絶対の属性で、その絶対は自足、つまり自給自足の状態にあるのです。この波動性とか動性は、波動し運動するものが現象的に現われる以前にあるはずなのです」

「何らかの波動現象が現われてくるのは、どの時点ですか？」とレアンドロスが再び尋ねた。

「マインドが創造された時点。われわれが言っているようにマインドは神ではないが、神の内にあるのです」

「ロゴスとマインドの関係はどうなっているのですか？」と部屋の後ろにいた者が尋ねた。

「マインドが創造されるのはロゴスを通してです。ロゴスがマインドの存在を引き起こしているのですよ。聖霊とマインドを一つの同じものと見なしている哲学の一派がいくつかあります。彼らは、マインドを引き起こすその原因としてのロゴスにまったく気づいていません。彼らによれば、マインドは完全に聖霊の現われとなっています。しかしながら、われわれの研究調査に基づくと、決してそうではないことが分かります。マインドはロゴスを通じてつくられ、数々の世界を創造するために聖霊によって利用され、形を与えられているのです」

「このマインドという言葉で示されている状態を指すために、別の言葉を私なら選びます。私たちの文化では、たいていが知性を意味してマインドという言葉を使うからです。マインドの代わりに愛という言葉を使っては何かいけない理由があるのでしょうか？　言い換えますと、〈すべてはマインドである〉という代わりに〈すべては**愛**である〉とは言えないのでしょうか？」。別の芸術家である弟子の一人が尋ねた。

「それは、言えません」

「たぶん、**愛**は**マインド**の内にあるのでしょうね」と、その女性の芸術家が囁いた。

コスタスが言った。

「**愛**は、天地創造の世界の中で、**マインド**を通じて自らを表現しているのです。そして、その**マインド**の内に、**絶対**のトータルな**愛**のあらわれである完璧な調和が存在するのです。

質的に**マインド**は完璧といえますが、人間の自覚、すなわち気づきを通してそれが形をとると、そこにある不調和があらわされてきます。ですから注意して頂きたいのは、この不調和はそれ自体が**マインド**のものではなく、人間の自覚の結果なのです。人間の自覚がいかに汚れ、歪んでいようとも、**マインド**は汚されないのです。

さて、ここに鏡があって、この鏡はわれわれの内なる自己だとしてみましょう」と、コスタスは言葉の意味を説明しようとして、次のように話しはじめた。

「どんな出来事であれ、それがひどく歪曲されているとか、どっぷりと汚水に漬かっているとします。この汚れた醜い出来事をこの鏡に何度写そうとも、それは鏡自体を汚しはしませんね。この鏡の前からその出来事を取り去ると、鏡は完全に綺麗なものとなって見えるでしょう。**マインド**の場合もそうなのです。それは汚されることがないのです。それは、人間が霊的進化のために体験を重ねるのを助けます。われわれが時空内で人間として体験を重ねていくのは、**マインド**を通してなのです。もし**マインド**が存在していなければ、われわれには様々な存在界で自己をあらわすことができません」

リディアが大胆にも意見を述べた。

「もし、そのことを私が正確に理解しているのなら、**マインド**のことを、なにかエネルギーのようなものとしてお話しになっているのではないでしょうか。キリストがお教えになった愛は、単に人間の間の愛だけではなく、パワーとして、またエネルギーとしての愛で、これは**マインド**の不可欠な部分と見なせるのではないか、と思うのですが」

「もちろん」と、コスタスは両手を広げて叫んだ。

「愛、それは命そのものですが、それはすべてのものの中にあり、至るところにあります。少し前に私が言った創造界における調和とは、愛の結果であり、全叡知の結果です。何度も繰り返し言っていますが、**マインド**が形を与え表現したすべてのものの中に、**絶対**の全知、全能、完全なる善があります」

「瞑想に入りましょう」と、さらにいくつかの質問に答えた後、コスタスは言った。彼の指示に従って、われわれのエーテル・バイタリティー（生命力）を補充するための瞑想を十分ほど行った。それから、彼が奉仕のための瞑想と名付けているもう一つの瞑想を使って、彼はわれわれを誘導した。

「この瞑想の実践は大変重要です」と、われわれが瞑想に入る準備をしているとコスタスは言った。

「このグループは、この瞑想に優先的に取り組む責任があります。この瞑想は、この世の痛みの緩和を助けるのです。これは極めて重要なものですから、この瞑想を毎日実践するように、強く勧めます。さあ、始めましょう。

再び、完全な平安と静けさの中に入ることから始めます。皆さんの現在の人格に取り憑いている考えを、それが何であれ完全に空っぽにして下さい。自分が完全に真っ白な光を放っているのをイメージして下さい。今や皆さんは、ほんのわずか皆さんの形の中に閉じ込められているのを感じるだけです。皆さんの身体の重みがなくなっていくのを感じます。身体が軽く感じ、皆さんは今、ホワイト・ブルー（白味がかった青色）の光がふんだんに輝く環境にいることをイメージして下さい。

皆さんは真っ白に輝いています。そして皆さんの周りはホワイト・ブルーの光に満ちあふれています。皆さんの体重をまったく感じない状態に達します。引力はもはや、皆さんを拘束しません。何一つ、皆さんを椅子に引き止めておくことはできません。

皆さんの意識が上に向かって移動するのを感じます。皆さんは上昇し、絶えず進んでいます。このように動く意識を感じて下さい。

皆さんがかなりの高さに到着しましたら、そこで止まってじっとしていて下さい。下を見下ろして、キプロスの上空の高いところにいるのをイメージして下さい。それがキプロスと分かるのは、皆さんがその形を知っているからです。皆さんの右が東で、左が西です。前が北で後ろが南です。この位置から、皆さんはキプロスの上に浮揚しています」

続いてコスタスは次のように指示した。

「さて、次は皆さんの胸、心臓の中心から、愛の太陽が活発になるよう、ホワイト・ローズ（白味がかった淡紅色）の光がすべての方向に向かって発しています。皆さんは真っ白です。そして、皆さんの周りには豊かなホワイト・ブルーの光が満ちています。さて、今、心を集中して皆さんの愛の太陽の輝きに注意を向け、それを下に向けてわれわれの島とその周りの海を照らしなさい。皆さんの愛で、キプロスを強化しなさい。ここは、たくさんの愛が必要です。これから先、われわれの島により良き日々が来たらんことを願いなさい。この島のすべての人びとが正しい想念を持てるように願いなさい。皆さんの愛がここを守りますように。愛があるところではどこでも、愛のみが育ちます」

コスタスは、しっかりと落ち着いた声でゆっくり続けて言った。

「キプロスへのホワイト・ローズの光は、民族や宗教やイデオロギー、さらに政治的立場のいかんに関係なく、すべての人びとの間に相互理解と友情があらんことを願います。

さて、キプロスへ心を集中したままで、皆さんの意識がさらに上に向かって移動して行くのを感じて下さい。さらにどんどん上昇しつづけます。遙かずっと高い位置に到着します。非常に高いところに着いたら、前と同様に、ある地点で止まります。さて、下を見下ろしますと、この惑星に対する視野が大きく広がり、ギリシャ、トルコ、シリア、イラク、イラン、レバノン、イスラエル、ヨルダン、サウジアラビア、エジプト、そしてリビアまでもが皆さんの視界に入っているのが分かります。皆さんの中心点は、まだキプロスです」

と、コスタスは誘導を続けた。その間、われわれは目を閉じてコスタスの指示に従っていた。

「さて、皆さんの愛の太陽の光をこの地域全体に放ちなさい。そしてこの地域の国家、この地域の人びとの相互理解、信頼、そして隣人を愛することを願いなさい。この地域のすべての人びとのために、より良き日々の来たらんことを祈り、彼らがお互いの相違を国際法により解決し、人権を尊重するように祈りなさい。

この地域が平和と平穏によって満たされますように。この地域が愛に満たされますように。

さて、次はこの惑星の上で、別のところに皆さんの注意を向けて頂きたいと思います。皆さんの心を中国に持っていって下さい（この時はちょうど中国が民主化運動を断固たる態度で暴力的に取り締まり、世界にショックを与えたあとであった）。

皆さんのハートからわき出るホワイト・ローズの光で、その国を抱くように包み込みなさい。中国の人びとに、より良き日々が来たらんことを。皆さんの愛の色が中国の人びとの痛みを和らげますように。

今度は、大きな風船のような形をしたわれわれの惑星全体を皆さんの目の前に持ってきて下さい。皆さんの愛の色でわれわれの惑星を包んで下さい。ハートのホワイト・ローズ色で惑星を抱くように包んで下さい。ホワイト・ローズ色が、キプロス、この地域のすべての国、中国、そして全惑星を包みます。キプロスに、この地域の国々に、中国に、そして惑星の至るところに、より良き日々を。平和と安寧と愛を。

最愛のお方、大師たち、そして皆さんのこの世の師たちの愛が、皆さんの家庭内にあり、皆さんの愛する者たちの傍らにあり、そして全世界にあらんことを。われわれは純粋な心で、いつも主のお傍に立っています。これで終わります」

以前、コスタスは私に、この瞑想は肯定的な波動を意識的につくり出すことで否定的な波動を中和するという目的を持っている、と説明したことがある。このタイプの瞑想は、悪と戦うための天使的なエレメンタルを生み出す。人はどこにいようとも、たまたま自分がいる国とか場所をこの視覚化のためのスタート地点に使うことができる、とコスタスは言っているのである。

第10章　サイコノエティック体の形成

一九八九年六月のなかば、私たちは夏の休暇でキプロスに戻って来たばかりだった。私は、父の裏庭にあるレモンとオレンジの樹に囲まれて座り、サングラスをかけ、楽しみながらノートに書きためてあったものを改めて読み返していた。その朝遅く、ダスカロス（↓訳注1-1）の家でコスタスやペトロヴナと会うことになっていた。

この平和なひとときは、玄関のドアのノックで中断された。来客はエミリーの友達のアンナであった。エミリーはちょうど外出していたので、アンナに家の中で待ってもらうことにした。ハーブティーを入れようとお湯を沸かしている時、私はアンナの気持ちが非常に沈んでいることに気がついた。いつもは大変おしゃべりだったが、この日は彼女を一言もしゃべらせることができず、沈んでいる原因はもしや政治情勢ではないかと思い、私は尋ねてみたが、どうやら落ち込みの原因とは関係ないようであった。アンナは何も語ろうとしなかったが、私は彼女と親しかったので私的な質問をすることができた。彼女が深刻な憂鬱《ゆううつ》症のようなものに陥っているのではないかと判断し、そこから彼女を救い出そうと様々なセラピーや精神分析法を取り入れてみたが、すべて無駄に終わり、そこで今度は別の方策を取ることにした。

私は隣りの部屋へ行き、窓を閉めてカーテンを引いた。それから小さなテーブルの上に白いロウソクを置いて火を灯し、その隣りにグラス一杯の水と茶さじ一杯の塩の入っている小皿を置いた。

「アンナ、こっちへおいで」と、私は彼女を部屋へ招き入れた。椅子に座って私の言うことをよく聞くようにと彼女に囁いた。

「ロウソクに心を集中して何も考えないように。ただロウソクの炎にだけ心を集中してね。十分間、そのようにしているといいよ」

彼女はその間一言もしゃべらず、私の指示に従っていた。私は静かに語りかけた。

「十分間、そのロウソクの炎に心を集中させた後、今度は目を閉じて頭の中でその炎のイメージを持ち続けるように。それから、今この時点であなたを苦しめているエレメンタル(→用語)が、それが何であれこの炎で燃やされてしまうように、と強く願うんだよ。このエレメンタルが一つひとつ燃やされていくのをイメージするように。きっとその炎が、潜在意識の中のものや今あなたが味わっている不幸な気持ちを完全に清めてくれるよ」

私はドアを閉め、部屋を出て再びノートを読み返しながらアンナを待っていた。三十分ほどたって部屋から出て来た彼女はまったく別人のようで、目に涙をいっぱい溜めながらもニコニコしていた。彼女はいつもの自己を取り戻し、興奮気味にあの瞑想の実践が彼女にとっていかに癒しとなり役立ったかを説明しはじめた。私は彼女にグラスの水は飲み、塩は庭に捨てるように言った。なぜなら、そのグラスの水は癒しのエレメンタルの磁気を帯び、塩は土の要素を象徴しているので、彼女を苦しめていたエレメンタルが二度とコンタクトできないようにそれを投げ捨てなければならないからである。

一連の療法が完全に終わった頃、エミリーが戻って来た。アンナは今やエネルギーに満ちあふれ、エミリーにそのいきさつを説明した。私は、そもそもアンナがなぜ憂鬱になっていたのかその原因を知るまでには至らなかったが、それは私にはどうでもいいことであった。大事なことは、彼女がはまり込んでいた病的な精神状態から自ら回復することなのである。

後にダスカロスにアンナとのこの出来事を詳しく話した時、彼は首を振りながらくすくす笑い、「君はだんだん暗示の名人になってきているね」と言われたものである。

「私はただ、あなたの真似をしているだけですよ」と、私は彼の口調に似せて答えた。

ダスカロスは、人が苦しんでいる精神的な問題は潜在意識内で作用しているエレメンタルにより引き起こされている、と教えてくれた。だから、ヒーリングによってこれらのエレメンタルのエネルギーを抜いてそれらを無害なものにする。このプロセスは、たとえば瞑想や自己分析、暗示や祈りというような様々な手段を通して行われるのだ。通常行われている精神分析を通して潜在意識を探る方式は、時には害をもたらす結果に終わる可能性がある。すなわち、人によっては長い間、密かに潜在意識の奥深くに潜んでいたエレメンタル、いわゆる魔ともいえるものにエネルギーを与えてしまう危険性があるのだ。エレメンタルの法則をよく知らずに精神分析のテクニックを用いる心理療法士は、いったんこういうエレメンタルを掘り出し、それを人の意識の表面に浮び上らせるものの、このようなエレメンタルを扱えないのである。その結果、エレメンタルは再び力を与えられ、その人の現在の人格（↓用語）に付きまとうことになるのである。

ダスカロスと会った後、私はペトロヴナに付き添って首都にある様々な宗教の聖地を訪れ、その日の午後を過ごした。壁に囲まれたニコシアの旧市街には古色蒼然とした教会がたくさんあり、そのうちのいくつかの起源は中世にまで遡る。ギリシャ正教会の伝統の中で育ったペトロヴナにとっては、そこはまさに文化的に親しみやすい地域であった。われわれが訪れた教会はファネロメニ、トゥリピオティス、アイオス・カッシアノス、そして大主教管区の隣りにある大変古い教会である。この最後に訪れた教会は、ダスカロスとコスタスの師であるヨハナン(↓用語)、つまり福音書の聖ヨハネのために建てられたものである。

ペトロヴナは教会に入ると、できるだけあちこちに立った。イコン（聖画像）の前や、教会の円天井の下、祭壇の前などで波動の度合や強さを測定し、私に教えてくれた。まるで彼女が測定器のようなものを持っていて、微量の放射能を調べているような具合である。彼女は祭壇に向かって円天井の下に立ち、ここの波動は「極めて強力で圧倒されてしまいそうだ」と、興奮して私に伝えた。ペトロヴナは私に、自分と同じ場所に立ち、自分が感じているものを私が感じ取ることができるかどうか試してみるようにと促した。「ねえ、やってみて」と、彼女が熱心に勧めて軽く私の腕を引っ張るので、私は彼女の指示通りに立ってみた。黒服の管理人が神経質そうに数珠をつまんで数えながら、好奇心に満ちた面持ちでしきりにわれわれを眺めているのに気づき、私は落ち着かない気分であった。

「何か感じる?」と、ペトロヴナはしきりに尋ねるので、私は口ごもりながら言った。

「そうだね、僕は教会、とくにギリシャ正教会にいる時は、いつでもいい気分なんだ」。それから、「私にはあなたのように霊能力があるわけではないので、がっかりさせて申し訳ありません」と謝った。ギリシャ正教会の静まり返った建物の中にいる時はいつも感じるものがあるが、ここではそれ以外は何も感じなかった。ペトロヴナは「分かったわ」と私の背中を軽く叩き溜息をついてから、「あなたは、書くことを続けるようにね」と言って、私を励ました。

六時頃、車でレア（コスタスの弟子）の家に着いた。コスタスはここで、ニコシアのグループを相手に隔月で講義を行っている。すでにコスタスは到着し、弟子たちもほとんどが集まっていて、広くて心地よさそうな居間は人であふれんばかりであった。

コスタスの弟子たちの中にはこの島の文化的エリートが大勢いて、年齢は三十代から四十代、男女を問わずほとんどが専門職に従事している。社会的・文化的に積極的に活動し、それらの活動と新たに見出した秘教への関心とをうまく結び付けている。ほとんどの人が外国の大学で学位を取得しており、西側諸国のみならず、元共産圏の東欧の大学も含む、イギリス、アメリカ、フランス、ロシアの大学などの卒業生であった。にわか景気で急速に発展した六〇年代に生まれたこの人たちは、海外で何年も学び、キプロスにイデオロギーや外国のマナーなどを豊富に輸入したのであった。長年の政情不安のためキプロスには大学がなかったので、高等教育は海外に求めざるを得なかったのだ。

彼らの多くは私がダスカロスを知る以前からの私の知り合いであり、そのうちの何人かは旧友でもあった。コスタスのグループとして彼らと再会した時は、本当にびっくりしたものである。私はこれまで彼らを不可知論世俗主義者と見なし、宗教などは主に土地の農夫や黒衣に身を包んだ老婆の専売特許として嘲笑している連中だとばかり思っていた。事実、女性の弟子の中には、その土地の総主教教会[*10-1]を強く批判している過激なフェミニストが何人かいた。初めてコスタスのグループに彼女らを見出した時、私は明らかに時代が変わりつつあることを実感したのであった。

＊10-1　男性の権威主義的傾向を持つ教会制度。

コスタスのグループには土地の共産党員と血縁関係や姻戚関係にある人たち、あるいはまた、保守系か少々右寄りの政党と繋がっている人たちもいる。政治的・社会的立場を代表するこれらの人びとは実に様々で、幻滅を感じた史的唯物論者、反中産階級の資本主義者、そして見かけは平凡なキプロス人から保守的なキプロス人、さらには性革命の元戦士たちも含まれている。だが、アヴァター[*10-2]を目指しているこの人たちは、明らかに典型的な神秘主義の修業者などではなく、宗教的な静寂の中で祈りや瞑想や内省に明け暮れて日々を過ごすことも決してなかった。

地元テレビ局の演出家で、この会合のホステス役として四十人ほどの人びとを接待しているレアは、極めてエネルギッシュな情熱にあふれた超党派の活動家であり、ウーマン・マーチ・ホーム（故郷へ行進する女性たち）を組織した一人である。この組織は、非暴力によってキプロスの女性を先導し、キプロスの北のトルコ占領地区にある故郷へ戻ることを目的とした運動である。

このように、心理学の専門家や社会学者、芸術家や医者、そして実業家や建築家までもがコスタスの教えやグループに魅せられているのは、コスタスの教えが論理的な原理に基づいているからである。さらに彼らがこの教えに引き付けられた理由としては、その中心をなす教えの多様性と寛容性、超宗派的な普遍性、そして霊的な疑問に対して非ドグマ的なアプローチを取ることや、グループ内に個人崇拝の要素が一切ないことなども考えられる。しかもそれに加えて、言うに及ばず探究と研究の完全な自由がある。これはコスタスとダスカロスがとくに強調しているものである。ここで最も重要なのは、コスタスが行った奇跡的治療を目の当たりにした後、新たに

＊10-2　ここでは「悟った者となること」という意味。

入会した会員が何人かいるという点だ。モスクワ大卒の臨床治療専門家のマリアも、麻痺状態にあるスチュワーデスをコスタスが奇跡的に治した現場を目撃して、コスタスの弟子になっている。

コスタスが講義を始める前に、私は彼と面談することができた。コスタスやダスカロスの助けを求めて私に寄せられた知己や読者からの山積みの写真や手紙を、コスタスに差し出した。コスタスは目を閉じて手でそれを触りながら、一枚ずつ写真をよく調べ、診断を下し、その患者を助けるためにできる限りのことをすると約束してくれた。

「キリアコ、この写真は以前調べたことがあるよ」と、彼は目を開け一枚の写真を手にして言った。

私は注意深くその写真を調べたが、実際、コスタスに数カ月前に調べてもらった写真が新しい写真の束に混ざっていた。他にも一枚、古い写真があり、これにも同様にコスタスは反応したのだ。コスタスの透視能力を試そうとして新しい写真の束にこの二枚を意図的に入れたわけでは決してないが、驚いたことに、結果的にそれが証明されたわけである。

そこで私は尋ねた。

「コスタ、どうして分かるのですか？　初めて写真を調べた時から、何百という見知らぬ人の写真を扱ってきたというのに、一体、どのようにして覚えているのですか？」

コスタスは答えた。

「簡単なんだ。感じようとして写真を触ったら、以前この人たちのためにつくっておいた治療のエレメンタルがやって来て、以前のことを知らせてくれたんだ」

ダスカロスにも似たようなエピソードがある。ある女性が彼に会いにやって来て、重体の三歳の息子の写真を見せた。その時、そこに立ち合っていた人が私に語ってくれたところによると、ダスカロスは写真を触って感じ、この少年はかの有名な「バッハ一族」の生まれ変わりである、と思わず興奮して叫んだという。その少年は治癒の後、家族と一緒にヨーロッパに移民して世界的に有名なピアニストになったのであった。

それから二十五年後、今や成人となったその人の写真を、ある人がダスカロスのところに持ってきた。写真の人が誰であるかを告げられることなく、ダスカロスは目を閉じて写真を感じ、少し深呼吸すると、コスタスの場合と同様、その写真に反応したという。その理由を私がダスカロスにただすと、コスタスと同じ説明をしてくれた。つまり、例の三歳の子供に彼が以前つくった天使(↓用語)のエレメンタルがやって来て、二十八歳のその男性が誰だか分かったのだ、と言う。ダスカロスやコスタスを知っている者たちは絶えずこの種の出来事を目の当たりにしているが、これは二人が長い間、霊的な師として、また真のヒーラーとしての名声を保っている由縁である。

コスタスの個人面談がすべて終了すると、講義が始まった。私はペトロヴナの隣りに座り、彼女に講義の論点を通訳した。

「これまで、肉体(↓用語)のすべての細胞と原子と素粒子は、それに対《つい》のエーテル部分、サイキック部分、そしてノエティック部分を持っているということを学んできました。したがって、われわれは肉体に平行してサイキック体(↓用語)とノエティック体(↓用語)を持っています。この後者の二体が一緒になって子宮の役割を果たし、その中でわれわれの肉体がつくられます。このことは創造界内の物質界全体において言えることです。たとえば、物質的な存在の地球の背後にはサイキック部分の地球――つまり四次元の世界(↓用語)に存在する地球があり、ノエティック部分の地球、――つまり五次元の世界(↓用語)に存在する地球があり、われわれの肉体についてもまったく同じことが言えるのです。さて、この〈サイコノエティック体(↓用語)〉と私たちが呼ぶものは**聖霊**(↓用語)の直接管轄下にあり、その主な機能は肉体の維持です」

　この聖霊の監督下にあるサイコノエティック体は、細胞の一つひとつに至るまで肉体と対応した完璧な存在である。これとは別に、サイキックとノエティックの二体があり、これを一緒にして〈サイコ・ノエティック体(↓用語)〉とも呼ばれている。これは、心臓部分にその中心を持っている。この身体は最初は無定形な塊で、すべての人間の目的はそれを形づくることであり、その塊を肉体の形と同じ完成した形にすることである。そうして最終的に、肉体はそれに対応する同じ形のサイキック体とノエティック体を持つようになるのである。

　ダスカロスがこれまでずっと言ってきたことを、コスタスはオウム返しのごとく次のように述べた。

「このサイコ・ノエティック体は形成の過程にあり、われわれの気づき、つまり自己意識のレベルを表わしています。事実、この身体こそがわれわれの自己意識のセンターなのです。**真理の探究者**は徐々にこの無定形の身体に形を与え、その人は、その身体を使って高次の世界や異次元の知識や意識を獲得できるのです。この身体を形成しなければ、これらの別世界や異なる波動の内では、客観的に自己の存在を知ることはできません」

「すでに完成されているもう一つのサイコノエティック体はどうなるのですか?」と、私が不意に言葉をはさんだ。

「あのサイコノエティック体は皆さんの霊と魂(↓用語)、つまり自己意識の基盤であり、それは皆さんの自分なるものの中心です。この中心で、体験と印象を受け取っているのです。それは永久不変の**私であるところのもの**（I AM）なのです。このサイコノエティック体の光り輝く美しさを描写できる言葉はありません。

　皆さんは今のところ、自己意識の中心としてその身体を持つ、ということをしていません。私たちの目標は、

(現在の) 自己意識をあらわしている身体である、この形の定まらないサイコ・ノエティック体が、その形をつくり上げ、その身体が完璧なサイコノエティック体であるわれわれの魂の自己意識の身体と溶け合い、それらが一体となることです。

〈心の清き者は幸いである、彼らは神を見るであろう〉というキリストの言葉を理解できるのは、この文脈においてなのです。それは、少し前にも言いましたように、進化し発達を続けるサイコ・ノエティック体の中心は心臓(ハート)であるわけですが、〈心が清い〉とは文字通り、完全にサイコ・ノエティック体が発達し、それがすでに完璧であるサイコノエティック体の形とまったく同じ形になったということを意味しているのです」

私は論点を明確にしようとして言った。

「それでは、コスタ、自己意識の基盤として無定形なサイコ・ノエティック体をわれわれは持っているわけですが、(サイコ・ノエティック体を完全に形成することで) その自己意識というものが、われわれの自分なるもの、われわれの**私であるところのもの** (I AM) の中心の完璧なサイコノエティック体と一体となるということですね」

「まさにその通り。完全な形をしたサイコノエティック体は、質的にはちょうど大天使(↓用語)についても言えるように、どの人間にとっても同じなのです。ところが一方、私たちが発達させて形をつくり上げていかねばならないサイコ・ノエティック体は、質的にも形の上でも、その輝きの点でも、個人個人によって違い、誰一人としてまったく同じサイコ・ノエティック体を持っている者はいません。人間の個性を可能にしているのはこの身体で、それはわれわれの思考と感情の身体です」

私の友人、ネオフィトスが質問した。

「それでは、この二つの身体が溶けて一体となるようにさせる目的は個人的体験の結果を取り除いてしまうことである、と言っているのですか？　二人の人間が異なるのは、この個人的体験によるのではないですか？」

コスタスは、彼とダスカロスが今まで何度も言ってきたことを繰り返した。つまり、この世に人間として生まれてくる目的は、**絶対**(↓用語)のワンネス（統一性）の中で個性を発達させ、そして無定形のサイコ・ノエティック体が発達し、内なる自己（インナー・セルフ）のサイコノエティック体と一体化してもこの個性はなくなってしまうものではない、ということである。

「皆さんが反復（サイクル）の現象界に存在している限り、サイコ・ノエティック体は基本的にはその形を十分には完成していません」とコスタスは論じた。

「いつも必ずそうなんですか？」とネオフィトスが尋ねた。

「いいえ、必ずしもそうではなく、皆さんが完全にサイコ・ノエティック体を形成した後もある特殊な仕事を成し遂げるために、分離の世界に戻るかも知れません。実際、いったんサイコ・ノエティック体を完成するや、皆さんがいるところはここなんです。皆さんが戻って他の人の霊の旅路をお手伝いするのは、ここなのです」とコスタスは微笑みながら言って、床を指差した。

「ちょっと分からなくなってしまいました」と、それまで静かに聞いていた人がかすかな苛立ちをその声にあらわして言った。「どちらが無定形なサイコ・ノエティック体なんですか？　無定形の方が完璧なのですか？」

彼の悪びれない口調に微笑ましさを感じてわれわれが笑い、それが静まると、コスタスは繰り返して次のように言った。

「無定形なのは、私たちが形をつくり上げて行こうと努める方です。完璧な方のサイコノエティック体の特徴は、その言いようもないほどの美しい輝きです。一つの神（god）がそこに宿っている一方、私たちが形づくって行かねばならないサイコ・ノエティック体は、心臓（ハート）の辺りに本当に形の不定な塊のようなものとして見えます。低いところのサイコノエティック界にいる人を見ますと、皆さんが実際に見るのは袋のようなもので、ジャガイモの入った袋とでも言っていいと思いますが、そういうものなのです。したがって、このような人は、高い境地に至ってものが見えるようになった人には、手足のない人という感じに映ります。真にものが見える観点に立ちますと、こういう人は文字通り袋のように見えるのです」

彼が使った言葉にわれわれがくすくす笑っている時、コスタスが真剣に言った。

「これは本当なんですよ！」

ネオフィトスが尋ねた。

「コスタ、もし無定形なサイコ・ノエティック体が袋のように見えるというのであれば、完璧なサイコノエティック体は肉体とまったく同じ形をしているということですか？」

「もちろん」

謎に包まれたというような表情をして、ネオフィトスはさらに質問を続けた。

「比喩としておっしゃっているのではないのですね。実際、何度も再生を繰り返して、無定形のものが肉体のように形づくられるに至るということですね」

「まさにその通り。私が言っているのはそれなんです。そして、それが私たちの目的なのです。なぜかといいますと、それは、肉体、サイキック体、ノエティック体の三体の全細胞、全粒子の中で、私たちが完全に意識を持って生きて行くことができるためなのです。こうして、三体を自由に支配できるものとなるのです」

「そこのところを、もう少し詳しく説明して頂けますか?」とネオフィトスが頼んだ。

「いいですか、サイコノエティック界では、粒子といえども、すべて完全に自覚しているのです。サイコノエティック界では、われわれの目や耳のみならず、われわれの存在全般に、細胞や粒子までもが見たり聞いたりできるのです。それゆえ、完全に発達したサイコ・ノエティック体でのみ、真の体外離脱(↓用語)ができるのです」とコスタスは言った。

そこで私は、彼の言ったことを質問形式に変えて繰り返した。

「コスタ、つまり、もしサイコ・ノエティック体を発達させなければ、意識を持った上での体外離脱の旅はできないということですね?」

「まったくそのことを私は言っているのです。皆さんの自己意識を送り出すことによって、あるいは完全な体外離脱を通して異次元の世界について客観的に物事に気づけるようになるのは、完全に発達したサイコ・ノエティック体を使った時なのです。身体を出た、と多くの人が主張していますが、実際は、彼らの潜在意識に入り込んでいるだけなのです。つまり、麻薬を使った時と似たような意識状態になっているのです。麻薬を使う代わりに、別の手段で同じような状態を起こして、実際、彼ら自身の幻想の世界に入っているだけなのです。こういう人は、事象が展開している客観的な現実の中に入っているのではないのです」

「もう少し具体的に説明をして頂けますか?」とネオフィトスが頼んだ。彼の好奇心がかき立てられたのであった。

「たとえば誰かが、体外離脱をしてロンドンを訪れた、と主張したとします。もし、その人が実際に発達したサイコ・ノエティック体を持っていなかったとすると、現実にその人がしたことは経験の中にある〈ロンドン〉を訪れたことになります。まさに今というこの時点に展開している出来事を眺めるためには、人は完全に発達したサイコ・ノエティック体を持っていなければなりません。たとえば、今まさにこの時点でトラファルガル・スクエアに何が起こっているのか、それを客観的に知るために使わねばならないのはその身体なのです。この惑星で、その人が訪れたこともない場所を訪れるように、とその人に頼むと、その人が言うところの〈体外離脱〉なるものを行うことができません。なぜなら、その場所はその人の潜在意識に記録されていないからです」

私が自ら進んで自分の意見を述べた。

「サイコノエティック次元の様々なレベルやその小レベルでの情報知識の取り入れについても、たぶん同じことが言えるのでしょうね」

「その通り。もし、皆さんが完全に発達したサイコ・ノエティック体を持っていなければ、基本的にはああいった異次元の現実について真の光景を見ることはできないのです。それは単に、皆さん自身の空想の世界へと入っているだけなのです。

しかしながら、（そのようにしてでも）潜在意識の中へ入り込めるということは、進歩へ一歩踏み出したことでもあると付け加えておきましょう。あくまでもそれは、麻薬を使わずに自然な方法で成し遂げられた場合の話です。しかし、それが自然な方法であっても、存在の異次元や別の現実界との接触ができるような幽体離脱ではないのです」

コスタスは、鋭い目つきで部屋をざっと見渡して質問を待ちながら、しばらく沈黙していた。

「永遠の人格(↓用語)は肯定的な特徴のみを持っているのですか？」と、医者のパノスが質問した。

「永遠の人格は一つの神（god）です。それこそが内なる自己、つまり**プニューマ**(↓用語)なのです。体験を獲得するために降りて来たのは、まさにこの部分のわれわれなのです。しかしそれは一つの神（god）で、意識して二極性の世界へと降りて来たのです。さて、われわれが現在の人格と呼んでいるものもそうであるが、社会に適応しようとする表面的な自分（ペルソナ）がすべてをくもらせています。そして、永遠の人格はペルソナの中にはありません」

「ある人生で、サイコ・ノエティック体をつくり上げるために成し遂げられたことは、それが何であれ、永遠の人格を通じて次の人生へと引き継がれて行くと仮定するべきですか？」とパノスがさらに尋ねた。

「もちろんです。何ひとつ失われることがありません」

芸術家のグラフコスが尋ねた。

「サイコ・ノエティック体をある程度まで発達させた人が、未来の人生でのある体験とか状態のゆえに、再び低いレベルのサイコ・ノエティック体に戻るということがあり得ますか？」

「決してありません」と、コスタスはきっぱりと答えた。「獲得したものは獲得したのです。人生を何度も同じ状態で、そこに止まってしまうということはあり得ますが、低いレベルに戻ってしまうということは決してありません。自己意識に関しては、人が成し遂げた進歩は何であれ、決して失われることはありません」

コスタスは続けた。

「さて、**真理の探究者**として皆さんの主な課題は、サイコ・ノエティック体の形をつくり上げることです。なぜなら、そうすることで三体をマスターし、その結果、人に奉仕する立場に立てるからです」

「どうしたら私たちのサイコ・ノエティック体を発達させることができますか？」と、心理学者のマリアが尋ねた。

「必ず定期的に瞑想して知識を吸収し、自己分析を行うことによって発達し、サイコノエティック体になります。このようにして皆さんの自己意識、別の言葉でいうとサイコ・ノエティック体が発達するのです」

それからコスタスは、夜の短い間にダスカロスと一緒に彼らのアデプト[*10-3]たちのサイコ・ノエティック体を形成していることを明かしたのである。

「その目的は何ですか?」と私は尋ねた。

「皆の目が覚めている状態で与えられた知識や叡知を、眠っている間に潜在意識内で吸収することができるようにするためです。さらに一時的に、皆さんのサイコ・ノエティック体を形成することで、異次元での奉仕が可能となるのです。実際に、皆さんのサイコ・ノエティック体が師によって形成されなければ、異次元のあのような波動のところでは基本的に皆さんはヘルパーとして使い物になりません。もちろん、皆さんの地上の師にとってこの介入の主な理由は、皆さんがサイコ・ノエティック体の形成を進める過程においてそのお手伝いをすることです。たとえ一時的にせよ完成された形のサイコ・ノエティック体を持つと、このような異次元の体験を吸収することができます。いったん肉体に戻ってしまうと、体験したことは皆さんが目覚めている時の意識の中でたいていは歪曲されてしまいます。その理由は、皆さんの自然な状態のサイコ・ノエティック体は、まだ十分に形成、成長していないからです」

「私たちの師の援助で、サイコ・ノエティック体が夜の短時間で完全に形成されるということですが、その間、

*10-3　この場合はコスタスとダスカロスの弟子を指す。

われわれの行動は異なりますか？」と誰かが尋ねた。

「いいえ、皆さんの行動は平常の自己意識を持った状態とまったく同じで、自己意識のレベルや考え方や感じ方も同じです。皆さんの師が一時的にその身体を形成する理由は、皆さんのサイコ・ノエティック体の発達レベルを考慮すると、普通の場合は吸収できないような体験を獲得できるようにするためなのです」

私が質問した。

「コスタ、サイコ・ノエティック体が十分に発達した人とそうでない人のあなたの区別の基準は何ですか？」

「それは、その形と輝き具合が基本にあります。未発達の場合は、それが身体全体を覆ってはおらず、サイコ・ノエティック体の中心である心臓（ハート）の辺りに形の定まっていない塊のように見えるサイコ・ノエティック体を持っています。この塊が徐々に大きくなってゆき、拡大して最終的には肉体と同じ形を取るのです」

「そうしますと、それを通してあなたは人の霊的成長を自然に見ることができるということですね？」と私は尋ねた。

「それが、一番自然な方法なんですよ」と、コスタスは叫ぶように言った。

「もちろん、師が人びとのサイコ・ノエティック体のレベルに気づく他の方法は、その身体の輝き具合などです。仮に大変低いところにある、たとえば五番目のサイコ・ノエティックのレベルを訪れたとします。権威を持ってそこに行った者――つまり高い境地の自覚意識を持ち、こういった世界を極めた者――は、いま講義のテーマとなっているあの形の定まらない塊みたいなものを人びとが持っているのを見ることができるのです。しかし、この人びとが自らにちゃんと気づき、自分自身を見ている状態にあるのをこの師たちが見たいと願ったとすると、この人びとは完全に（サイコ・ノエティック体を）形成した者として師たちの目に映るのです。この人びとは、

（霊の旅路で）その最後の再生で持つ形とまったく同じ形で現われるのです」

「その人びとは、彼らのサイコ・ノエティック体が本当にどんな形をしているのか、それに気づいていますか？」とグラフコスが尋ねた。

「もちろん、気づいていません。彼らは幻想や低いレベルの意識の中で自分自身を認識しているのです」

「それは、ちょうど人が物質界で自分を認識しているのと同じようなものですね」と、パノスが付け加えた。

「そうです。だからこそ、人は真の体外離脱ができる以前に、まず発達したサイコ・ノエティック体を持つことが重要だと言ったのです。麻薬とかＬＳＤのような人工的な手段で身体を出て異次元の世界の体験や知識を得るなどといったことは、ある人たちが思っているほど簡単にできるものではありません。このような手段では、皆さんは自分自身の空想の世界へと入りかねません。再度言いますが、時空内あるいはいかなる存在次元内においても、真の体外離脱を成すためには、形のでき上がったサイコ・ノエティック体を持っていなければなりません。なぜなら、この身体を通して人間の自己意識が表現されているからです」

「悪く形成されたサイコ・ノエティック体を持つことがあり得ますか？」とマリアが尋ねた。

「サイコ・ノエティック体に良し悪しはありません。形が完成しているか未完成かのどちらかです。また繰り返しますが、サイコ・ノエティック体の形成が進んでいればいるほど、人の自己意識が高く、サイコ・ノエティック体の形が現在の人格の成熟の度合を表わしているといえます」

「それでは、**真理の探究者**としてサイコ・ノエティック体の形を完成させるには、どのように努めたらいいのでしょうか？」と、ネオフィトスは先の質問に加えて、より詳しい説明を求めた。

この問いに対してコスタスは、講義風に答えている。

「地上に降りて来るすべての者にとって、彼らの中心課題はサイコ・ノエティック体の形をつくり上げることである。この身体は、われらの〈天にまします父〉が**放蕩息子**と**放蕩娘**としてのわれわれに与えた、天からの授かりものである。この肉体に加えて父は感情と知性の能力、つまりサイキック体とノエティック体を与えたのだ。一人生から次の人生へと人間は皆、思考と感情の総体であるサイコ・ノエティック体を形づくる方向に向かって進むのである。因果の法則(↓用語)、つまりカルマ(↓用語)の法を通してこのプロセスは潜在意識のレベルで進んでいる。すべての人間は必ずや、**神との一体化**(↓用語)の入口に、完成したサイコ・ノエティック体を持って出向くのだ。これこそが、地上に降りて来るすべての人間存在の課題である。**真理の探究者**はサイコ・ノエティック体の完成に向かい、宇宙の中で巧みな彫刻家のように取り組んでいるのである。彼らは意識高く目的に向かって行動しながら、無知と痛みと悲しみの道であるカルマの法と、輪廻転生という無限に繰り返してやまないサイクルを超越するのである。

　私たちは一つひとつ小石を置くように、ゆっくり忍耐強く努力するのである」

「それは自己意識とどのように関係していますか？」とネオフィトスが尋ねた。

「みなさんの自己意識は、今まさにこの時点で皆さんが獲得している知識を通して発達しています。皆さんがここで得る知識が意識の中で吸収されているのであれば、その時はいつでも自己意識に取り組んでいるといえるのではありませんか？」

「私が知りたいのは、瞑想の実践がどのようにそれに役立っているのかということです」とネオフィトスは言った。

「いいですか、真の知識を自分のものにするとは、ここで与えられている理論的な内容を吸収し理解すること、そしてさらに瞑想の実践という、この二つを同時に行うことで促進されます。瞑想を通してわれわれはエーテル・

ダブル(↓用語)に取り組んでいます。エーテル・バイタリティー（生命力）の様々な属性にエネルギーを与えることにより、知識が吸収され、われわれの人生の一部となるのです。いいですか、知識だけだと霊の旅路の邪魔となるのです。なぜならそれは、われわれの利己主義を促進する傾向があるからです。だからこそ、瞑想実践と自己分析が本当に必須なものとなるわけで、知識だけではサイコ・ノエティック体の形成にはほとんど役立ちません。事実、知識の大家ではあるが、サイコ・ノエティック体の形は完全に無定形であるということがあり得るのです」

　この時、エミリーが突然、話しはじめた。

「つまり、大学で得る知識というものは、この点での人間の意識というものをまったく無視しているのですね。大学では私たちはサイコ・ノエティック体の発達などには関心がありません。ですから、個人は未完成のままということですね」

「まったくその通り。さらに付け加えて言うべきことですが、今日、秘教を教えているようなミステリー・スクールでさえも、そのほとんどが無定形なサイコ・ノエティック体の性質とその現実に気づいていません。非常に高い境地に達した**探究者**のみがサイコ・ノエティック体の現実を見分け、それを認めることができます」

　マリアが信じられないという感じで質問した。

「サイコ・ノエティック体を見ることができる、とおっしゃってるのですか？」

「もちろん。そのことをここでずっと皆さんに話してきているのです。進んだ**真理の探究者**は、人を見ただけでその人がどんな意識のレベルにいるのかが見分けられます。サイコ・ノエティック体は現在の人格にとってその自己意識の中心であり舞台ですが、そのサイコ・ノエティック体がどの程度まで形成されているかを観察することで見分けが可能となるのです」

コスタスは笑みを浮かべた。

「さて、皆さんは肝心なことをいまだに質問していませんね。それは、完璧なサイコノエティック体はエーテル・ダブルを持っているか、また無定形のサイコ・ノエティック体もエーテル・ダブルを持っているか、ということです」

突然、皆が話しはじめ、部屋中が騒がしくなった。

「両方ともエーテル・ダブルを持っているのです。いいですか、何であれ存在するためには、エーテル・ダブルを持っていなければなりません。しかし、この両方の身体のエーテル・ダブルは溶け合って一体となっているのです」

「なぜですか？」と私は尋ねた。

「キリアコ、もしそうでなければ、二つの体の間に何の繋がりもないでしょう。無定形の方が、すでに完成した体の方に融合してゆくのが不可能となり、完璧な方の体をひな型にして瞑想する時、実際、なにをしているのかといえば、無定形の方の体のエーテル・バイタリティーにエネルギーを与え、その発達を促進しているのです」

「コスタ、無定形のサイコ・ノエティック体と子供との関係はどうなってるんですか？」と、部屋の後ろに立っていたレアが尋ねて、さらに質問を続けた。

「キリストが、私たちは子供のようになるべきだと言われた時、キリストは何を言わんとされたのでしょうか？キリストの頭にあったのは、子供の純粋無垢さではないでしょうか」

レアが次いで質問した。

「子供が社会人となり、経験を重ねるようになる前は、主として彼らの完璧なサイコノエティック体を使って自己表現をしているということですか？」

「そうでもありません。子供は無定形のサイコ・ノエティック体を持ってこの世にやって来ます。そしてその発達具合と形は、前世からの経験に基づいています。すでに前にも言いましたが、私たちは前世の体験の総体である自己意識のレベルを持ってこの世にやって来ます。したがって、ある子供がすでに高度に発達した自己意識、サイコ・ノエティック体を持ってこの世にやって来るということがあり得るわけです。要するに、自己意識の成長具合とかレベルはそれぞれ皆、異なっているということです」

コスタスは、無定形のサイコ・ノエティック体の形は、輪廻転生のサイクルをスタートして物質界に初めて生まれて来る時は、その身体の形はどの人もみな同じであるというポイントを強調しているのである。それ以後は、すべての人間がそれぞれ異なって発達していくのだ。なぜなら、誰一人としてエーテル物質を同じように使用してはいないからである。思考と感情を使って、すべての人がそれぞれユニークなサイコ・ノエティック体を構築していくのである。

「繰り返し言っているように、われわれは自らの潜在意識の建築家で、この計画を成し遂げるために、**絶対**から道具を与えられました。その道具とは、われわれがエレメンタルとして外に出す思考と感情とを持つことができる、その能力です」

レアが尋ねた。

「コスタ、私たちのような**真理の探究者**は、サイコ・ノエティック体がいま発達・形成の最中であるという事実に、どのようにしたら気づくことができるのでしょうか？　私たちがその方向に向かうのに助けとなる何か手がかりとなるものがあるのでしょうか？」

「もちろんあります。それは、皆さんの意識の絶え間ない変化と改革です」

「しかし、どのように私たちの自己意識が変わり、発展したことを知るのでしょうか？」

「たとえば、以前だったら皆さんの意識の中で精神的な動揺や混乱を生じた出来事が、もはや何の影響も受けなくなる。皆さんの感情に大きな浮き沈みがなくなり、平静に問題に立ち向かうようになっているのが分かります」

　とコスタスは答えた。


「ここで休憩にしたいと思います」と、次の質問が出る前にレアが告げた。マリアに手伝ってもらい、レアは二皿の練り菓子と一杯のコーヒーをコスタスに持って来た。われわれは手足を伸ばしたり、歩き回ったり、おしゃべりをしたりしていた。コスタスの二カ月ごとの会合は、友人同士が打ち解けて接する機会でもあった。すでに八時半になっていた。皆が政治、とくに新政府発足後のここ二、三カ月の政治の展開に深い関心を寄せていたので、少しの間ニュースを見られるように、レアはテレビをつけた。レアを始め出席者の多くが支持するジョージ・ヴァシリウが、現大統領のスピロス・キプリアヌを破ったことで彼らは熱狂的に喜んでいたが、数人は深く沈み込んだ表情をしていた。

　コスタスは弟子たちに政治上の論議は差し控えるように頼んでいた。彼の会合にはすべての政治グループから弟子たちが集まって来ていたからである。コスタスは自らの政治的な思想も完全に秘密にしていた。彼は選挙の結果に熱烈な興味を持っていたにもかかわらず、ごく親しい友人のみが彼がどの候補に一票を投じたかを知っているだけだった。グループは政治を超えた状態でなければならない、と繰り返しコスタスは主張していた。

ニュースが終わる前、レアが病に苦しむ男性の写真をコスタスに持って来た。彼を助けてもらえるかどうか、彼女は尋ねた。コスタスは目を閉じて右手にしっかりと写真を持ち、数回深呼吸し、二分ほどして目を開けた。そしてその男性の病の診断を下して、彼を助けるためにできるだけのことをする、とレアに約束した。写真から人の健康状態を調べるのは「とても簡単である」と、この日の講義の初めに彼は説明していた。通常の写真には人の波動が刻印されていて、高い境地に到達しているヒーラーや**真理の探究者**は、写真を感じることでその人と接触を取ることができるのだ。他の事例と同様、これはコスタス自身のエレメンタルをつくり、それがその患者の取り組みの手助けをすると言った。

コスタスとダスカロスは、写真を通じて人の生死の判断もできると教えていた。一九七四年の戦争で行方不明となっていた数人の消息を突き止めるために、トルコの侵入後、ダスカロスの能力が活用されている。

ニュースが終わりレアがテレビを消すと、コスタスは質問に答え、彼のように透視能力のある人間が人の写真に触れるだけでその人の生死を判断できる理由を説明した。

「どんな形であれ、物質というものはすべてそれ自体の輝きを持っています。高い境地に到達した**真理の探究者**に写真を渡し、この写真の人物が生きているか、それともすでに肉体から去ってしまったかを尋ねますと、その写真の人物が何色の輝きを発しているかが自動的に感じられるわけです。もし、その人物の波動がブルーかホワイト・ブルーの色をしていたら、その人は物質内に住んでいる、つまりその人は生きているということです」

「それは、どうしてですか?」とネオフィトスが尋ねた。

「ブルーの波動は肉体の波動だからです。肉体の中心は太陽神経叢《そう》のチャクラ(↓用語)であると言いました。だから、肉体の健康のための瞑想は、太陽神経叢に心を集中してホワイト・ブルーの輝きがその部分を覆っているのをイメージするのです」

「もはや人が肉体の中に住んでいないということは、どのように写真から判断するのですか?」と私は尋ねた。

「とても簡単です。サイキック体の色であるホワイト・ローズだけが感じられたら、その人はサイキック次元にだけ生きているということになります。こういった霊能力をマスターするには、大きな霊的発達を必要とはしません。人の生死を見定めるために幽体離脱をしてサイコ・ノエティック次元でその人を探す、というようなことはしなくていいのです。自分のやっていることがよく分かっていれば、人の健康状態とか生死を突き止めるために、写真はとても確実な手段なんです。皆さんが、肉体のホワイト・ブルー、サイキック体のホワイト・ローズ、ノエティック体のホワイト・ゴールド、この三色すべてを感じ取ることができたら、その人はこの三つの存在次元のすべてに存在しているということになります」

「これまでに、人が物質界に存在しているかどうか決められない状況に出合ったことがありますか?」とマリアが尋ねた。

「もちろん、あります。真実を明かすことが不適切かもしれないケースがあるのです。このような時は、高次の師が介入してきて真実を明かすのを防ぎます。深刻なケースでは、師は追求をやめるように頼んでくるでしょう。その場合、われわれは追求をやめます。ある人について真実を発見したとしても、高次の師が介入してきて発見したことを明かさないようにわれわれに頼む場合もあり得るのです。しかし、いま話しているような状況では、ほとんどの場合、真実を発見する前に私たちは追求をやめます」

「高次の師が介入してくる理由とは、どんなことですか?」とマリアが尋ねた。

「時々、ある人の運命を取り巻く現実を明かしてしまったら、その人がある一定の状況の中で受けなければいけないような体験自体を、あなたが変えてしまうことがあり得るのです。しかしたいていの場合は、このように真実を明かしてしまうことで、それに関係した人に痛みや苦しみを引き起こす時は真実を明かすことが阻止されます」

「まだほかに質問は？」と、部屋を見回してコスタスは促した。

「己れを知ること、つまり内なる自己を自覚し自己認識をすることが、三体を自由に駆使できるようになる前提条件ですか？　それとも、己れを知ることを成就する前に三体をマスターすることが可能ですか？　たとえば、気づきの道に進むことなくヒーリングのやり方や様々な身体を利用する方法を学ぶことが可能ですか？」と、医者のパノスが尋ねた。

「いいえ、私たちがキリスト意識(↓用語)と呼んでいる太陽なるものに入り込んで行く前に、まず無定形な身体（サイコ・ノエティック体）の形を完成しなければなりません。とにかく、どんなものであれ幻想を描いて喜んでいるのはやめましょう。皆さんがある程度意識を**ロゴス**(↓用語)と一体化させることができなければ、こういった条件をマスターすることはできません。私が〈**ロゴス**と皆さん自身を一体化させる〉と言った時、それは自己の内にある叡知と皆さん自身を一つに合わせるということです」

　そう言って、コスタスは彼の心臓（ハート）のところを指差した。

「黒魔術師はどうなんですか？　彼らの身体を発達させることなく悪魔的なサイコノエティックの離れ技を行っているということですか？」と私は尋ねた。

「黒魔術師はサイコ・ノエティック体を発達させてはいません。それは、ありがたいことです」と、笑みを浮かべてコスタスは答えた。

「それでは、なぜ彼らはあのような能力を持っているのですか?」とネオフィトスが尋ねた。

「まず、彼らの能力には限界があります。非正統的な手段、つまりあるサイキックなテクニックを使って利己的な目的のために**マインド**（↓用語）を誤用しているのです。もちろん、実際には自らを傷つけているのです。高いレベルの師は、いわゆる黒魔術師を支配する能力を持っています。彼らはまったく無知な連中で、**マインド**という神聖な授かりものを乱用しているのです。彼らの存在が許されている理由は、悪の存在が許されているのとまったく同じで、分離の世界での体験とバランスのためなのです。われわれは二極性の世界、つまり因果の世界の中に生きているのです」

コスタスはなおも主張する。

「悪の存在は調和とバランスを正当化します。それは、罰として罰のために存在しているのではありません。それはルシファー（↓訳注3-1）の部類で、われわれが悪の奉仕者と呼ぶ者たちは実は、分離と二極を支配する大師なのです。また、彼らはこの分離と二極性の世界を監督している大天使なのです。彼らはわれわれのための奉仕者なのです」

コスタスは彼独特の動作で心臓を指差した。

「たぶん、悪の存在はわれわれを刺激し、善に向かわせるためなんでしょうね」とマリアが言った。

「そうです。悪が存在しなければ、善が何なのか、われわれには分かりません」

マリアが反応する。

「その理屈を受け入れるのは、私には難しいです。調和とバランスが存在するためには、善があればあるほど、悪もなければならない、とおっしゃっているのですか?」

「そうです。まさにそのことをわれわれは言っているのです。この原理は創造界全体、全宇宙に存在しているのです。この法則が作用していない時はまずありません。しかし、われわれにとっての目的は、この因果の法則を超越し、分離の世界を超えることです」

「まだ理解できません」と言いマリアは続けた。「もう少し話を簡単にして質問してみます。もし、この惑星においで人間が絶えず進化し完成に近づいていくのであれば、一体、誰が悪を行い、それはどんな形で現われるのですか?」

「ねえ、マリア、ちょっと待って」と、コスタスは少々苛立ち気味に反応し、右手を前方に伸ばした。

「われわれが創造界で唯一の存在ですか? 宇宙は数々あり、それは、**神の宇宙**という無限の中で一粒の砂のような地球と、そこに住むわれわれだけでしょうか? われわれはこの一粒の砂の上で罠にかかっているわずかな存在です。そんなわれわれが唯一存在している者といえますか?」

「おっしゃっていることが理解できました」と、マリアはうなずいた。「それですと、この惑星上での人生の質が向上し、悪がもはや現われない時がやって来ると仮定してもいいですね?」

「もちろん」と、コスタスは真面目に答えた。「それがわれわれの目的であり、ゴールです。もし、このような可能性がないのであれば、そもそも**真理の探究**とは一体何のために行うのですか? **ロゴス**はなぜ降臨されたのですか? なぜ、こんなにも多くの師がこの惑星に来てわれわれの悟りと完成の様々な道を示してくれているのですか?」

「しかし、コスタ、野蛮人なくしてわれわれはどのように生きることができますか?」と、相当強い皮肉を込めて芸術家のグラフコスが質した。

グラフコスは、アレキサンドリアの詩人カヴァフィによる、「野蛮人」なくしては、われわれは何者であり、何をなすべきかが分からないであろう、という有名な詩をほのめかしているのだ。

「いいかい、グラフコ、われわれは野蛮人も二極分離も必要としない地点に到達するのです」と、コスタスは笑みを浮かべて答えた。

すべての人に質問の機会が与えられた後、コスタスは、奉仕のための瞑想はもちろんのこと、その他にもリラックスと心の集中のための瞑想を行った。

瞑想が終わると、コスタスは言った。

「就寝前、自己観察を実践することが大変重要であることを忘れないように。眠りにつく前のほんの五分か十分だけでいいですから、一日の出来事を振り返ってみて下さい。その出来事においての自分自身を検討し、その時の感情、思い、そして態度を、第三者の立場に立って吟味して下さい。決して自らを裁くような自己評価をしたりしないように。ただ観察し、自分の自我がその出来事にどのように絡んでいるかを調べて下さい」

コスタスとダスカロスは、このような自己観察の実践が長い目で見ればわれわれの感情と思考を自己の支配下に置く者になる、つまりサイキック体とノエティック体をわれわれが自由にコントロールするために役立つ、と教えているのである。

第11章 ヴィジョンと理想

私は翌朝、外交官夫人であるティナに付き添ってダスカロス（↓訳注1-1）に会いに行った。われわれが玄関のドアをノックした時、彼はアトリエでニュースを聞きながら絵を描いていた。ティナはダスカロスが花をこよなく愛していると聞いていたので、見事に咲いた白いクチナシの花を持参して来た。私が二人の間に入って互いを紹介した後、ティナは満面に笑みを浮かべてその鉢植えの花をダスカロスに手渡した。

年老いた師は大喜びで、花の生き生きとした生育具合や香りに感嘆し、何度もティナにお礼を言っていた。われわれは居間に座り、訪問の本題であるティナの悩み事をダスカロスに打ち明けた。

過去三十年来、ティナは胃腸の具合が悪いのと、時おり激しい頭痛に苦しんでいる。これまで医者は彼女を助けることはできず、問題は外交官という夫の職業によるストレスが原因であろう、と推測していた。彼女は、ダスカロスなら問題の原因を見抜くことができ、処方を授けてくれるのではないかと思っていた。ティナはすでにルドルフ・シュタイナー（↓用語）に精通していたので、ダスカロスの教えと世界観にはまったく抵抗がなかったようである。

ダスカロスはしばらくティナを見つめ、ただうなずきながら話を聞いた後、速やかに診断を下した。

「奥様、あなたの問題はストレスではありません。医者は間違っていますね。ここ何年もあなたを悩ませていた原因は、ただ細菌によるものですよ」

ティナは深刻な表情でダスカロスの話の続きを待っていた。

「ある種の細菌があなたの小腸の中にずっと居座っています。あなたのご主人がトルコに派遣された時、細菌があなたに入りました。その後、日本に移った時に状況はさらに悪化しました。そこであなたは別の細菌に感染し、それがトルコからの細菌と交雑して新しい細菌が誕生し、それがあなたの腸の中にいるのです。どんな医学的な検査も、この種の細菌を検出することはできなかったでしょう。頭痛は、その細菌が時おり、脳につながる血管を塞いでしまうために起こるのです」

「どうしたらいいのでしょうか？」と、ティナは不安げな声で尋ねた。

ダスカロスはしばらく考え込んでいるようであったが、その後、処方せんを出した。

「まず、どんな薬剤も飲むのをやめること。頭痛やお腹のための薬もやめなさい。これは絶対に守って下さいね。そして、これから言うことをやってごらんなさい。まず、スプーン一杯の蜂蜜と二杯のブドウのお酢をグラス半分の水とよく混ぜてそれを飲みなさい。それを週に二回、夕食の一、二時間後に飲むこと。

次に、イナゴマメのシロップを指二本の分量でカップに入れなさい」と言って、ダスカロスはその量を示すために右手の二本の指を突き出した。

「それからレモンを一つ搾り、そのジュースと水とイナゴマメのシロップとを混ぜ合わせ、それを好きなだけ飲みなさい。この飲み物は、マーケットで買うどんな清涼飲料水よりずっと爽やかで、身体にいいですよ。さらに一番重要なことですが、ニンニクのかけらを五つほど潰し、それをヨーグルト、オリーブ油少々、それから薄切りのキュウリと一緒に混ぜ合わせなさい。キュウリはみじん切りにしてもいいが、皮はむいてはいけませんよ。これを食事と一緒に摂って下さい。腸をきれいに掃除して、細菌を全部殺してしまうでしょう」

「どんな処方せんを出すべきか、それがどのようにして分かるのですか？」と私は尋ねた。

私はダスカロスがこのような処方せんを出すのを何度も聞いていたのだ。彼の答えは実に簡単だった。

「身体の問題というものは、それぞれある一定の波動を放っているんだ。それに対するアプローチだが、反対の波動を発しているものを見つけて持ってくると、お互いに消滅してしまう、というわけだ。結局、われわれは何を教え続けているのか？……」

ダスカロスはその質問に自ら答えを出した。

「すべては動き、波動し、脈打っているということだね」

自分の処方せんはこの原理に基づいているのだ、とダスカロスは言った。彼は若い頃、様々な病を持った人びとに出会ったが、その病と反対の波動を持つ薬草（ハーブ）を見つけ、その波動を確認するためにキプロスの野山を歩き回ったのであった。実践と経験を重ねることによって、それぞれの病気にどの薬草が効くのかを熟知していたのである。ダスカロスの説明を聞いた後、従来の西洋の医薬以外のもの、たとえばシャーマンによる調法などは、ほとんどがこのような波動を利用し自身の体験に基づく方法でつくられるのではないかと、私には思われたのである。

ティナがダスカロスの言ったことを書きとめている間に、彼はこんなことを言っている。

「ほんの数日前、あなたと似た少年のケースを扱ったよ。この子は倒れて口から泡を吹くので、てんかんの発作を起こしていると思われていたんだ。実は彼の原因も腸内の細菌で、それが脳にまで行っていたんだ」

ダスカロスはティナに対する処方と同じような治療法を教え、発作は止まったということだった。ティナの病も治癒に至っていた。数週間後、私は確認のため彼女に連絡を取ってみると、三十年来の苦しみから解放され、ダスカロスの処方せんは彼女と夫の常食となっていると、嬉しそうに報告してくれた。

私はティナの治癒に対してとくに驚きはしなかった。医者には皆目見当がつかないような症状でも、ダスカロスとコスタスが正確な診断を下すところをこれまで何度も見てきていたので、ある時から私は、このようなことも日常茶飯事として受け入れるようになっていた。私の記憶では、患者の診断に関してダスカロスは一度だけ明らかな間違いを冒したことがあった。ある患者に「問題なし」との診断を下したが、患者の症状は続いたのである。そこでその患者はアメリカの非常に勝れた医療施設で検査を受けたが、その検査でも何の問題も発見されず、癌もなく、ダスカロスの診断とまったく同じであった。しかし、その人は一カ月後に癌で亡くなったのだ。私がこの件について触れると、ダスカロスは手を広げ溜息をついて、「われわれはただの人間でしかないんだ。間違いを冒すこともあるよ」と言った。

ティナを車で家まで送り届けた後、ダスカロスとの会話を続けるために私は再び彼の家へ戻った。前の晩のコスタスの講義がまだ私の頭の中から離れないのである。つまり、彫刻家が像を創るようにわれわれは自らの自己意識を構築しているということ、そして現実についての理解のレベルが身体の形となって現われ、このことがより高いレベルの波動を発し高い境地に到達した師には分かるということ、このことに対し私は息も飲まんばかりに驚いたのであった。もちろん、このような概念は私にとっては仮説であって、個人的な体験を通した確認は未来に託されているのである。ダスカロスとコスタスが教えている事柄のほとんどについて、現在の私には体験的な確認ができないでいるが、とにかく、このようなことはわれわれ自身がある霊的自己意識のレベルに到達して初めて真偽のほどが確認できるものなのである。

長い歴史を通じて、西洋の哲学者は「一体、何が人間の知識を可能にしているのか」という認識論の問題と取り組んできた。デモクリトスからオーギュスト・コントやバートランド・ラッセルに至るまで、実証主義的思想家や科学者たちは、数学的論理と五感での観察、そして科学的な実験を通してのみ向こう側の現実について真に知ることができる、と強く主張してきた。しかし、十八世紀のドイツの哲学者イマニュエル・カントは、そのような概念がいかに実体のない偽りであるかを論証している。自然科学の知識を通じてわれわれは本質的にあるがままの世界を知ることができるのだという希望を、カントは打ちくだいてしまった。カントいわく、「確かに現実はあそこにある、それはよしとしてその現実に直接近づくことは決してできない運命にある」と。知識としてやって来るものはすべて、実はヒューマン・マインドがつくり上げたものなのである。したがって、現実についての真の知識を得ることは不可能なのである。

西洋思想における実証主義と観念論との伝統の間で限りなき論争があったが、それに平行してもう一つの哲学の伝統があり、それは秘儀とか秘教と呼ばれるものである。この「永遠」哲学とか「ヘルメス」哲学と呼ばれたその唱道者は、現実について真に知ることは可能であるがそれは秘儀の実践を通してのみ到達できる、と唱えている。この実践は人の意識や自覚を高め、より高次の深遠なレベルの認識へと導いていくということである。

ダスカロスとコスタスのサイコ・ノエティック体(↓用語)についての考えが、私にはこの神秘家たちの永遠哲学の伝統を具体的に説明しているように思えた。その理由は以下の通りである。霊的進化とか意識の覚醒とは、サイコ・

ノエティック体の成長と発達を意味している。そして転生で得た体験と霊的修行を通してサイコ・ノエティック体は成長し、より高いレベルの自己意識に到達し、その結果、現実についてより客観的で真正な理解ができるようになる。サイコ・ノエティック体が発達すればするほど、あるがままの現実を客観的に捉える能力が高まるのである、と彼らは主張しているからである。

サイコ・ノエティック体が進化するという説に、私はさらに別の意味合いが含まれていると感じたのである。三次元の世界にやって来る人間存在の課題は、サイコ・ノエティック体を発達させることである。ダスカロスが頻繁に使う言葉で言えば、**愛する父の宮殿**をわれわれが去った時、**放蕩息子**、**放蕩娘**としてのわれわれは、肉体(↓用語)、サイキック体(↓用語)、ノエティック体(↓用語)という遺産を与えられ、この三体を使って時空内で自己をあらわしているのである。考えたり感じたりするエレメンタル(↓用語)の構成能力は、サイコ・ノエティック体を与えられたがゆえなのだ。輪廻転生の旅路につくや否や、この三体に形を与えてそれを完成するように、われわれは霊的進化のプロセスを始めるのである。それで、現在の人格(↓用語)としての各自がなにを実際に成就したのかは、その個人がサイコ・ノエティック体をどの程度まで形づくったかということに基づいて決められるのだ。したがって重要なのは、人が持っている役割やこの世での地位や学位や財産などではなく、各自努力してどの程度までサイコ・ノエティック体を形成したかによるのだ、とダスカロスとコスタスは何度も強調しているのである。これこそが、人間として唯一の最も主要な人生の目的で、これが自己の悟り、神の意識、すなわち**神との一体化**(↓用語)に向けてのわれわれの**道**(↓用語)なのである。

コスタスとの前の晩の討論やそれについての私の考えをダスカロスに話すと、彼は微笑んで次のような意見を述べた。

長い歴史を通して神秘主義を実践してきた多くの神秘家たちは、サイコ・ノエティック体はその中心として太陽神経叢《そう》にチャクラ（↓用語）を持っている、と仮定しているが――。

「しかし、それは間違っているんだよ」とダスカロスは主張した。「彼らの間違いは、そのチャクラで長い瞑想を行っている時の体験に基づいてつくり上げられてしまったのだ。彼らは太陽神経叢に精神集中することで、サイコノエティックの次元を垣間見ることができた。しかし、完全に自己意識が目覚めたままでこういった領域に入っているのではないんだよ。彼らは一種のサイコノエティックの望遠鏡というようなものを通して、これらの領域を覗いているわけだ。自己意識を持った者として、こういう異次元に入り込み、そこで完全に生きるためには、まず最初にサイコ・ノエティック体を発達させねばならないんだ」

これについてさらに論議した後、「コスタスの弟子の基本的な質問は、人はどのようにしてサイコ・ノエティック体の成長を早めることができるのか、ということでした」と私は言った。

「それはもちろん、瞑想の実践を通して発達させることができるのだ。われわれが〈目を閉じ、深呼吸をして全身体に心を集中するように〉と言う時、サイコノエティック体（↓用語）の形成に向けて取り組んでいるんだ。つまり、サイコ・ノエティック体を成長させる方法は、精神集中と体系づけられた修行を通してなんだ」

意識的にサイコノエティック体を発達させるための安全な方法とは、自己観察の実践の他に、ダスカロスとコスタスが提供する精神集中の練習をすることだと彼は指摘した。

「その時は、心地よい姿勢で座って自分の身体の中に自分がいると感じるんだ」と言った。

「ある一定の姿勢で座るということは重要でしょうか？」と私は尋ねた（この質問をした時は、インドのヨギの瞑想の実践が私の頭にあった）。

「いいや。われわれの**探究**においては方法は異なっているんだ。とにかく、どんな姿勢でもいいから、自分に最も心地よいように座るだけだ。要は、心の集中を乱すような居心地の悪い姿勢は避けることだ。落ち着いて気持ちよくなったら、深呼吸して身体のいろいろな部分に心を集中する。足の爪先から始めて、頭の上の方まで行くんだよ。これで、エーテル・バイタリティー（生命力）が持っている種々の性質を取り入れているんだ。こうしているうちにある状態に到達し、全身体を感じるのではなく、肉体の中にいるのを感じるようになったら、その時はただ、この感じの違いに注意するんだ。意識が完全に目覚めたままで、肉体の中にいるのを感じるんだ。この状態で一〇分足らずいること」

「それを行うのは簡単ではないですよ。ありとあらゆる考えが邪魔をしてきます」と私は言った。

「すべての考えを追い払うこと。そしてエーテルの感覚性（↓用語）を使って体内にいるのを感じるんだ。この練習を意識的に行うと、潜在意識的にサイコ・ノエティック体が形成しはじめ、それが肉体と同じ形を取る方向に向かうんだ。エーテルの記録性（↓用語）を使って君が肉体の内部にある輝かしい身体の中にいるのが見えるようになり、それを体験しはじめる。これがサイコノエティック体なのだ」

「この方法で最終的にわれわれは体外離脱（↓用語）を意のままにできるようになるのですか？」と私は尋ねた。

「別世界や異次元を体験するには、発達したサイコ・ノエティック体を使うので、その前に相当の修行が必要だよ。心の準備ができた時、努力なんてものはほとんどせずに、自分が肉体の外にいることになるんだ。事は自然と起こり、肉体を自分の外にある物として見なすことができるようになる。自己意識としての自分は、光り輝くサイコ・ノエティック体の中にいるんだからね。

そこで覚えておいて欲しいのだが、最初は体外にあまり長く居つづけないことだ。二回目の体外離脱は、初めての時と比較にならないほど楽にできるのが分かるよ。そしてしばらくするうちに、こんな状態が自分にとって当たり前になり、身体を抜け出すことは、ちょうど手を上げるのと同じように簡単にできるようになるんだ。ただ、願うだけでいいんだよ」

　ダスカロスは肘掛け椅子に反り返って言った。

「私がたったいま説明した方法は、一番簡単で安全なんだ」

「それは、他に危険な体外離脱の方法があるということでしょうか？」と私は尋ねた。

　ダスカロスは微笑んで、成熟した人やバランスの取れた人には何の危険もない、と言った。

「サイコ・ノエティック体を発達させる方法が他にもあるが、はるかに難しいんだ」

「それは何ですか？　教えて下さい……」

「この第二の方法のためには……」と、ダスカロスは感慨深く話しはじめた。「エーテルの運動性(↓用語)や感覚性はもちろんのこと、エーテルの記録性に今まで以上に熱心に取り組み、訓練をしなければならないんだ」

　少し間を置いてからダスカロスはさらに話を続けた。

「神秘家たちはこの方法を何世紀も前からずっと知っていたんだよ。エーテルの記録性を利用して、身体の外に自分が立っているというエレメンタルを構築するんだ。その後、彼らの意識をそのエレメンタルの中に移し、これを自己表現の手段として使い、そして自らの肉体を自分自身の外にあるものと見なし、新たに構築したものを自分の真の身体として感じるというわけだ」

「それと同じ方法でわれわれはサイコノエティック体を構築できる、と考えてもいいのでしょうか？」と私は尋ねた。

「必ずしもそうだとは言えないんだ。この方法で何ができるかというと、エーテル・エネルギーを使って自分自身のエレメンタルを構築することだけなんだ。しかし、そのエレメンタルにわれわれの意識を投入すると、サイコノエティック体も一緒に運び込むことになるんだ。それで、肉体の中で心を集中するのと同じように自分自身のエレメンタルの中で心を集中すると、実際にサイコノエティック体の形成に努めていることになるんだよ」

「それを行うためには、瞑想の実践や集中力という点で相当高い境地に達していなければならないのでしょうね」

「まったくその通り。時間をかけて忍耐強く、そして穏やかに心の集中ができなければならないんだよ」

「穏やかにとは、この場合、どういうことでしょうか？」

「それは、急ぐなということだよ。性急な態度であってはならないということだ。何かに取り憑かれたように自分を駆り立てると自滅を招き、構築しようとしている自分自身のエレメンタルを弱める波動を出してしまうんだ。だから必要なのは、迷いのない不動の態度と定期的な瞑想の実践なんだ。しかし、そこに頑固な態度があると疲労と失望を招く恐れがあるからね」

ダスカロスは話を続けた。

「さて、サイコ・ノエティック体を意識的に構築するにあたって二つの方法をここで確認してきた。ゆくゆくはこのサイコ・ノエティック体を独立した身体として使い、自己意識としての自己表現ができるようになる。いったんこのような能力を発達させると、自分は肉体でも自らが構築したサイコ・ノエティック体でもなく、自己意識を表現するための手段でしかないことが分かるんだ。このように理解できることが、これらの実践から得られる最初の収穫だね。自己意識としての自分なるものを身体から切り離す方法を学び、エーテル・バイタリティーの特質を自由に駆使することで、これらの身体を十分に使いこなすことができるようになるんだ。しかし、ここでもまた注意しなくてはならないことは……」

と、ダスカロスは深刻な様子で話しはじめた。

「このような類いの実践は熱心な**真理の探究者**には安全であるが、バランスの欠けたノイローゼ気味の人には問題や混乱を引き起こすことになりかねない。だから大切なことは、自己を観察し、分析して、われわれの潜在意識を浄化することなんだよ。まず、自分勝手な利己主義を乗り越えなければならないということだ」

ダスカロスは肘掛け椅子に反り返って溜息をついたが、とても疲れている様子であった。ここ一週間ばかり、**サイ・ババ**(↓用語)の信奉者であるスイス人とドイツ人のグループに、丸一日のコースを提供していた。私は、ある講義が終わったあとで**ストア**(↓用語)から出て来たダスカロスに、動き過ぎなので少しテンポを落として休みを取ってはどうか、と言ってみたが、彼はすぐさま私の腕をしっかりつかんで、「キリアコ、私はもうすぐ去らなくてはならない。この知識を伝えておかねばならないんだ」と言う。私がそのことに少し抗議すると、もう七十七を過ぎたんだよ、と言って、私に改めて彼の年齢を思い出させたのであった。

「私は今朝、あるビジョンを見たんだ」とダスカロスは、私が去ろうとしたところで不意に言った。そこで私は座りなおして、ダスカロスの最も新しい話を聞かせてもらうことにした。彼は、これは決して夢ではなく、その体験のあいだ完全に目覚めていて意識があった、と強調した。

「もう、ずいぶん前に取り壊されてしまったが、私の子供時代は部屋がたくさんある大きな家に住んでいたんだ。それはもうこの物質界には無いが、サイキックレベルとノエティックレベルには存在しているよ。そこに私の父親と母親がいて、私は母に言った。〈お母さん、僕の部屋で少し休んでくるね〉。実際には休憩を取る必要はなかった。私の部屋は大きくて、この部屋の二倍はあった。そこには、私のピアノや本、何もかもがあった。母が言った。〈あら、お前はずいぶん長く家から離れていたから、昨晩、お前のいとこのアンドリューにお前の部屋をあげてしまったよ〉。そこで私が言った。〈分かったよ、お母さん。心配しなくていいよ〉。すると父が〈私についておいで〉と言うので、父について家の奥の方に行ったんだ。するとそこに、実際はこの物質界のレベルでその家には無かった階段があったんだ。それは、幅の広い階段で輝かしいアラバスター（雪花石膏）でできていた。〈お父さん、行こうよ〉と私は言って、二人でその階段を昇りはじめた。何段も昇ると父が疲れてきて〈ここで休ませてくれ、これ以上は進めないよ〉と言った。〈お父さん、分かったよ。お父さんはここに座っててね。僕一人で行って来るから〉と私は言い、父を後にした途端に飛び立った。私には、一歩一歩、階段を昇って行くというようなことは必要ないんだ。

するとまた、アラバスターでできた階段の踊り場にやって来た。そこは言葉では言い尽くせないほど美しく、至るところに珍しい花が咲き乱れていたんだ。それから私は宮殿の前に立ったが、これも輝くアラバスターでできていて、私がドアに近づくとドアはひとりでに開いた。中に入ると玄関の大広間があり、そこには私が若い頃に所有していたたくさんの貴重品があった。模様の刻み込まれた入れ物や私が過去に抱いていた切望や願い、また執着などがすべて目の前を通り過ぎて行ったんだ。そこにはすべてが存在していた。広間の真ん中には、噴水付きの金魚のいる小さな池があった。白い服をまとった十八歳ぐらいの若者が私を歓迎して、〈お帰りなさい。これがあなたの家です〉と言った。私は意識を拡大して、すべてを一瞬のうちに把握してしまう方法であちこちの部屋をくまなく調べたよ。〈この宮殿は私のものだと、あなたは言いましたね？〉と私が尋ねると、〈はい、ここはあなたが下界から私たちのところへ送ってくる物でできています〉と彼は答えた。〈私はあなたに何か物を送った覚えはありません〉と私は答えた。次に彼はもう一つ別の宮殿を私に見せてくれたんだ。それは遙か彼方にある大変大きな宮殿で、〈あれもあなたのものです。あの宮殿をご自由にお使い下さい。あなたはあのような宮殿を他にも持っているのです〉と彼が言ったので、私は首を横に振って笑い出してしまった。すると、〈どうして笑っているのですか?〉と彼が尋ねた。それで、〈下界では家が必要です。雨あり雪あり風ありですから。しかし、ここで私のためにこういった宮殿がどうして必要なのでしょう? 私を何かから守るためですか?〉と私は聞いた。すると彼が言った。〈こういった物をあなたが送って来たので、私たちはあなたのために用意したのですよ。お望みならすべてあなたのものです〉

さて、私はさらに奥に入って行き、これらの美しいものを調べはじめた。しかし、それは魅了されたからでも、所有欲からでもない。〈自分の物〉と呼ぶ気も一切なかった。すると次に老人がやって来て、〈おい、お若いの、お帰り〉って言うんだ。〈ありがとう。しかし、どうして私を呼び止めたのですか? この若者がこの宮殿は私の物だと言っているのですが……〉と私は言った。〈もちろん、そうだよ〉と老人が言うので、〈私はもう、あなたの物、私の物といった意味の世界を超えたと思っています。おまけに自分が望めば、波や岩や庭の上に私の意識を広げ、それをすべて感じ、私の一部にすることもできます。私には住む家など一切必要ないのですよ〉と私は言った。その後、われわれは、願望とは何か、その本質について語り合い、願望にしがみついているのは自虐に耽っていることだ、と話した。

さて、このヴィジョンは何だと思うかい?」

そう言ってダスカロスは腕を組んだ。「愚かな自我、不安な自我についてかな?」とダスカロスは笑いながら言って、私がそのヴィジョンについて解説するのを期待しているようであった。

　戸惑いを声にあらわして、「まるで、あなたの内なる自己（インナー・セルフ）と対話をしたという感じですね。天使(↓用語)と老人はあなたの自身の側面です」と私は言った。

「まさにその通り！」。ダスカロスの目が輝いた。「人生で一番重要なのは自己を見出すことで、それ以外に一体何があるのかね？　自己発見をしたら、もう他には何も要らないんだ。人は人生で物を所有する。それは物質界で生きていくために必要だからね。しかし、物に魅了されてはダメだ。自己発見をしたら、それでもうすべてを持っているんだよ」

「それがあのヴィジョンの教えだったということですか？」と私は言った。

「他に何か考えられるかい？」

　ダスカロスのこの体験談を聞いて、私は少し前のコスタスの話を思い出した。コスタスはヴィジョンを体験した翌日、ペトロヴナと私にそのことを教えてくれた。それは以下の通りである。

『私が道を歩いていると、白い服を身にまとい顎ひげを生やした老人に出会った。彼は大きな重い十字架を背負っていたので、私は彼の方に歩いて行って手を貸そうとすると、〈ねえ、お若い方、君が運ぶのはこちらにあるよ〉と彼は言って、私を呼び止めた。老人が大きな袋を差し出し、私がその袋を開けると中に何があったと思う？　〈何千もの小さな十字架！〉とペトロヴナは言ってどっと笑い出した。〈まったくその通り〉とコスタスは答えたのであった』

「キリアコ、帰る前にすまないが、私の寝室へ行ってベッドの上にある写真を持って来てもらえるかね」と、ダスカロスは私に頼んだ。

それは、とてつもなく大きな写真の束で、ヨーロッパ中から彼のところに送られて来たものであった。ダスカロスの名声が高まると、多くの人びとが遠くから彼を捜し出し、ヒーリングを求めて写真を送って来るのである。私はもう少しここにとどまって、彼の傍に座り、彼が写真を選り分けるのを手伝うことにした。そして手伝いながら、本当に十分な休息を取らなければいけない、と何度も彼に忠告した。

ダスカロスは一枚一枚、写真の人の波動を感じていた。写真を一枚ずつ私に手渡しながら、三つのグループに分けるように私に指示した。まず最初の束は、彼が何の手助けもできないと感じたケース。たとえば、彼はある写真の少年の波動を感じると、手遅れだと結論を下したが、その少年はすでに死んでいた。次の束は、緊急を要し直ちに取りかからねばならないケースであった。最後の一番大きな束は、緊急ではないので彼が徐々に取り組むというケースである。四十五分かけて写真の調査はすべて終了し、それから緊急を要するケースの束を祭壇の上の**尖り先のない剣**(↓用語)の下に置くようにと、ダスカロスは私に頼んだ。その後、私は立ち上がりドアを出ると、また別の外国人グループが家に入って来たのだ。

事態は手に負えない状態になりはじめていた。ダスカロスとコスタスのところには、霊的な指導やヒーリングを求める人びとや、ただの好奇心だけという人までもが殺到していた。ダスカロス自身あるいは彼の教えに対して国際的な関心が高まって、時間の調整の必要に迫られていた。それゆえ、そのための一種の組織のようなものをつくる時期が来ているのではないかと私が初めてダスカロスに進言した時、彼は肩をすくめて受け流し、とくに何の興味も示さなかった。誰にでも門を開き、打ち解けた雰囲気で気楽に、いつでも彼に接することができる現状に彼は満足しているのである。しかし、コスタスも含めたわれわれグループの一団は、何か協会みたいなものを設立する必要性を認識していた。それは、ダスカロスやコスタス自身の手助けばかりではなく、彼らの教えに対して高まりつつある関心に応えるためにも、講義のテープの制作や海外のグループからの要請に対応するためでもあった。

「一体、組織なんてものがわれわれにどうして必要なのかい?」と、ダスカロスは一度私に抗議をしたことがある。

「イエスはオリーブの樹の下で教えを説かれ、大変な影響力を示された。われわれは少なくともストアがあり、頭上には屋根もあるんだよ」

「ローマの時代は終わり、良かれ悪しかれわれわれはジェット機の時代に生きているのです」と、私は彼に説明してみた。すると彼は私の論点をじっくり考え、さらに近頃のその場限りの霊的関心を持ったツーリストの数が増えてきたことにも直面する中で、初めは気乗りしなかった組織の設立を考え直しはじめたのであった。そしてある日、ダスカロスとコスタスがインナー・サークル(↓用語)の会合でのある体験を経て、非営利的な協会の設立に承諾したのである。コスタスが私に告げたところによると、その会合でダスカロスを通じて語ってくるヨハナン(↓用語)が、霊的なセンターを設置することが賢明であること、また、より多くの聴衆に教えと霊的修行を広めていくという彼らの義務について、アドバイスをしたということである。

「ヨハナンは、このセンターがキリスト教徒だけに限られるのではなく、すべての人、つまり仏教徒、ヒンズー教徒、回教徒、ユダヤ教徒など、その他どのような宗教を持っていようと、愛を表現できるすべての人のためにそれはあるのだ、と強調したんだ。教条主義(ドグマティズム)もあってはならず、誰に対する差別もあってはならない。この組織の一員たることの唯一の基準は、人に対して愛を表現できるということなのだ」とコスタスは伝えてくれた。

　ダスカロスは、このような協会の運営に彼自身は関わらないこと、そして、その機構がどのように組み立てられようとも、それは**真理の探究**の目的に適うものでなければならない、とわれわれに言った。

『エレヴナ(↓用語)』(EREVNA)、これが新しくできた協会を登録するために選ばれた法的名称である。この発会式には、数人のドイツ人やアメリカ人も含め、二百人近くのメンバーが立ち合っていた。ダスカロスはコスタスの隣りに座り、コスタスが協会の性格とその目的を説明した。コスタスは形式的なことを簡単に述べた後、ダスカロスに演壇に上がってもらうように頼んだ。年老いた師は、その顔に感情のあらわれを隠しきれず、ゆっくりと立ち上がった。やっと彼の仕事がキプロスだけでなく、国際的に認められるようになって来たということが、一瞬、彼の頭に閃いたに違いない。彼の仕事や活動に対して共感するよりむしろ敵対する社会の真只中で、教えを伝えて行こうと、これまで数十年も孤独な戦いを繰り広げてきたのである。彼の人生が黄昏どきを迎えようとしている今になって、ずっとこれまで彼からあふれ出ていた知識――そして今やコスタスを通じてもあふれるようになった知識――、それが人びとを魅了しはじめ、その数も膨れ上がり、しかも彼らはその知識の真価が分かる人びとでもある。彼は協会を設立することに初めは気が進まなかったが、今ではそれもほとんど消えてしまったようである。

「私の心は大きな喜びで一杯です」と、彼は途切れがちに話しはじめた。「今や仕事は組織化され、我が兄弟である最も愛するコスタスに大いなる仕事を引き受けて頂き、感謝の言葉が見つかりません。実際、その重荷を背負い、教えを組織づけてゆくという困難な課題を引き受けられるのは、彼だからです」

ダスカロスは、自分は高齢に達しているので組織に関連した活動には一切関わらない、と言った。さらに、自分は霊的責任やヒーリングの責任をすでに負いきれなくなっている、と付け加え、**真理の探究**の意味そのものの中に入って行くためには、人間仲間にいかに奉仕できるか、それを学ぶことが必須であることを忘れないように、と聴衆に念を押していた。

「**真理の探究者**として、我らの利己主義という竜を退治すること、そして現在の人格を内なる自己と同化し、魂（↓用語）のまばゆいばかりの輝きと威厳に取り替えることが、我れらの主な課題であるということに気づかなくてはなりません」と言って、彼は話を終えた。

聴衆は、このグループに初めて来た人か、この発会式の特別な夜のために招かれたゲストであった。彼らはご馳走のあとでコスタスに講義を頼み、コスタスは喜んで即興の入門講義を引き受けた。

一九八九年の夏も終わりに近づき、私たちは、これまで夏のたびに何度も繰り返してきたメインへの帰りの準備をしていた。コスタスのグループのメンバーでありよき友のイアンニスが『エレヴナ』の設立を祝うため、私たちが出発する前の最後の日曜日にトロードス山へのちょっとした旅を企画していた。イアンニスの情熱にあふれたヴィジョンは、彼がこよなく愛している山のどこかで霊的修行や黙想の実践に取り組むことである。英国仕込みの計理士で、環境問題にも活動的に取り組んでいるイアンニスは、このグループに加わる前も他の霊的グループで熟練者として扱われていた。

小旅行の集合場所はプラテスというところである。簡単には入ることのできないところで、トゥリス・エリエス村の真下に位置し、トロードス山を流れる壮大な美しい大河の谷間にあった。この村で育ったイアンニスは、とくにその村が気に入っていた。若い頃、この山や谷を歩き回った思い出が多いというだけでなく、この谷間の村がダムの底に沈むところをほとんど一人で救ったからである。彼の努力は新政府をしてそこを自然保護地区に指定させたのである。イアンニスの思い描く長期的な計画は、様々な自然保護運動に関わるグループを動員して、トロードス山の全区域を開発者から救うことであった。

未舗装の、カーブの多い道路をくねくねと曲がり、しかもいくつもの橋を渡る冒険に満ちた道程を経て、目的地プラテスへ辿り着いた。車から荷を下ろし毛布を広げた河岸のすぐ隣りには、初期キリスト教時代、ローマ人によって架けられた古代の石の橋があった。木々の葉が密集する高地でもあり、おまけに河の流れが涼しい風を運んでくるので、われわれは八月の熱さからすっかり開放されていた。

コスタスとアントニスは、リマソールから家族やペトロヴナを伴ってやって来ていた。ペトロヴナは夏の休暇でリマソールに戻っていた。彼女はすでに、自ら主宰する**真理の探究者**グループの活動をロンドンとベルギーで始めていた。

エミリーと子供と私は、イアンニスや三週間ほど前に島に戻ったソフィアと一緒にプラテスへ集まった。ソフィアは、二年前の夏に私と交わした会話が影響を与えたようで、ダスカロスやコスタスとも面会を繰り返し、会合にも何回か参加していた。

ソフィアは一年間の有給休暇の間キプロスに滞在し、この地の民族間の衝突に関する研究を進める計画であった。彼女はまた、女性のための研究センターと関わるのを楽しみにしていた。このセンターは、国連の支持やダスカロス、コスタスの励ましもあって、エミリーが島に滞在中に手を貸して設立したものである。さらにソフィアは、コスタスのニコシアのグループに参加することになっていた。二年前、私は彼女に多くの本を薦めたが、彼女はこれらの本を秘教哲学への入門書として愛読してきたようである。

ドロスとステファノスも家族連れで、リンダをゲストとして連れて来ていた。リンダはニューヨークの会社の経営幹部で、研究協会といったところで様々な貴重な経験を積んでいたので、『エレヴナ』を設立する際に、決定的に重要な役割を果たしている。

ドロスは**真理の探究者**のソーシャル・インストラクター(↓用語)であり、イアンニスと同様、このグループに参加する前は数々の霊的グループの熟練者であった。ソーシャル・インストラクターとは、自らは師ではないが、学説面でも実践面でもヨハナンの教えを完全に会得し、ダスカロスとコスタスの監督と指示の下、自分のグループを持つことが許された**真理の探究者**のことをいう。

われわれは、野菜とオリーブにパン、そしてハルーミと呼ばれるキプロス特有の山羊のチーズで昼食を摂った後、円座になって『エレヴナ』の組織について討論を始めた。コスタスはこれまでずっと言ってきたことを再び繰り返した。いかなる個人をも礼讃したり、導師（グル）崇拝などがあってはならず、組織は教えを広めるためにのみ設立された、ということである。

「**真理の探究**というのは、私でもダスカロスでも、他の誰をも崇めることではないんだよ」と彼は言った。

「ソーシャル・インストラクターは常に眼を光らせ、無批判な献身者となってはいけない」と、コスタスは樹の幹に背をもたれ毛布の上に座って言った。

「それはどういう意味なのか、もう少し詳しく説明して下さい」とペトロヴナが頼んだ。

「そうだね。師と呼ばれる者もごく普通の弱味を持った人間だ、と何度も言ってきたね。人は肉体の中に生きている限りは完璧ではなく、絶対に誤りがないとは言えないんだよ。ぞんざいな例を挙げれば、誰かがダスカロスか私の頭を殴って脳に損傷が起こったとすると、その脳は知識を広める手段としてはもう機能しないね。その時、使いものにならなくなったわれわれを、皆はまだ真剣に受け入れるかい？　いいかい、**真理の探究**の目指すものは体験からの知識、そして人間の自己意識の発達なんだ。つまり、内なる自己の奥深くに埋もれている叡知の源を自らの内に発見することなんだよ」

エミリーが質問した。

「コスタ、少し前にあなたとダスカロスは、会員やソーシャル・インストラクターの霊的発達を〈監督・指導している〉とおっしゃいましたが、それはどのように行っているのでしょうか？」

「もちろん、エレメンタルを使っているんだ」

「それは、あなたとダスカロスがつくり出したエレメンタルですか？」

「その通り。だから何人かの人が私のところへ来て〈あそこであなたに会いましたよ〉なんて私に言うこともあるけど、その時はあそこにはいなかったんだ。それは断言できるよ」とコスタスはくすっと笑った。

「では、あそこには誰がいたのですか？」とエミリーが尋ねた。

「私のエレメンタルだよ。この場合、皆の意識が私のつくったエレメンタルの波動と一致して、このエレメンタルがいつも皆と一緒にいるんだ。これは師の、数ある務めと責任の一つでもあるんだよ」

「コスタ、このエレメンタルは保護してくれますか？」と、毛布の上で横になっていたアントニスが尋ねた。

「現在の人格が適切な行動をとっている限り、そのエレメンタルは保護をしたり注意を促したりするんだよ」とコスタスは笑いながら言った。

「それはなぜですか？」

「それは、現在の人格がエレヴナ(↓用語)のガイドラインに沿わないように振舞ってるかもしれないだろう。ある種の重要なプログラミングがあり、これが皆の潜在意識の中で知識や指針や示唆として蓄えられているものと一致し、ずっと続いていくわけだ。しかし、現在の人格がこういったガイドラインから足を踏み外すや否や、エレメンタルはその人を保護することができなくなってしまうんだ。それでもエレメンタルが保護しつづけるとしたら、個人の意志の自由や個性を侵すことになるからね。こんな場合は残念で悲しいことなんだ」

保護をしてくれるこのエレメンタルがどのように働いているのかに関してさらに質問があったので、コスタスはその作用についての実例を説明しはじめた。

「一カ月ほど前、イギリスからある人の写真が私のところへ送られて来たんだ。それは深刻なケースで、医者はもう彼を見放していたんだ。家族が私に助けを求めたが、本人は何も知らなかった。実際、本人に知らせることができるような状態ではなかったんだ。私は写真を手に取ると、彼が末期症状の癌だと分かったよ。もちろん、われわれの目的はその人を助けることだった。幸い、彼は一カ月ほど痛みを感じなくなっている」

と言ってコスタスはさらに説明を続けた。

「先週、夜遅くロンドンから電話が来て、その人は英語で自己紹介した後、このように言ったんだ。――私たちが兄弟の写真をあなたに送ったのですが、ちょっと聞いて頂きたいことがあります。実は彼はあんな状態なので、ここ数カ月は一言もしゃべりませんでしたが、昨晩、彼は私たちに心を傾けはじめました。こんなことは、ここ何カ月もなかったことです。しかし、変なことを言って私たちを心配させるのです。彼は〈このキプロス人たちが邪魔しに入って来るんだ〉と言うのです――。ところで、この患者はわれわれについては何も知らないし、もちろんわれわれがキプロス人であることも知る由もなかったんだよ。そのイギリス人は私に〈何かあなたが彼の邪魔をしているのでしょうか?〉って聞くんだ。それで私は〈もちろん邪魔をしていますよ。彼がこの世を去らないように、それを防いでいますからね。私たちが彼にしている邪魔はそれですよ〉と言った。われわれは、彼ができるだけこの物質界にとどまることができるよう、その手助けとなるエレメンタルを創造しているんだ。

このケースでわれわれがどのようにエレメンタルを使っているかを説明したんだけど、このケースは同時に、この男性が今やサイコノエティックの次元で自らの存在をあらわしているという事実をも、君たちに示しているわけだ。彼は、われわれとのやり取りをサイコノエティックの次元で知ったんだ。彼はわれわれのことを知った後、その記憶を物質界に移している。はっきり言うと、この男性は今ではほとんど異次元の波動の中で自己表現をしているんだ。

さて、議論を進めるために、この男性が全快したと仮定してみよう。つまり、この病から解放されるということだが、その時、彼はわれわれと出会ったことを覚えていると思うかい? いいかい、答えはノーなんだ。その理由が分かるかな? 彼のサイコ・ノエティック体はそれほど発達していないので、サイコノエティックの領域で彼が体験したことをずっと記憶していられないんだよ」

「彼を逝かせてあげた方がいいのではないですか?」とソフィアが尋ねた。

「彼が回復するように、最後の最後まで手伝うのが私たちの義務なんだ。カルマ(→用語)がどう決定するか、それはわれわれには知りようがないからね。いま話しているケースでは、イギリスでもキプロスでも多くの人が関心を寄せているんだ」

「それは何か重要なことだからですか?」とステファノスが尋ねた。

「いいや。しかし、一人の人が他の人のことを気遣い、その事実をわれわれが知った時、**真理の探究者**として、人間の他の人間に対する愛の表現を支援しなくてはいけないんだよ」

「しかし、どうしてこの人が逝くに任せないのですか？」と、エミリーの隣りで砂利の上に座っていたソフィアが再び尋ねた。

「いいかい。この人がこの人生にできるだけ長くとどまるような手助けをすればするほど、彼のカルマの借りをさらに支払っていることになるんだよ。延命だけでなく、カルマのもつれの重荷から彼自らを解放するように手伝ってあげるのもわれわれの義務なんだ。だから、いま借りを支払わない理由がどこにあるのかい？　もし、これを払わなければ、彼はこの否定的なカルマに繋がれたまま、それを次の人生に持ち越すことになるんだよ」

「彼は死につつあるので、そのカルマから自由になるということではないのですか？」とリンダが尋ねた。

「とんでもない。いいかい、もしそうなら、自殺が自由への道ということになるよ。

よく聞きなさい。こういう状態に入ると、人間は異次元で普通以上に自己表現ができるようになるんだ。そして、そこに魅了されてしまうんだよ。これは事実で身体に戻りたがらないんだ。こういった異次元の方が物質界よりも遙かに勝っているんだ。人びとはそこが気に入って、そこにいたがるというわけだ。どういうことかというと、人はすっかりくつろいでしまい、身体の中にとどまろうと努力するのをやめてしまうんだ。だから、身体の中にとどまっていられるように彼らを手伝いに行くと、彼らはこのケースのように反抗してくるんだよ」

そこで、私は次のような指摘をした。

「臨死体験をした人たちの多くは、そこにそのままいるのを強く願った、と報告されています」

私は、実際に何人かの人びとがキリストのような存在に出会い、その存在から自らの身体に戻る必要があることをアドバイスされた、と報告していることにも触れた。それはちょうど、『The Center of the Cyclone』（サイクロンの中心）という本の中で「イルカの精神科医」ジョン・リリーが書いているケースと同じでもあった。それから、臨死体験の現象について広範な研究を行ったレイモンド・ムーディー博士の、大変すばらしい著作についても少し触れた。

「コスタ、あなたが話されたケースのような人が、最終的に身体に戻る決心をしてもうしばらくこの世にいることになった場合、その人は人間が変わるということですか？　それとも自己意識がさらに高まるのですか？」とリンダが尋ねた。

「おそらく、カルマの借りを少し余分に支払うだけでしょう」

私は言った。

「この問題をそのような観点から見れば、現実にカルマの借りを清算しているのですから、人が体験する痛みとか苦しみは深いレベルでは人を満足させるべきものなのだ、と結論づけられるということですね」

「キリアコ、まったくその通りなんだ。ねえ、みんな、このことをまともに考えてみようじゃないか。実を言えば、われわれの理解力が増したり、自己意識が発達したり、そして上昇できるのも、すべて苦しみを通してなんだ。このようにしてわれわれは成熟し成長するんだよ。しかし、最終的には意味の世界をマスターすることで人は苦悩を超越できるんだよ。なぜなら、苦悩というものは最終的には一つの概念、一つの意味でしかなく、何か本質的に実在するものではないんだ。みんながこういった意味の世界をマスターした師となった途端に、意味というものは人を支配できなくなってしまうんだ」

「もう少しその点をはっきりさせて下さい」とイアンニスが頼んだ。数人が同じように不可解な表情をしていたからである。

「三体をマスターした師になる、ということだよ。そうしたら、痛みの世界にはもう影響されなくなる。ちょっと自分の周りを見回してごらん。この原理が日常の現実の中で起こっているのが分かるよ。しかし、人びとはそれに気づいていない。同じ状況に一緒にいても、各自、痛みの体験やその解釈が異なっているよね。このことは私たちの周囲で常に起こっているが、みんながそれに注意を向けていないだけなんだ。たとえば、以前なら大変な痛みを伴ったはずの事柄が、今ではそのように感じなくなる、もうわれわれに影響を与えなくなってしまっているということになる」

「身体の痛みはどうなんですか?」とアントニスが尋ねた。

「この原理は、身体の痛みにも当てはまるんだ。このことを、よく考えてみるんだね」

ペトロヴナが興奮して言った。

「ねえ、コスタ、今あなたのおっしゃったことは本当によく分かるわ。たとえば、私がいつも感じていることは、イエス・キリストは真に彼そのものであられたから十字架で苦しむなんてことはあり得ない、それは私たちの宗教的な思い込みなんだ、とね」

コスタスは微笑んだが、何も言わなかった。

奉仕のための瞑想を行った後、私は立ち上がって手足の屈伸をし、コンスタンティン、ヴァシア、そしてドロスの子供たちと一緒に川のほとりでカニ探しをした。私は靴を脱ぎ、ズボンを捲りあげて岩に座り、澄み切った水の流れがつくる小さな水たまりに足をつけて水の冷たさを感じ、古代ギリシャの哲学者ヘラクレイトスの「同じ河に足を二度置くことはできない」および「万物は流転している——何ひとつ静止しているものはない」という言葉をつづく味わっていた。

モーゼが**十戒**を授かるためにシナイ山に登った時、面前に燃える柴となって現われた神に、モーゼは「あなたはどなたですか?」と尋ねた。するとモーゼはこういう答えを受け取った。

「我は我なるものなり」

総督ピラトが同じ質問をイエスにした時、彼もまた同じ答えを受け取ったのである。

「我は我なるものなり」

ダスカロスとコスタスが教えているこの**私は私である**(I AM I)が、現象と事象の流れの背後にある唯一の真理なのである。二極性や天地創造という言葉も、ただ一つの理由のためにだけ存在しているのである。つまり、**私は私である**が各世界を下降して来るのは、経験を得るためである。

われわれの惑星が存在する理由も、**スピリット・エゴ**(↓用語)、すなわち**プニューマ**(↓用語)がこの惑星に割り当てられて来て、**オントピーシス**(↓用語)を発達させ、**神の自足状態**(↓用語)のワンネス(統一性)の中で各自のユニークさと個性を獲得していくことができるように、それは在るのだ。

流れる水から足をあげて乾かしている間に、そのようなヘラクレイトスの哲学とヨハナンの教えをじっくりと考え、それから私は靴を履いて他の人たちに加わり、川辺を散策していった。

訳者あとがき

今回、本書のカバーの絵を描いて下さったハリー・ランバートさんと出会ってからもう三年目になる。コスタスの「エレブナ」の国際会議に参加したのがその前の年。ダスカロスのお弟子さんであるハリーさんは現在、日本に住み、日本語でダスカロスのサークル活動を夏の四カ月ほど、東京で続けてくれている（興味を持たれた方は、太陽出版へお問い合わせ下さい）。この二つの集まりに私も参加させて頂き、ありがたいと思う。今はダスカロスの写真を二枚居間に置き、翻訳に詰まると話しかけたり、眺めたりしている。その一枚はハリーさんから頂いた、ランニング姿の師。もう一枚は師と愛娘パナヨッタさんが一緒に写っており、インターネットで注文したものである。今、縁あってお世話になっている恩師によると、私もそうであるが、ダスカロスの会に今いるメンバーたちの何人かと、輪廻転生を繰り返す中でダスカロスとどこかで関わりを持っているという。まだまだ学ぶべきことがあり、ダスカロスとつながりを保っているのである。

今年はわけがあって、国内の聖地を巡らせてもらっている。日本の御神事に参加させて頂いているわけだが、すばらしいことばかり。ダスカロスと神道とどう関わり合いがあるのか、と思っていた。神道との関わりについては、「もう宗教の時代は終わり、真理は一つ」というメッセージをい頂いた。読んでいたボーネルの本には、

「神道はホワイト・ブラザーフッドのマスターたちが関わっている」と書いてある。もしそうであるなら、このブラザーフッドはダスカロスと深い関わりがあるはずである。

ヒーラーたちの多くは、日本人、外国人を問わず、キリスト、聖母マリア、観音、ブッダ、アマチなどを同じ祭壇に飾る。皆、偉大なマスターたちとして心の拠り所としているのである。キリストもヨハナンも皆私たちに重要な教えをもたらしてくれているのではないだろうか。

ダスカロスもヒーラーの間ではヒーリングの大家とされているが、師の生き方からも学ぶべきことは多いと思う。二〇〇一年は七月に入って光がどんどん入って来て、地球人は振り分けられていくという。光を選ぶか、選ばないか、その人の魂が決める。今はいろいろなカルマが解消されていく時で、そのスピードには目を見張るものがある。エレメンタルたちもどんどん生まれる。良いエレメンタルを多くつくれば、幸せな人が増えることになり、悪いカルマは捨てられ、消えてゆくと信じたい。

やっと光が満ちあふれる時代となる。私たちの想念がそれをつくるのである。

札幌にて　鈴木真佐子

二〇〇一年七月

著者紹介

キリアコス・C・マルキデス（Kyriacos C. Markides）

1942年11月19日、キプロス島で生まれる。

1960年にアメリカの大学教育を受けるために渡米。

1970年、デトロイトのウェーン州立大学において社会学の博士号を取得。

27年前より、メイン大学に社会学教授として奉職している。

キプロスのトルコ占領地域、ファマグスタ出身のエミリー・J・マルキデス夫人と結婚。息子コンスタンティンは最近コロンビア大学を卒業、娘ヴァシアはバーモント州ミドルベリー大学の２年生である。

著書には、本書『Fire in the Heart』、『The Magus of Storovolos』、『Homage to the Sun』の三部作のほか、『Riding with the Lion』等、２冊の著書がある。

メッセンジャー 永遠の炎

訳者紹介

鈴木真佐子（すずき・まさこ）

東京生まれ。小学校から高校までアメリカで育つ。1976年、慶応義塾大学哲学科卒業。オハイオ州政府代表事務所に勤務したのち、ロンドン大学キングス・カレッジで修士号（英文学）取得。その後、ロンドン・スクール・オブ・エコノミックスで国際関係論のディプロマ取得。現在、フリーランスの翻訳活動やヒーラーとして活躍している。

著書に『クリスタルボウルに魅せられて』（太陽出版）。訳書に『ハートの聖なる空間へ』（ナチュラルスピリット）、『光の輪』『メッセンジャー』『太陽の秘儀』『メッセンジャー 永遠の炎』『癒しの鍵』『精霊《スピリット》』『宇宙への体外離脱』『天恵《グレース》の花びら』（いずれも太陽出版）がある。

ギレスピー・峯子（ギレスピー・みねこ）

徳島県生まれ。東京外国語大学イタリア科卒業。1971年、中学校の英語教師となるが、5年後、生きた英語を学ぶため渡米。ブラックヒルズ州立大学にてアメリカインディアンの霊性と民話創作などのクラスで学ぶ。1992年より『エレヴナ・インターナショナル』のメンバーとなる。現在、リーディングの翻訳、セミナーやワークショップの通訳などの活動を行っている。米・カンザス州サライナ在住。

2001年 8 月20日　第 1 刷
2010年10月10日　第 4 刷

［著者］
キリアコス・C・マルキデス

［訳者］
鈴木真佐子＋ギレスピー・峯子

［発行者］
籠宮良治

［発行所］
太陽出版

東京都文京区本郷4-1-14　〒113-0033
TEL 03（3814）0471　FAX 03（3814）2366
http://www.taiyoshuppan.net/
E-mail　info@taiyoshuppan.net

装幀＝佐野愛

［印刷］壮光舎印刷［製本］井上製本

ISBN978-4-88469-238-4